本书出版得到

西北大学"211工程"项目、文化遗产研究与保护技术教育部重点实验室、唐仲英基金会、考古学与文化遗产学陕西省重点学科、文物保护学陕西省重点学科

资　　助

西北大学文化遗产研究丛书

文物保存环境基础

杨 璐 黄建华 著

科学出版社

北京

内 容 简 介

本书在对文物保存学科构架及基本理念介绍的基础上,以影响文物保存的环境因素为对象,详细介绍了保存科学中的温度、湿度、光辐射和空气污染物四类因素的基本概念、对文物的影响方式、监测与调控方法等内容。

本书适合大专院校文物保护及相关专业本科生和研究生学习使用,对相关行业的从业者也具有一定的参考价值。

图书在版编目(CIP)数据

文物保存环境基础 / 杨璐,黄建华著 .—北京:科学出版社,2015.5
(西北大学文化遗产研究丛书)

ISBN 978-7-03-044386-1

Ⅰ.①文… Ⅱ.①杨…②黄… Ⅲ.①文物 - 藏品保管(博物馆)- 环境因素 Ⅳ.① G264.2

中国版本图书馆 CIP 数据核字(2015)第 109410 号

责任编辑:樊 鑫 / 责任校对:邹慧卿
责任印制:赵 博 / 封面设计:科地亚盟

科学出版社 出版
北京东黄城根北街 16 号
邮政编码:100717
http://www.sciencep.com

北京厚诚则铭印刷科技有限公司印刷
科学出版社发行 各地新华书店经销
*
2015 年 5 月第 一 版 开本:720×1000 1/16
2025 年 2 月第十一次印刷 印张:13 1/4 插页:1
字数:270 000
定价:68.00 元
(如有印装质量问题,我社负责调换)

前　言

　　文物（文化遗产）是一类特殊资源，它既能创造经济价值，带动相关产业的发展，又能传承精神价值，强化文化认同，提高民族自豪感及凝聚力。正是由于这一原因，西方一些国家已经将文物（文化遗产）的保护提升到了国家战略层面。在我国，随着近年来社会的发展，文物（文化遗产）保护也越来越受到政府及民众的重视。1982年颁布，历经1991年、2002年、2007年、2013年4次修订的《中华人民共和国文物保护法》界定了文物保护的主体、方针、职责部门、经费来源等政策性问题，使得文物保护在我国做到了有法可依。但从技术层面上，怎么样才能更加安全、有效地对文物（文化遗产）实施保护呢？

　　在当前的认识范畴下，控制文物保存的环境因素是保护的最佳选择。之所以这样说是因为：首先，环境因素是大多数文物病变的主要诱因，如青铜器粉状锈就是环境中水、氯离子和氧气共同作用的产物，彩绘文物表面部分颜料的变色是由于环境中光和水共同作用的结果。其次，对大多数文物的保护都会或多或少地涉及环境因素，如秦始皇兵马俑彩绘的加固，在整个加固过程中必须严格控制空气湿度，否则彩绘在加固结束前就会脱落。再次，通过控制环境因素对文物进行保护还是一种绿色的保护方法，如对木质文物中昆虫的治理，传统是采用环氧乙烷等有毒物质熏蒸的方法进行，这种做法毒性大，对环境会造成污染。近年来开始使用隔绝环境中氧气并充入惰性气体的方法进行杀虫，此法虽然耗时较长，但安全、环保，在很多地方已被广泛采用。由此可见，环境因素在文物保护中的重要性。

　　笔者从2002年开始从事文物保护的教学工作，"文物保存环境"就是笔者最初教授的课程之一。近年来，随着文物保护在公众中的认同度不断提高，该学科的发展也迎来了一个蓬勃期。很多新的理念、方法、材料、工艺在文物保护过程中的应用，促使该学科迅速发展。笔者在十余年教学教案的基础上，结合近年来出现的一些新理念、新方法、新技术著成本书，希望能够为该学科学生及相关从业者对文物保存环境的深入了解提供借鉴。

　　全书共分五章，第一章主要讨论文物保护学科近年来出现的新理念、新观点，是学科方向的问题，有助于帮助读者了解为什么要采用控制环境因素的方法对文物进行保护。第二章主要介绍文物保存过程中所涉及的环境温度因素，以及如何控制和解决温度对文物造成的损害。第三章主要讨论文物保存过程中的重要环境因素——湿度对文物的损害方式及控制方法。第四章主要介绍光辐射对文物的影响以及如何避免这些影响。第五章主要讨论常见的空气污染物对文物的影响以及控制方法。本书并未将生物因素单列一章进行讨论，这是因为笔者认为生物因素并不是文物保存的直接环境因素，它应该归属于由环境引发的问题。因此，笔者将该内容分散于与之相关的环境因素的各章节中进行介绍。书中第一章、第二章由杨璐完成，第四章、第五章由黄建华完成，第三章由二人共同完成。

  文物保存环境涉及的知识相对丰富，内容较多，为了更加全面反映该领域的最新研究成果，笔者在编著本书时参阅了大量国内外文献资料，并进行了认真的整理与归纳。但错误和不当之处在所难免，恳盼读者不吝指正。

2014 年 9 月 28 日于比萨大学

目 录

前言
第一章　绪论 (1)
　1.1　文物保护理论的发展 (1)
　1.2　文物保护的定义 (2)
第二章　温度 (14)
　2.1　平衡状态 (15)
　2.2　物质的微观模型 (17)
　2.3　温度的定义 (18)
　2.4　环境温度对文物的影响 (20)
　2.5　温标 (29)
　2.6　温度的测量 (33)
　2.7　环境温度的控制与调节 (44)
　2.8　文物保存的环境温度标准 (61)
第三章　湿度 (63)
　3.1　湿度对文物的影响 (63)
　3.2　湿度的表示方法及相关状态参数 (75)
　3.3　湿度的测量 (82)
　3.4　环境湿度的调控与缓冲 (94)
　3.5　文物保存的环境湿度标准 (123)
第四章　光辐射 (125)
　4.1　光辐射的概念 (125)
　4.2　颜色的本质 (127)
　4.3　光的能量 (129)
　4.4　光辐射对文物造成的损害 (130)
　4.5　表征光辐射的相关参数 (139)
　4.6　光源 (144)
　4.7　光辐射的测量 (154)

4.8　光辐射的控制……………………………………………………（157）
　　4.9　文物保存的环境光辐射标准…………………………………（167）
第五章　空气污染………………………………………………………（168）
　　5.1　空气污染物及其特性…………………………………………（168）
　　5.2　对文物有害的空气污染物……………………………………（172）
　　5.3　空气污染物的检测分析………………………………………（186）
　　5.4　对文物有害污染物的防治……………………………………（192）
　　5.5　文物保存环境中的空气污染物标准…………………………（199）
参考文献…………………………………………………………………（200）
附表一　焓湿图…………………………………………………………（插页）
附表二　常见饱和盐溶液的相对湿度固定点…………………………（201）
后记………………………………………………………………………（203）

第一章 绪 论

中国是世界文明古国，拥有悠久而璀璨的历史文明，在浩瀚的历史长河中留下了丰富的遗迹、遗物。这是古人馈赠给后世的珍贵资源，作为历史长河中的一片浪花，当代文物保护工作者有义务将这些遗产保护、传承下去。

怎样才能最有效地保护、传承古人遗留给后世的这些珍贵资源，一直是困扰文物保护从业者的难题。在文物保护的教学中，这也是一个老生常谈却又难以厘清的问题。按人类认识自然的客观规律，初步接触文物保护的内容主要涉及学习如何实践，即学习怎样去做才能使文物更加长久地保存，这是保护的初级阶段。但随着基本技术的掌握以及相关研究的深入，保护人员开始探究这样做的理由，这是保护的高级阶段。先实践后理论是人类认知事物的必然过程，但这并不意味着排在过程后段的理论不如前段的实践重要。恰恰相反，理论往往是指导如何实践的原始动能。因此，文物保护的理论在保护实践操作中具有重要的指导和评判作用。

1.1 文物保护理论的发展

对文物保护理论的探讨从19世纪就开始并一直持续至今。公认最早的文物保护理论家是英国艺术家John Ruskin和法国建筑师Viollet-le-Duc。这两位保护理论家持有截然相反的，现在看来都有些偏激的保护理念。对John Ruskin而言，古代存留至今的一切都是美的、有价值的，当今的人无论出于任何目的对古代遗存的扰动、改变都是对遗产的破坏，当然这也包括那些对已遭受破坏的遗产的修复，即认为"修复"就是"作伪"。这一思想在他的著作《建筑七灯》和《威尼斯之石》中都有明显的体现。在他看来，历史痕迹是文物本身有机的组成部分，是文物最重要的价值。但对Viollet-le-Duc而言则完全不同，他认为应将已被破坏的建筑修复到最完美的状态，即使这种状态从未真实存在过。这一思想在其著作《建筑词典》中有明确的描述。Viollet-le-Duc认为历史痕迹是遮盖和破坏文物的凶手，保护就应该把文物从其历史痕迹中解脱出来，将其恢复到原状。但他同时又认为，文物的原状也并非是其建成时的状态，而是它被构思时的状态，甚至是它应当被构思的状态。换言之，Viollet-le-Duc 认为即使文物在历史上从未以某种状态存在过，只要那种状态是完美的，就应将文物修复成那样，这一点在他对巴黎圣母院的修复中体现得淋漓尽致。

之后的文物保护理论家一直致力于调和 John Ruskin 和 Viollet-le-Duc 理论间的矛盾，在两个截然相反的理论间寻找平衡点，既要保留对象的原初状态（即原状）又要保留历史痕迹。意大利建筑师 Camillo Boito 为了在保护、修复中做到不增删任何内容，提出了至今仍被广泛认同的"可辨识性"原则，要求修复部分和文物本体之间可以清晰地辨识开。但即使如此，保护、修复应如何进行，进行到什么程度仍存在巨大的争议。为了减少分歧，很多学术机构开始通过编制规范来达成共识，这些规范性文件就是所谓的"宪章"或"宣言"。1931 年颁布的《雅典宪章》就是这些规范性文件的开端，而 1964 年颁布的《威尼斯宪章》是至今影响最深远的宪章之一（2002 年出版的《中国文物古迹保护准则》就是主要参照该宪章制定的）。当前，颁布"宪章"或"宣言"已成为业界表达和统一保护理念的常用做法。

在文物保护修复理论的形成、发展历程中，另一个值得一提的人是意大利历史学家 Cesare Brandi，他第一次强调了前人研究文物保护、修复理论时常常忽略的一个重要内容，即文物的艺术价值（或称为美学价值）。他认为文物的艺术价值是最重要的，必须在保护、修复中加以重视。

此后，随着 20 世纪 80 年代《巴拉宪章》修订案的发布和后现代主义思潮的影响，保护理论有了较大的发展与变化，这些发展与变化被 Salvador Muñoz Viñas 称为当代保护理论。

1.2 文物保护的定义

在持续近 200 年的关于保护理念的讨论中，核心问题之一是如何阐明理念的主体意义，即什么是文物保护。简而言之，文物保护（或称作文化遗产保护）是指通过保存、修复等手段，在一定原则的限定下，使保护对象本体及相关信息继续存在，不受损失或不发生变化的行为。这个概念包括三方面内容，首先文物保护要有一个对象，什么样的对象才能成为保护的受体？当然从字面上很容易看出文物就是保护的受体。但到底什么物体可以称之为文物？世界上不同国家的文物所指的涵义和范围不尽相同，因而迄今尚未形成一个对文物的统一定义。另外，即使可以定义什么是文物，但在当前的保护实践中，很多难以划归为文物的现代艺术品、档案资料也成了保护对象。由此可见，保护应该针对什么样的对象是一个值得探讨的问题。其次是手段问题,保存、修复是文物保护的手段,同时文物保护的学科亚类也是建立在对这两种手段的定义之上,因此哪种手段可以称为保存,哪种手段可以称之修复,修复和保存有怎样的关系,这些都需要探讨和定义。最后是保护原则的问题,这也是最具争议的话题,什么样的保护是适当的,保护应该使文物达到什么状态,一直是困扰保护工作者的难题。本书的开篇之章将会就以上三个问题展开讨论,试图以当代视角探讨文物保护理念的主体意义,即何为文物保护。

1.2.1 保护的对象

众所周知,只有当人们采取与维修普通家庭住宅不同的观点、方法和原则去处置一座古建筑,或当人们采取与清洁日常使用的工具不同的态度和技术去清洁新石器时代的石斧时,这种行为才可称之为保护。因此,对象的不同是区分和定义保护的基础和关键。一项活动如果要定义为保护,他必须被施加在一种特定的对象上。西方早期的论述将保护的对象限制在艺术品,认为只有艺术品才值得保护,这一点在18世纪Pietro Edwards所著的《修复手册》中有明确的体现。文艺复兴时期以后,保护的对象拓展到了古物。到了20世纪,保护对象演化成了文化遗产。不论是艺术品、古物或是文化遗产,这些已有的对保护对象的定义不是不全面就是过于宽泛。认为艺术品是保护对象的观点存在两个问题:其一,甄别一个对象是否是艺术品往往很困难;其二,即使能够判定某件对象为艺术品,但也并非不是艺术品的就不是保护对象。例如,秦长城的一段残垣断壁,它可能不是艺术品,但它绝对有理由成为保护的对象。当然,有人会说那种残垣断壁的景象本身就是艺术。但这就涉及第一个问题,即什么是艺术,或者说如果这样考虑,可能艺术的边界将无限的宽泛,直至所有的物品都会成为艺术品。文物或古物作为保护对象也存在问题,因为保护涉及的对象并不一定已经成为文物,如当代艺术家的一幅画作、档案馆中一卷录音胶卷或一个光盘。参考当今大多数国家对文物的定义,这些物品都还难以称之为文物,但他们很有可能会成为保护的对象。而文化遗产作为保护的对象则过于宽泛,因为他不仅包括了有形的还包括无形的遗产,另外文化本身就是一个宽泛的难以定义的概念。宽泛的定义往往带来的是模糊的界限,太过宽泛的定义就有可能包括几乎所有可以想象到的目标。定义本身是描述一个概念并区别于其他相关概念的表述。如果定义太过宽泛,其本身就失去了意义。总之,找到能概括保护对象的定义绝非易事。保护行为不仅施加在艺术品,同样也施加在非艺术品;保护可以针对文物,但同样也可以针对当代物品;而文化遗产作为保护对象又过于宽泛,包含了一些其他范畴的内容。因此，这些定义都不恰当。

正确判定文物保护对象要依靠"两大价值、一个意义"，分别是历史价值、艺术价值和象征性意义。一件物品当其具有足够的历史价值或足够的艺术价值或具有可以引起人们共鸣的象征性意义时，它就会成为保护的对象。比如一座残留的汉长安城夯土台基，因为它曾是汉长安城中某个建筑的高台，体现了汉代建筑的风格，其夯筑技术反映了汉代土工技术的发展水平，因此它具有历史价值，有理由成为保护对象。又如当代著名画家范曾的《竹林七贤》，虽然它不具备太多的历史价值，但其艺术价值是得到公认的，因此也有理由成为保护的对象。再如某一个地区具有代表性的废旧工厂厂房，它基本不具备太多的艺术价值，同时历史价值也不高，但是它象征着工业时代的结束，能激起人们对工业时代的回忆，能引起人们的共鸣，因此它也有理由成为保护的对象。

当然这里还存在一个关键问题，就是应由谁来评判一件物品是否具备某种价值或意义，进而能成为保护对象。从当前世界上的保护现状来看，大多数情况下保护仍然是一个公益性事业，也就是说保护工作的出发点源自为公众服务。因此，评价一件物品是否能成为保护对象也不应是保护工作者、管理者或其他任何个人的决定，而应该是一个群体共识的结果。即评判一件物品的历史价值、艺术价值及象征性意义的主体应为具有一定样本容量（即个体数量）的群体。当然，不同教育背景、经历、社会地位、家庭情况的群体对同一件物品的"两大价值、一个意义"的评价会存在差异，但因为保护的服务对象就是公众，因此一件物品具有任何特定群体认同的"两大价值、一个意义"，它就有成为保护对象的可能，群体对其某一价值的认同强度越高，该物品成为保护对象的可能性就越大。可以通过保护对象的三维坐标空间图示（图1-1）形象地说明物品的"两大价值、一个意义"。x轴代表群体认同的历史价值强度，y轴代表群体认同的艺术价值强度，z轴代表群体认同的象征性意义强度。位于历史价值、艺术价值和象征意义构成的三维空间中的非原点区域的物品都有可能成为保护的对象，距离原点越近的物品成为保护对象的可能性越小，距离原点越远的物品成为保护对象的可能性越大。

当然，由于对保护对象的"两大价值、一个意义"的评价是由人的主观意识决定的，因此一件物品能否成为保护对象并不是一成不变的，它会随着社会发展以及人们意识形态的改变而发生变化。有些物品可能在早期被人们认定为非保护对象，但现在却成为了保护对象。例如，汉代的陶器在当时的使用者眼中几乎不可能成为现在意义上的保护对象，但在当代，它却极有可能会成为保护对象。

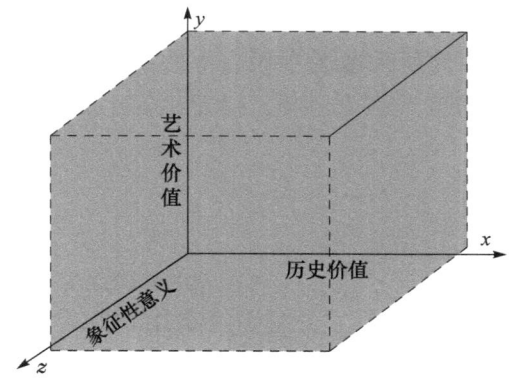

图 1-1　保护对象的"两大价值、一个意义"空间坐标图

1.2.2　保护的方法——保存与修复

在明晰保护对象的基础上，下一个问题就是保护的方法、手段。当前保护学科架构体系是建立在对保护方法、手段分类的基础上的，因此对这个问题的讨论其实也是对保护学科体系的讨论。要弄清保护学科架构体系首先要从参与该学科的人员谈起。涉及保护学科的人员现今已相当宽泛，可以将保护的参与人员分为两类：第一类是核心参与人员，这些人员的特点是直接接触保护对象（距离保护对象最近）且具有很强的专业性；第二类是其他参与人员，这些人员会直接或间接参与到保护工作中，但其所从事的专业并非文物保护，如考古学家、历史学家、化学家甚至政治家。核心参与人员所从事的工作被称为狭义的保护，其边界较清晰；而包括核心人员在内的所有参与保护人员所从事的工作被称为广义的保护，其边界则较模糊。狭义的保护是包括修复在内的保持性或恢复性的活动，而广义的保护则是指包括狭义保护、规划、研究和其他相关活动在内的行为的总称（图1-2）。本书所讨论的内容主要限于狭义的文物保护。参考我国大学教育学科设置的历史，狭义的文物保护曾被称为文物保护技术（西北大学文物保护本科专业至今仍沿用这一名称），当然在这里使用"技术"一词并不是真的认为狭义的文物保护仅是一门技术，而是为了和广义文物保护加以区别。其实，所谓的文物保护绝不简简单单是一门技术，它是一门包罗多学科相关知识、文理交叉的科学。但它确实曾被人们误会为仅是一门技术，甚至至今仍有少部分人坚持这样的认知。这一点类似于建筑学曾经在我国的处境。在20世纪30年代梁思成回国创立建筑学系之前，建筑学在我国也曾经一度被认为仅是一门技术而不是科学。近年来，随着人们对文物保护了解的增加，文物保护作为一门科学也得到越来越多

的认可。

狭义的文物保护按其所采取的手段、方法的不同可分为保存与修复。保存是尽可能冻结事物的自然演化过程，修复事实上是破坏或隐藏事物的历史痕迹。

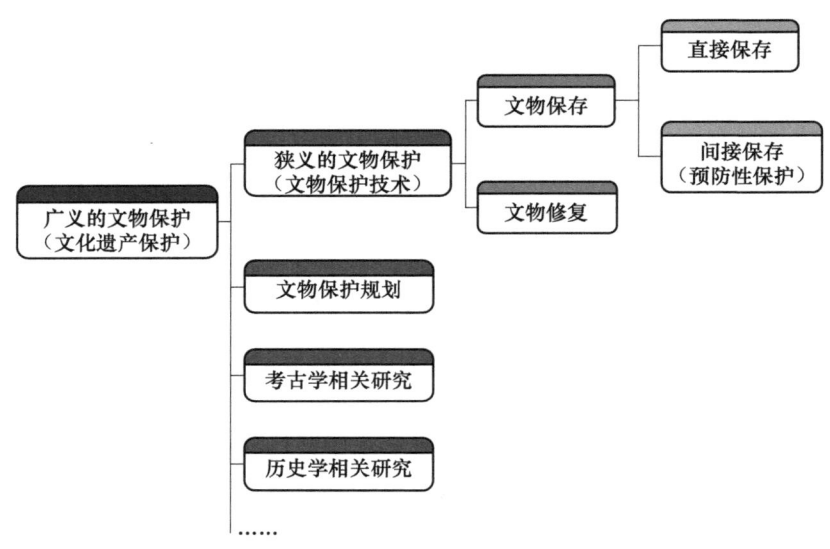

图 1-2　保护学科架构体系图

文物的保存意味着保持文物的现状，防止文物因时间而发生改变。但这几乎是不可完成的任务。事物从产生到发展直到毁灭是自然规律，无可挽回。从这个意义上来说，保存是不可能做到的，也就是说文物保存的效果是无法实现的。因此，以效果对文物保存进行定义将会成为伪命题。但从保护实践的角度而言，的确存在以达到保存效果为目的的行为，这种行为也就是实践中所说的保存。因此，文物保存是一个基于目标的定义而非基于效果的定义。文物的保存应该定义为以保持文物现状、防止文物因时间而发生变化为目的的行为。这种定义更加符合实际，除了因为保存的效果永远无法实现外，还有另外一个重要原因，即保护性损害。保护性损害是指以保护为目的的处理对文物带来的损害。这种损害往往在保护之初并未预见到，常常是在保护处理结束一段时间后才逐渐显露。如果按照效果定义，这种处理是不能称之为文物保存的，因为它没有达到保存的目的，最终的效果往往是损害。这样会造成一个非常严重的问题，即我们当前对文物进行的保护处理，谁也无法保证所采取的直接处理措施不会在将来产生保护性损害。因此，在效果定义的文物保存概念下，所有当前的保护处理都可能在未来无法称之为保存，甚至极有可能成为损害文物的行为。由此可见，基于目标定义的文物保存非常必要，这种定义既能涵盖成功的保护案例，也能包括那些失败的保护举措。

文物修复意味着让文物恢复到之前的某种状态。和保存一样，大多数修复都是无法将文物完全恢复到完好状态的。因此，对文物的修复也应该定义为以让文物恢复到之前状态为目标的行为，即文物修复也是一个基于目标的定义而非基于效果的定义。但问题是之前的状态是什么状态，能够用原状定义吗？如果可以，那什么时候的状态又能称之为原状呢？例如著名的《富春山居图》的明末临摹品——《子明卷》，到乾隆皇帝手中后，乾隆将其视为至宝，在其上加盖了自己的印玺。如果对这件文物进行修复，那乾隆的印玺是应该去除掉还是应该保留呢？或者说《子明卷》的原状到底是什么时候的状态呢？每一件文物在其所经历的不同时期都存在过不同的状态，对修复而言很难确定应把文物回归到曾经存在的哪个时间点。其实修复的目标就是让文物达到比现在更好、更少破坏的状态。因此，修复应该定义为以将文物的现存材料或结构恢复到一个已知的较早时间状态为目标的行为。当然修复的这个目标状态必须是已知的、有充分依据的，否则修复就涉嫌作伪。这里所说的"较早"和前文的"之前"有明显的区别，"之前"的时间跨度要比"较早"大得多，它包括了从文物制作之初至今的所有时间，而"较早"是相对当前而言的，时间仅略微向前移动了些许。

虽然保存与修复有不同的定义，但在实践操作过程中保存与修复往往相辅相成，表现为同一项技术措施的两个方面。例如对酥粉陶器的加固，加固的目的是为了保持文物的现状，防止文物发生损害，但同时加固又恢复了陶器的强度，产生了修复的效果。由此可见，从保护实践的角度而言，一项成功的保护常常是基于对某些特性的恢复，保存与修复二者似乎相辅相成、难以区分。但在从理论上，保存与修复确实存在一些不同。这个不同在于"一般可见性"，即普通人在一般情况下是否能够察觉到。保存可以定义为试图尽可能长地保持对象现状可见特性的措施，尽管在保持的过程中，对象的一些不可见特性常会被改变或恢复。而修复则是试图改变对象的可见特征，将其恢复到较早的某种状态。但在实际操作中常常会因为保存的需要而产生一些次要的可见性的改变。如用金属支架支撑加固文物，这种改动所影响的是保护对象不重要的方面，且不是刻意为之，是技术局限所致，应被尽量避免。因此，它虽然产生了一定的可见性改变，但它依然被认为是保存处理而非修复。这种差异其实很容易辨别，修复所导致的可见性改变往往是对象曾经存在过的状态，这种改变可以用恢复（最起码从一般可见性的角度而言是恢复）来描述。而保存产生的这种改变则往往不是对象曾经存在过的状态，是外加的，不能用恢复只能用改变来描述。

文物保存又可分为直接保存和间接保存（或称预防性保护）。预防性保护作用于保护目标的环境，而直接保存则作用于保护目标的本体。当然这种不同仅存在于方法，而不是结果，因为作用于环境可能会间接对本体产生作用。另外，直接保存往往是在有限的时间段内对文物发生作用，而预防性保护则是持续性的、理论上无限时的过程。

1.2.3 保护的界限与原则

仅依靠目标和方法手段的界定，对保护进行精确而有效的定义还远远不够，保护还必须遵循一定的界限，在一定的原则指导下进行。文物保护就是为未来和现在保留过去。但这个过去应该保留到什么程度，以什么为界限一直都是学界讨论的热点问题。

经典的保护理论强调被保护对象三方面的完整性：物质层面、美学层面和历史层面。物质层面的完整性指对象的物质组成，对其改变就意味着破坏，保护工作者应尽可能避免原有物质成分的消失、改变或隐藏。美学完整性则是指对象令观察者产生美的感受的能力，如果这种能力改变或受损，对象的美学完整性就改变了。历史完整性则是指时光赋予对象的印记。当然，在文物保护实践中，这三方面的完整性常常存在不可调和的矛盾，几乎无法同时保证这三个因素均完整。因此，这三个因素是存在先后次序的，物质层面是保护对象的基础，只有物质上存在了，狭义的保护才有可实施的对象，因此物质层面应成为第一性，如果保证物质层面的完整可能会牺牲美学和历史层面，那为了保护对象能向后世传承，也应毫不犹豫地保证物质层面。这一点在当前文物保护领域已达成共识。但历史层面和美学层面孰轻孰重则存在较大争议。有人认为历史层面更加稳定、持续，因此它应成为第二性；而美学层面则依对象和时代的不同存在较大变化，因此应排在最后。又有人认为文物的美学层面是人们对其感兴趣的重要诱因，对美的传递也是其重要属性，很多文物在美学上的重要性远远大于他对历史信息的传递，因此美学价值应为第二性，历史层面则应排在最后。这其实就又回到了 John Ruskin 和 Viollet-le-Duc 的争论，唯一的区别只是不那么极端而已。其实历史及美学两个层面都重要，但何为第二性何为第三性确实无法一概而论，针对不同的保护对象会有不同的侧重。例如，一件物品之所以能够成为保护对象最主要是因为特定人群对其历史价值的认可，那历史层面在这个对象的保护修复中就是第二性的；同样，如果一件物品成为保护对象的最主要原因是人们对其美学价值的认可，那么在这件物品的保护中美学层面就第二性的。

从20世纪30年代开始，科学技术在文物保护中越来越广泛的应用已成为文物保护的一个重要特征。近年来，自然科学尤其是化学、物理学、生物学、地质学等学科和文物保护的结合越发紧密，相关学科技术的发展已成为推动文物保护发展的重要动力之一。因此，当代文物保护理论也在很大程度上受到了相关学科理念的影响。其中最具代表性的就是真实性或原真性。自然科学的任务在于揭示自然界发生的现象以及自然现象发生过程的真实本质，进而把握这些现象和过程的规律性，以便解读并预见新的现象和过程。也就是说自然科学把揭示事物的真实本质作为重要任务，这一点是直接产生文物保护中所谓真实性或原真性的根源。在自然科学中的真实性没有问题，但在保护科学中什么才是一件物品真实的状态或原真状态呢？例如，现在经常遇到的一类古建保护的问题，在一些古镇，由于保护措施的不利，导致当地村民在自家居住的古代建筑上随意进行改动。有一家为了沿街设店，在古建筑的墙上重新开了一个门，经过一些简单的装修，原本古建筑的墙成为了一家门面房的门。当然这种做法是对古建筑的一种严重破坏，它导致了古建筑所承载的信息的直接损失，应坚决反对。但事情已经发生，如何解决就又成为了一个难题。是把新开的门拆掉，把原来的那面墙补上还是保持现状？这其实就涉及哪种状态更加真实的问题。在这个例子中问题的实质就是拆墙之前是真实的还是拆墙之后是真实的，这一点很难判断。多数人会认为拆之前真实，因为它符合"原真"中的"原"，但"原"只是真的定语，其本质还应是"真"。那拆墙前后哪种状态更"真"呢？是否能够认定将墙修复到拆之前的状态比现在更加真实？从哲学的角度而言，对象连续的、发展的每个状态都同等真实，是其实际演进的证据。即每个保护对象都不可避免地在被创造、被使用中演进，其生命中的任何一点都是真实的。于是每个对象都包含了无数的真实状态，这让保护者无法去选择其中之一，同时却抛弃其他可能。因此，拆墙前后的状态均是真实的。

实际情况是，保护根本没有办法将对象恢复到所谓的原真状态，因为哪种状态是真实的，何时的状态是原始的存在很大争议。从科学的角度而言，事物都在不断地变化中，其发展、变化中的每一刻的状态都是同等真实的，因此根本无法找到一件物品的原始真实状态。

既便能找到一个所谓的原真状态，将其恢复回去也会存在一定的问题。保护是以对象的某方面价值削弱为代价，提升其另外一方面的价值。例如，圆明园的修复议题，如果能找到圆明园的所谓原真状态并将其修复，那么它的艺术价值可能会被提升、吸引游客和创造经济价值的能力被提升，但它遭受外国侵略、破坏的历史价值同时会被削弱。再如上面那个古建筑的例子，如果现在对其进行评估，新开的门已经成为了它的有机组成部分，也就是说拆墙开门已经蕴含了一定的信息，至少它反映了当代文物保护工作的不利之处，反映了该古建筑用途的部分改变，反映了居住在该建筑中的人的意识形态等。这时如果将门还原成墙，必然会带来如上信息的损失。

其实，任何一个对象都是不可能恢复到所谓原真状态的。从当代物理学的角度而言，时间是一种空间量度。热力学第二定律告诉我们，在任何闭合的系统中，无序度或熵总是随着时间而增加的。如果抛弃人类对时间的心理概念，可以描述为物体总是向着无序状态发展的。对于文物而言，人类通过各种加工方式使其呈现出有序的状态。但它们必然会逐渐向无序状态发展，如特定晶形结构的金属发生锈蚀，陶瓷粉化、破碎等。这种变化存在一个最小的速率，我们姑且将其称为热力学变化速率。这一速率在宇宙的无边界条件下会具备一个方向，这个方向在当前和宇宙学时间（宇宙膨胀）箭头指向同一方向。也就是说存在一个热力学时间箭头，事物在这个时间轴上向无序发展。人类对时间方向的主观感觉即心理学时间箭头是在我们头脑中由热力学时间箭头所决定的。我们大脑中所谓的时间其实是在无序度增加的方向上测量而获得的。因此，人类的心理学时间轴和热力学时间轴其实是方向相同的两个不同的轴。文物的破坏速率是在最小的热力学变化速率的基础上由各种因素加速后的速率总和。因此文物的破坏速率会远远高于其热力学破坏速率。保存是尽可能减少各种加速因素，进而使文物的破坏速率尽量接近其热力学破坏速率，但永远不可能达到或小于其热力学破坏速率。而修复看似是让文物回到当初的某一个点。但实际上由热力学第二定律可知，系统的无序度增加是不可逆转的，修复也仅仅是让文物看上去好像是有序了，但实际的情况是系统的无序度依然增加。因此，想让文物回到以前某个有序的状态是不可能实现的，自然也就不存在原真。换言之，保存是尽可能减缓系统无序度的增加速率，而修复是使系统的无序度在我们眼中看似降低了，但实际情况是增加了。如果跳出心理学时间轴，站在热力学轴上将会看到，文物的保存是尽可能让文物的破坏速率接近热力学破坏速率；而修复仅仅让它看起来向回走，其实热力学轴上依然向前走了，永远无法让修复对象回到之前的某个时间点。

既然原真是一个伪命题，那保护的界限应该是什么呢？要厘清保护的界限首先应该明确的是，保护是一个由保护工作者主观操作的活动，其保护对象的确定也和人的主观认同息息相关，因此保护的界限也是主观的，并没有一个客观的、一成不变的保护界限可以去遵守。虽然，不断有人提出看似客观的界限并对其加以解释、修正,但其实这些界限在保护的实际操作中根本无法实现。保护的界限其实是由特定时代、特定人群的主流品位决定的,它自古至今就是一个不断变化的、难以统一的主观性结果。从一个更高的层次上说,当今的经典修复理论所规定的修复界限及其在实践操作中的体现,也是当今这个特定时代、特定人群的主流品位决定的主观产物,即便它高度强调所谓的客观真实。保护修复界限的确定者即特定人群不应该仅是保护者或保护理论研究者,而应该包括与被保护对象息息相关的、生活在其附近的或拥有保护对象的群体。这些人和保护对象的关系紧密,不可分割,保护对象对这些人意义重大。他们的主流品位是保护对象最终应该达到的状态,直接决定了保护的界限。因为保护就是为了那些认为对象具有意义的人而进行的,是为了他们才采取了精细的措施、付出了无数人的努力、消耗了如此多的资源来完成这件被称为保护的复杂任务。不论这些人是否具有专业知识,他们的利益在保护决策中应被视为最重要的因素。他们的特权不是来自其教育程度、社会地位等,而是因为他们与保护对象的相关性,任何针对对象的措施对其都是有意义的。因此,保护的界限问题更多地应该由这些人来决定。也正是因为这个原因,即使在同一时代,不同地区、不同文化中的保护对象也必然存在不同的保护界限,这是和国家、民族、聚落的文化密切相关的主观因素。也就是说,保护的界限是多元化的,没有办法统一。但有一个统一的底线,即保持对象物质层面的完整性。

  保护具有一定的风险。保护的设计和实施质量可能会存在问题,甚至给对象留下破坏性的隐患。保护满足了一部分人的需求与希望,很有可能会导致另外一部分人对最终保护效果的不满。为了规避保护风险,保护工作相关从业者提出了一系列原则。

  可逆性是其中的一个重要原则。可逆性是指保护对象可以在未来恢复到采取某种保护措施之前的状态。但实际情况是,不论对于任何保护处理,这是不可能做到的一个原则。因为常见的文物保护方法几乎没有可逆可言。从文物表面清除掉的附着物不可能再恢复到清除之前的状态;大多数多孔材料由于毛细作用和吸附现象的存在,不可能将渗透物彻底清理掉;很多材料的物理特性会随着时间的推移而改变,从而导致今天还能再次溶解的材料是否在未来还能再溶解进而被清除掉成为一个问题;即便材料能够保持永远溶解,其在文物内部的存在也可能对保护对象的材质本身产生不可逆的化学或物理的影响;退一万步说,即使有一项理想的可逆保护措施在未来仍然能够被逆转,但逆转的过程可能也会对保护对象产生不可逆的影响或损害。由可逆性衍生出了可再处理性、可去除性等原则,这些原则是对可逆性的修订,但其根源依然来自可逆。因此,严格意义上的可逆性是不可实现的。但对可逆性的追求却催生了人们对保护工作方法及材料的认真筛选，从这一点上说可逆性是有优势的。或者说在保护工作中应该追求可逆，但却不能过于纠结于可逆，即可逆性可以成为评价保护方法的一项参考（如，比较而言相对可逆），而不能成为原则或要求。如果非要让可逆性成为原则的话，应该引入相对性的概念，将可逆性原则改为最大可逆原则。

正是因为可逆性的不可实现，从而催生了最小干预原则的诞生。如果存在真正的可逆，最小干预原则就没有必要存在。因为，如果某项保护处理可以在未来从文物中完全除去，那为什么还要在乎当前干预的大小呢？最小干预原则是指让保护对象保持现状，放弃对其变化的任何干预。但实际情况是保护本身就是一种干预，对于一件文物，要让其达到一定的保护效果，措施就不可能真的最小。所以最小干预应完整地描述为保护措施应在达到保护目标的前提下，对保护对象的干预最小。最小干预原则暗示保护措施不是完全有益的操作，它还会对被保护材料产生负面的影响。保护的实施只是因为人们确信措施所带来的正面作用要比负面作用更重要。

可持续性原则是当代文物保护的一个重要原则，它是指一种既满足当前需要又不损害子孙后代满足他们需要的能力。每次保护意味着保护对象意义中的某部分被强化，另一部分被削弱或永远消除。保护中的可持续性概念认为保护决策中应考虑未来使用者的因素。如果没有这个概念，文物保护就可以完全按照当前人们的意图，毫无顾忌地拼凑、改动。在这种对未来的预测中，保护专家就成为了未来文物使用、拥有者的代言人。因此要求保护工作者既能了解当前整个社会的需求与感受，还能展望后人对保护对象可能的态度。

最后，虽然原真性在其客观层面及实际操作层面上是存在问题的，但它依然是当前文物保护的重要原则之一。原真性类似于可逆性，严格意义上的原真性也是不可实现的，但对原真性的追求却催生了人们对保护工作方法及保护效果的认真思考，从这一点上原真性也是有优势的。或者说在保护工作中应该追求原真，但却不能过于纠结于原真，即原真性可以成为评价保护效果的一项参考。由于其客观性及可操作性的问题，它并不能作为确定保护界限的直接依据。但是，它在保护行为中对过度施工、制造历史赝品方面具有约束性，因此它只能作为限制保护行为的原则。但作为原则，由于它的客观性问题，将原真性原则改为追求原真性原则更为合适。

从当代的文物保护理论可以看出，归属于文物保存中的间接保存是在当前认识范畴下对文物干预最小的保存方法，这种方法也相对安全。随着近年来保护研究的不断深入，人们逐渐发现间接保存或预防性保护的手段虽然保守，但往往能够解决很多直接保存及修复根本无法解决的问题。也正是因为这个原因，通过控制文物保存环境进而实现文物保护越来越受到学界的重视与认可。鉴于此，本书将主要从文物保存科学中常常涉及的温度、湿度、光辐射、空气污染物四种直接环境因素入手，介绍它们对文物的影响以及控制方法，以期为相关从业者的实际工作提供一定的参考。

第二章 温 度

文物的寿命与保存过程中环境因素对它的作用有着密切的关系。一般认为与文物寿命直接相关的环境因素包括温度、湿度、光辐射以及空气污染物，这些环境因素在文物保存或展陈过程中会经常或间断地接触到文物，从而对其产生损害。

无论文物处于博物馆内还是处于室外，它周围的环境因素与其病害的发生、发展都有着密切的联系。因此，正确认识文物保存科学中的环境因素，了解它们的测定原理、方法，以及如何从有利于文物保存的方面去控制它，是文物长期安全保存的基础。

需要说明的是，文物的破坏往往并非是某一种环境因素的单独作用，而是几种因素共同作用的结果。如温度对文物的作用往往会牵涉到湿度的变化，光照对文物的影响也往往离不开湿度和氧气。但为了方便理解和学习，大多数情况下还是将复杂的综合因素分解为一个个单独的环境因素进行介绍，本章就从最基本的环境因素之一——温度开始。

温度是人们日常生活接触最多的概念之一。从基本的生活常识就可以得出温度变化对物体多方面性质的影响，如温度的变化会导致水的固、液、气三态的转变，温度变化还会使得大多数物体发生热胀冷缩等。但无法从生活经验获知的是，这个能通过自身变化影响很多物体性质的物理量——温度究竟是什么。

早期人们一直将温度和热混为一谈。人类对温度的认识最初来自身体的感觉，火、太阳会让人们感到温暖，冰、雪会让人们感到寒冷。因此，当人们看到火就会想起较高的温度，而看到冰雪就会联想到较低的温度。早在公元前300年，齐国的邹衍就提出了五行说，认为金、木、水、火、土一起构成万物。西方在公元前500年，古希腊的Heraclitus认为火、水、土、气是自然界的四种独立元素，构成万物。由此可见古人将代表较高温度的火理解为物质的构成元素。

大约到了18世纪，关于温度或热的本质有两种看法：热质说和热动说。热质说认为热是一种特殊的物质，称之为热质，拥有较多热质的物体温度就较高，相反温度则较低。热质由没有重量的微细粒子组成，可以从一个物体流向另一个物体，其数量守恒；而热动说认为温度是组成物质的微观粒子运动的表现量度。

虽然"热质说"理论是错误的，但在当时确能利用它来简易地解释不少现象，特别是从 1714 年 Daniel Gabriel Fahrenheit 改良了温度计并建立华氏温标之后，"热质说"对相关领域的科学发展起了重要的推动作用。在"热质说"的支持下，英国的化学、物理学家 Joseph Black 于 1788 年左右提出两个概念，热的强度——温度、热的数量——热量，首次澄清了热和温度这两个相互混淆的概念，从而推动了量热学的发展及完善。到 1849 年英国科学家 James Prescott Joule 通过数百次实验测量了热功当量，热动说才获得了较多人的支持。

时至今日，对温度最基本的定义仍然是建立在 Joseph Black 提出的热的强度的基础上，即温度是表征物体冷热程度的物理量。但这个定义只是对温度简化的解释，严格的温度定义是建立在热平衡定律基础上的。因此，在对温度进行严格定义前，有必要先介绍一些与温度定义相关的基础知识。

2.1 平衡状态

在研究温度或热现象时，人们必须把注意力集中于一个对象，这个对象称为热力学系统，简称系统，而这个系统以外的环境是有可能对该系统产生影响的，根据影响的情况，可将系统分为绝热系统、封闭系统和孤立系统三类。不能与周围介质发生热相互作用的系统称为绝热系统，从微观上就是组成系统的粒子不与介质交换能量；不能与周围介质进行物质交换的系统称为封闭系统，从微观上看就是不与介质发生粒子交换的系统；与周围介质完全隔离，既不发生机械的相互作用，也不发生热的相互作用和物质交换的系统，称为孤立系统，从微观上看就是组成系统的粒子不与介质发生动量、能量、粒子数的交换。显然，如果一个系统和周围环境有相互作用的时候，情况会比较复杂，为了研究的便利，通常选择孤立系统。

但即使选择了孤立系统，问题仍然比较复杂。因为系统可能有多种化学成分，根据系统的组成成分又可以将系统分为单元系统和多元系统两类。由一种化学成分组成的系统称为单元系统，如氧气、纯水、纯金属等；由多种化学成分组成的系统称为多元系统，如空气、盐水、合金等。同样为了便于研究，选择最简单的单元系统。

但即使是孤立的单元系统，系统的各个部分性质也可能不同，比如冰水混合物，同时有水和冰。根据系统的各个部分的宏观性质又可以将系统分为单相系统和复相系统两类。如果各个部分性质完全一致，则称为均匀系或者单相系统，例如物质的气态、液态、固态；如果各部分性质有差别，或者被若干界面分开成不同的均匀部分，则称为非均匀系统或者复相系统，其中每个均匀部分都是一个相，如水在三相点时气、液、固三种状态共存，其中三种状态分别称为气相、液相、固相。显然，为了便于研究应该选择单相系统。

综上所述，在了解平衡状态之前，需要先定义一个比较简单的系统，即孤立的、单元的、单相的系统。事实上，在温度及热学研究中，这是一个最基本的系统，已有的绝大部分研究都是建立在这个系统上的。但即便有了这个简单的系统，仍然存在问题，即系统的宏观性质可能会随时间变化，比如1千克的冷水倒入1千克的热水，其温度在随时间变化，但是经过足够长的时间后，会发现其温度不再变化。当系统处于这种宏观性质不随时间变化的状态时就称为处于稳定状态，否则为非稳定状态。当然我们希望研究的是稳定状态。

但这仍不是最理想的简单情况，如一根金属棒，一端处于高温热源（热源是一个温度恒定且具有很大质量的物体，它可以吸收或者放出热量，而不发生明显的温度改变），一端处于低温热源，经过一段时间后金属棒上的温度随空间的分布将不随时间变化，但是金属棒本身却没有一个简单的温度，所以最简单的情况还要排除外部介质对系统的影响。

至此，已经选择了一个孤立的、单元的、单相的、稳定的，以及排除外部介质影响的系统，这个系统就是定义平衡状态的理想热力学系统，以下简称热力学系统或系统。

在此基础上，定义这样一种状态，即在没有外界影响的条件下，热力学系统各个部分的宏观性质在长时间里不发生任何变化的状态，这种状态就称为平衡状态。平衡状态是测温学的基础，也是热学的基础状态。

系统处于平衡状态时，其宏观性质不随时间变化是从宏观上对平衡状态作的定义。实际上，由于系统是由大量无规则运动粒子组成，所以从微观上看，尽管系统处于平衡状态，系统宏观性质不再随时间变化，但是系统内的大量粒子却是永无休止地在运动、在变换自己状态，所以这里所说的平衡状态实际上是一种动态平衡，称为热动平衡。热动平衡包含几种不同类型的平衡，如力学平衡、热平衡、化学平衡。其中，热平衡要求系统各个部分的冷热程度相同，即温度相同。

由于平衡状态是一种动态平衡，所以所谓宏观性质不发生变化并不是绝对的，总会有微小的偏离，这种现象叫做涨落，分析表明，在一个由大量粒子组成的系统中，涨落极小，致使宏观测量时完全可以忽略这种偏离。

平衡状态实际上是一个理想化的概念。因为在实际问题中，不存在完全没有外界影响的系统，但是如果外界条件的变化速率相对于系统自身由非平衡状态趋向于平衡状态的速率足够缓慢的话,平衡状态的概念就是实际情况的一个合理的抽象和近似。如一般气缸中活塞移动的速率约为几米每秒,实验表明,室温下气缸中气体压强趋于平衡状态数值的速率大约为几百米每秒,因此在活塞运动的每一瞬间,都可以把气缸中气体的状态近似为平衡状态。一个系统由非平衡状态达到平衡状态所需要的时间称为弛豫时间。

2.2 物质的微观模型

早期人们还不知道组成物质的微观粒子到底是什么,当然也就无法确切知道怎样利用温度衡量微观粒子的运动情况。关于组成物质的基本粒子是什么的问题,从古希腊 Democritus 提出原子概念开始,到布朗运动的发现,到 Joseph John Thomson 的原子模型,到 Ernest Rutherford 的原子核模型,再到 Richard Phillips Feynman 的部分子模型,直至今日人类都在不停地探索。现在已知的结论是宏观物质由原子、分子构成,原子由电子和原子核构成,原子核由质子、中子构成,质子、中子由夸克、胶子构成。到目前为止,在实验中还没有证实电子、夸克是否具有更小的结构,但是理论上已经在探索超弦是最基本粒子的可能。

现代科学的实验观测表明,组成物质的微观粒子时刻在作无规则运动,称之为热运动,而所有和热运动有关的现象就是热现象。由于热现象和温度的概念息息相关,比如激光冷却原子的实验、超导现象、宇宙大爆炸初期的极高温度下的夸克及胶子等离子体,所以可以说温度是和热现象密切相关的物理量。

扩散现象是组成物质微观粒子热运动的一个典型表现,即是一种热现象。将分别盛放两种气体的两个瓶子口对口竖直叠放,并在其交接处设置活塞。其中位于上部的瓶子盛放有空气,下部的瓶子盛放有溴气。当打开活塞后,可以观察到褐色的溴气逐渐渗入上面的容器中与其中的空气混合,这种现象称之为扩散。由于溴的质量比空气大得多,仅在重力的作用下溴不可能往上流动,因此说明扩散是气体的内在运动,即分子热运动的结果。扩散现象说明,一切物体(气体、液体)的分子都在不停地运动着。同样,在液体中也会产生扩散现象。如在清水中滴几滴红墨水,经过一段时间后,全部清水都会染成红色。另外一个间接证明分子热运动的实例就是有名的布朗运动。

实验证明,分子扩散的速率,即无规则运动的剧烈程度与温度的高低有关。随着温度的升高,扩散过程加快,分子的无规则运动更加剧烈。

物体的分子除了作无规则的运动外,分子之间还有相互作用力。固体和液体的分子不会散开而能保持一定的体积，并且固体还能保持一定的形状，是由于分子之间相互吸引力的作用。同时，固体和液体又很难压缩，说明分子之间除了吸引力外还有排斥力，只不过排斥力需要分子之间的距离被压缩得非常近时才会显现出来。正是分子间的这些作用力使分子聚集在一起，在空间形成某种规则的分布。而分子的无规则运动将破坏这种规则分布，使分子分散开来，从而形成物质的三种形态。在较低温度下，分子的无规则运动不够剧烈，分子在相互作用力的影响下被束缚在各自的平衡位置作微小的振动，便表现为固体状态；当温度升高，无规则运动的剧烈程度增大到某一限度时，分子吸引力的作用已不能把分子束缚在固定的平衡位置附近作微小振动，但还不足以使分子分散远离，这样便表现为液体状态；当温度继续升高，无规则运动的剧烈程度超过一定限度后，不但分子的平衡位置被破坏了，而且分子之间也不再能维持一定的距离，分子相互分散远离，分子的运动近似为自由运动，这样便表现为气体状态。

2.3　温度的定义

温度是最基本的环境因素，决定或影响着其他环境因素对文物的作用，因此必须对温度的概念赋予客观的科学定义。

2.3.1　热力学第零定律

当原先各自都处于平衡状态的两个系统 A 和 B 相互接触时，它们之间发生了热量的传递，就称这两个系统发生了热接触。实验证明，A 与 B 发生热接触之后，各自原先的平衡状态都遭到了破坏。经过一定时间以后，这两个系统的状态不再变化，并达到一个共同的稳定状态，即新的平衡状态。这时就称这两个系统彼此处于热平衡。

将上述实例引申到三个系统。若取三个系统 A、B 和 C，使系统 A 和 B 同时与系统 C 发生热接触，而系统 A 和系统 B 是彼此隔绝的。经过一定时间以后，系统 A 与系统 C 达到了热平衡，同时，系统 B 与系统 C 也达到了热平衡。这时若系统 A 和系统 B 发生热接触，实验表明，这两个系统的状态都不会发生任何变化。因此说明，系统 A 和系统 B 已经达到了热平衡。

将上述事实概括成定律，那就是：如果系统 A 和系统 B 都同时与第三个系统 C 处于热平衡，则它们之间也必定处于热平衡。这就是热力学第零定律，即热平衡定律。

热力学第零定律的重要性在于它给出了温度的定义和温度的测量方法。它为建立温度概念提供了实验基础。

从第零定律可以得出以下结论：处在同一热平衡状态的所有热力学系统都具有一个共同的宏观特征，这一特征是由这些互为热平衡系统状态所决定的一个数值相等的状态函数，这个状态函数被定义为温度，温度相等是热平衡的必要条件。也就是说，互为热平衡的系统都有相同的温度，所以可以用一个温度计去判定不同的物体温度是否相同。另一方面，如果将 A、B 作为温度计测量 C 的温度，则 A、B 应有相同读数，这就是校准不同温度计的依据。

2.3.2 温度的定义

温度的宏观定义便是在热力学第零定律的基础上建立起来的。温度是决定一个系统是否与其他系统处于热平衡的宏观标志。彼此处于热平衡的所有系统，必然具有相同的温度。反之，如果一个系统与其他系统未达到热平衡，则它们必定具有不同的温度。

温度的微观定义是建立在分子热运动基础上的。通过理想气体状态方程及分子平均平动能方程可以推导出理想气体的温度方程，具体如下：

$$\overline{\varepsilon_k} = \frac{1}{2}m\overline{v^2} \tag{2-1}$$

$$PV = \frac{m}{M}RT = \frac{Nm'}{N_A m'}RT \tag{2-2}$$

$$P = \frac{1}{3}nm\overline{v^2} \tag{2-3}$$

将式 2-3 变换并将式 2-1 代入可得，

$$P = \frac{2}{3}n\left(\frac{1}{2}m\overline{v^2}\right) = \frac{2N}{3V}\left(\frac{1}{2}m\overline{v^2}\right) = \frac{2N}{3V}\overline{\varepsilon_k} \tag{2-4}$$

$n = \dfrac{N}{V}$ 为单位体积内的分子数，即分子数密度。

将式 2-4 变换并将式 2-2 代入可得，

$$\overline{\varepsilon_k} = \frac{3}{2} \times \frac{PV}{N} = \frac{3}{2} \times \frac{\dfrac{Nm'}{N_A m'}RT}{N} = \frac{3}{2} \times \frac{R}{N_A}T \tag{2-5}$$

$$k = \frac{R}{N_A} = \frac{8.31 \text{J} \cdot \text{mol}^{-1} \cdot \text{K}^{-1}}{6.022 \times 10^{23} \text{mol}^{-1}} = 1.38 \times 10^{-23} \text{J} \cdot \text{K}^{-1} \text{ 称为玻尔斯曼常量。}$$

由式 2-5 可得,

$$\overline{\varepsilon_k} = \frac{3}{2} kT \qquad (2\text{-}6)$$

式中 $\overline{\varepsilon_k}$ 为理想气体的平均平动能,k 为玻耳兹曼常数,T 为系统的温度。

通过式 2-6 可以看出,分子的平均平动能唯一取决于系统的温度,并与温度成正比。

由此可以得出温度的微观解释,即温度是系统内部分子无规则热运动强弱程度的标志,温度越高,分子热运动就越强烈。

但应该注意的是,温度是大量分子热运动的集体表现,因而具有统计意义。对单个分子而言,热运动和平均平动能都失去了意义,说它的温度也就没有意义了。

总之,从宏观和微观两个层面,系统的温度具有不同的定义,即系统温度在宏观上是表示一个系统是否与其他系统处于热平衡的标志,在微观上是反应系统中分子热运动的强烈程度的标志。

2.4 环境温度对文物的影响

2.4.1 物理过程速率的改变

因为温度反应了系统中分子热运动的强烈程度,因此温度升高,系统中分子的热运动加剧,表现在宏观上系统的很多物理过程速率就会被提高。如水和空气透过固体的渗透速率,实验表明温度上升 5℃,将把这个过程加速大约 1.3 倍。

在文物保存过程中,温度的升高会加速水分从木质等含水有机材质文物内部向外部空气中扩散的速率,从而加快该类文物表面脱水的速率,进而加重由于不均匀干燥造成的变形或开裂损害(详见湿度一章中有机质的湿胀干缩)。

此外,温度的升高还会造成文物加固保护过程中加固剂、溶剂挥发速率的加快,进而产生加固剂反迁。在文物加固过程中,当溶剂的挥发速率很高时,接近表面部分的溶剂挥发后,这部分加固剂的浓度会迅速升高。按照溶液中溶质与溶剂的扩散原理,此时低浓度区域的溶剂会向高浓度区域扩散,高浓度区域的溶质也会向低浓度区域扩散。但是对加固剂而言,迅速的浓度提高往往意味着溶质黏度的迅速增大、溶质的扩散受阻。此时，就会产生溶剂被迫从低浓度区域更多地向高浓度区域迁徙的现象。再加上溶剂迅速挥发产生的溶液体积减小，二者共同作用造成在加固剂溶液中产生文物浅表区域的负压状态。而此时文物内部加固剂溶液的浓度仍较低、流动性较好，在内部溶剂分子尚未来得及向外充分扩散时，浅表的负压导致内部的加固剂溶液迅速向表面移动，溶剂和树脂溶质同时向外迁移，只在孔隙侧壁上由于吸附作用残留薄层的少量加固剂溶液。其结果是施加到文物上的大部分有机树脂由于溶剂的迅速挥发而集中在孔隙的接近表面处，严重时产生加固剂溶质堵塞毛细孔隙的现象。更有甚者，有些加固剂会在溶剂挥发的过程中从孔隙中回流出，当溶剂彻底挥发后在文物表面形成有机树脂薄膜。而这一切就是由于温度升高导致溶液挥发的物理过程速率加快造成的。

2.4.2 化学反应速率的改变

科学实验证明，温度对化学反应速率的影响也比较显著。在浓度一定时，绝大多数化学反应的速率都随着温度的升高而明显增大。例如在常温下，H_2 和 O_2 的反应极慢，实际上觉察不出反应的发生。当温度升高到 673K 时，可看到反应明显进行。温度升高到 873K 时，反应迅速甚至会发生爆炸。产生这一现象的主要原因是随着温度的升高，反应物分子将获得更多的能量，从而使一部分原本能量较低的分子变成活化分子，增加了活化分子的百分数，反应速率加快。另一方面，由于温度升高，使分子的平均平动能增加，即分子的热运动速率增加，从而造成反应物分子的碰撞概率增多，反应也会相应加快。温度变化对反应速率的影响，主要表现在对速率常数 k 的影响。

范特霍夫（Vant Hoff J. H.）对许多化学反应的速率和温度的关系进行研究后，于 1884 年提出了一个经验规则：对一般化学反应，在反应物浓度相同的情况下，温度每升高 10℃，反应速率增加到原来的 2～4 倍。这个倍数称为反应的温度系数。

$$\frac{k_{(t+10)}}{k_t} = \gamma \tag{2-7}$$

$k_{(t+10)}$ 和 k_t 分别表示温度为 $(t+10)$℃ 和 t℃时的反应速率常数，γ 为温度系数，γ 值在 2～4 范围内。

当温度从 t℃升高到 $(t+n\times 10)$℃时，则反应速率为原来的 γ^n 倍。

$$\frac{k_{(t+n\times 10)}}{k_t} = \gamma^n \tag{2-8}$$

例如，某一反应的温度系数 γ 为 2，在反应物浓度不变时，当温度从 10℃ 升高到 100℃，反应速率就是原来的 512 倍。因此利用范特霍夫规则可粗略地估计温度对反应速率的影响。

在文物的保存过程中，环境温度一般不太高。因此，除现代的一些高分子材料外，温度作为单一因素对文物的影响并不十分显著。但是由于环境中存在着光、氧气、水汽及其他因素，当文物材料受到它们的联合作用而发生一定的化学反应时，温度会起到加速反应的作用。因此，通常文物保存在相对低的温度条件下是较为有利的。

2.4.3 热胀冷缩

热胀冷缩是物体的一种基本性质，物体的宏观尺寸在一般状态下，受热后会增加即膨胀，受冷后会减少即收缩。除水和锑（水在 4℃ 以上会热胀冷缩而在 4℃ 以下会冷胀热缩，而熔化的锑在冷却凝固时体积却会膨胀）外自然界中已知的绝大多数物质都具有这种性质。

从温度的微观定义可知，温度是材料中分子运动的量度。当温度增加，物体内分子的热运动就加速并且分子间距离增大，表现在宏观上就是物体的尺寸出现膨胀；当温度降低，分子热运动就会减速并且分子间距离缩小，表现在宏观上就是物体的尺寸出现收缩。

线膨胀系数亦称线胀系数，它是评价物体热胀冷缩能力的一个重要参数，其定义为：在压强不变的条件下，固态物质长度的相对改变量 $\left(\dfrac{\Delta L}{L}\right)_p$ 与温度改变量 ΔT 之比，常用符号 α 表示。

$$\alpha = \frac{1}{L}\left(\frac{\Delta L}{\Delta T}\right)_p \tag{2-9}$$

式中 L 是物质的长度，T 是温度，下角标 p 表示等压下膨胀。固体的线膨胀系数一般不大，且随温度和压强的改变而变化。对于大多数固体材料，在室温下 α 可视作常数。对应地还有体膨胀系数，即物体的体积随温度的变化率。对于各向同性的物体，线膨胀系数较小时，体膨胀系数是线膨胀系数的 3 倍略多一点。

当文物处于室内环境中时，由于温度可控，因此，热胀冷缩对文物带来的危害并不十分明显。但在环境温度变化剧烈地区的室外大体量文物上，即使是单一质地，热胀冷缩也会对其产生明显的破坏，产生这类问题的典型代表就是土遗址和大型石质文物。由于温度变化使土体或岩石里外受热不均，或不同矿物的体积膨胀系数各异，使土体或岩石在受热时发生不同部分间的胀缩差异，在内部应力的作用下出现表面开裂、剥落等病害。这种病害的程度主要决定于温度变化的速度和幅度。在我国干旱气候区，盛夏的昼夜温差甚至可达 50～60℃。因此，在该区域的露天大型文物表面这类病害非常常见，昼夜温差越大，破坏越剧烈。

此外，温度变化导致的热胀冷缩还会对由两种或两种以上材质组成的文物，即复合文物造成明显损害。由于各种物质材料的热膨胀系数不同（表2-1），甚至相差很大。因此环境的变热或变冷就可能会在复合文物中的不同材质间产生一定的应力，这种力会导致复合文物中强度较低的材质部分出现变形、开裂、破碎等病害。温度波动越大、材质间热膨胀系数差异越大，破坏越明显。

表2-1 一些常见材料的线膨胀系数

材料	线膨胀系数（$\times 10^{-6}/℃$）
陶	4.5
木（沿纤维方向）	4.9～54
木（纤维断面方向）	34～54
砂石	7～12
石灰石	9
大理石	12
花岗岩	4.61
砖	9.5
水泥、混凝土	10～14
环氧树脂	60～70
有机玻璃	130
铸铁	8.7～11.1
碳钢	10.6～12.2
锡青铜	17.6
铬钢	11.2
铝合金	22～24

2.4.4 冰冻风化

又称冻胀作用。温度对文物的这种影响主要是通过多孔体系中的水间接产生的。易发生冰冻风化的一般为多孔材质文物，如土遗址、石质文物、古建筑、金属文物的锈蚀层等。以石质文物为例解释其作用机理：在石质本体的孔隙及裂隙中，常有液态水填充，当外界温度降低到0℃以下时，石质孔隙及裂隙中的液态水就有可能会凝结为固态即结冰，水的结冰过程其自身的体积会增大9%，这种体积的增大将对石质的孔隙及裂隙产生极大的压力。相关实验表明压强甚至可高达 960～2000kgf/cm^2，压力会迫使石质的裂隙加宽、加深。当气温上升至 0℃以上时，冰又会融化成液态水，从而顺着加深的裂隙进入石质更深的内部。当温度再次降低到 0℃以下，上述过程又被重复。如此反复，多孔材质的文物最终将崩裂成碎块（图 2-1）。也就是因为这个原因，虽然文物保存在较低温度下物理过程及化学反应速率会较低，但在环境温度可控的情况下，大多数文物的实际保存环境温度常年都应维持在 0℃以上。

图 2-1　室外岩石的冰冻风化

2.4.5　可溶盐的溶解与结晶

自然界的水中，尤其是地下水中多溶解有可溶盐。可溶盐的溶解度与温度息息相关，且大多数可溶盐的溶解度都随温度的升高而增加（表 2-2）。多孔文物在地下埋藏的过程中可能吸附了大量含有可溶盐的地下水，出土后由于环境湿度和温度的影响，孔隙中的水分不断向外界蒸发，造成孔隙内部的水向外界运移，在水中溶解的可溶盐自然也随着水分的运移向文物表面富集，产生文物表面可溶盐溶液浓度升高的现象。如果此时文物表面温度降低或者孔隙中的水分继续向外蒸发，就会导致文物表面的可溶盐出现结晶析出。这种结晶往往伴随着体积的膨胀，膨胀会在文物表面的多孔框架间产生压力。和冰冻风化类似，当温度升高或文物孔隙从外界吸收水分后，结晶出的可溶盐又会溶解，压力消失。当再次出现温度降低等因素时，压力又会再次产生，如此往复最终将文物表面的原有结构挤压松散甚至破碎，造成文物表面的酥粉。

表 2-2　不同温度下 KNO_3 在水中的溶解度

温度（℃）	10	40	50	75
溶解度（g）	20.9	63.9	85.5	150

在可溶盐的溶解与结晶对多孔材质文物造成损害的过程中，温度的影响不仅仅表现在导致盐溶解度的改变上，同时还表现在会影响可溶盐溶液的饱和蒸汽压。值得说明的是，虽然温度会从两方面影响可溶盐的溶解与结晶，但造成可溶盐溶解结晶对文物产生损害最重要的原因还是环境湿度的波动，具体内容详见湿度一章。

2.4.6 "锡疫"现象

"锡疫"现象是一种金属的同素异晶转变，它是低温造成文物损害的一个典型例子。金属的同素异晶转变或称多晶型转变是指当温度、压强等外部条件改变时，金属内部由一种晶体结构向另一种晶体结构的转变。"锡疫"现象就是金属锡在低温状态下的同素异晶转变。在低温下，锡金属失去金属光泽，原有的金属晶体结构也改变，固体金属会变成粉末状，而且这种现象会因为锡金属之间的接触而蔓延，因此人们称之为"锡疫"。

产生"锡疫"现象的原因是，锡元素在常温常压下有白锡、灰锡两种同素异晶体。在不同环境下，锡有不同的结晶状态。在 13.2℃以上，最稳定的形态是白锡（β 锡），属四方晶系，呈金属性，比重较灰锡重。当温度在 13.2℃以下时，最稳定的形态是灰锡（α 锡），属金刚石型等轴晶系。灰锡因为其原子间形成了共价结构，电子不能自由转移，故而没有任何金属性，呈暗灰色粉状物。当温度降低到 13.2℃以下时，锡的结晶点阵就会出现重新排列的趋势。一旦重排，锡原子之间的空隙就会加大，从而形成金刚石型等轴晶的结晶形态，即灰锡。在转变的过程中，不同结晶点阵之间的接触处发生的内应力使金属锡碎裂成粉末，生成粉末状的灰锡。但并不是温度一降低到 13.2℃以下时，白锡就会立即转变为灰锡，此时白锡还将以亚稳态形式存在一定时间。但随着周围环境温度的继续降低，晶体形态转变的速率会愈来愈快。一般情况下，当温度降到 0℃以下时，白锡就很容易失去光泽，变成暗灰色，最后碎裂成粉末。值得注意的是，即使未发生转变的白锡，当处于 13.2℃以下时，一旦和已经发生"锡疫"的锡接触，灰锡颗粒就会作为晶核促进亚稳态白锡按照金刚石型等轴晶系的晶体结构进行重排，生成稳定态的灰锡，从而引发或加速锡的同素异晶转变（图 2-2）。

金属铋或锑可以预防"锡疫"现象，其主要原理是铋原子中有多余的电子可

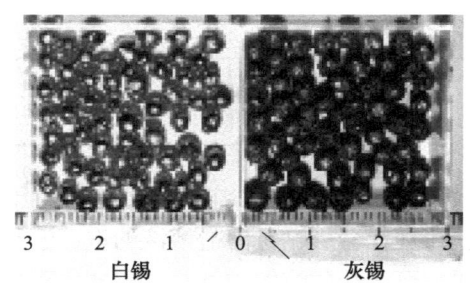

图 2-2 白锡与灰锡

借给锡原子构成的结晶点阵，使其状态稳定化，这样就可以避免低温情况下晶体架构的变化。

2.4.7 玻璃化及黏流温度

树脂材料是当前广泛使用的文物保护材料之一，同时很多文物材质本身也由树脂材料制成。按树脂受热时所呈现的基本行为，一般可将其分为热塑性树脂和热固性树脂两类。热塑性树脂是指在特定的温度范围内，能反复加热软化和冷却变硬的树脂，如：丙烯腈-丁二烯-苯乙烯共聚物（ABS）、聚丙烯（PP）、聚碳酸酯（PC）、聚苯乙烯（PS）、聚氯乙烯（PVC）、聚酰胺（PA）、聚甲基丙烯酸甲酯（PMMA）等。热固性树脂是指受热后成为不熔的物质，再次受热不再具有可塑性且不能再回收利用的树脂，如：酚醛树脂、环氧树脂、氨基树脂、聚氨酯、发泡聚苯乙烯等。热塑性树脂在不同的温度下呈现出三种物理状态（图 2-3）。

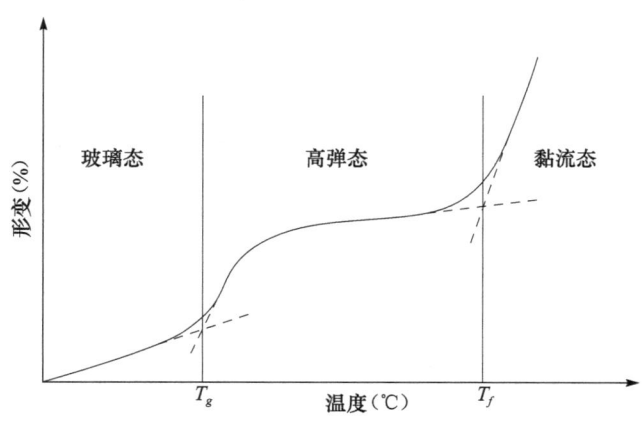

图 2-3 非晶态热塑性树脂的温度—形变曲线

（T_g—玻璃化温度；T_f—黏流温度）

1. 玻璃态

高分子聚合物的玻璃态实际上是固态的一种表现形式，特点是在一定的温度范围内，呈现出固态物质普遍具有的性质，在某些力学特性上类似于普通的玻璃。通常把玻璃态与高弹态之间的转变，称为玻璃化转变，它所对应的转变温度即是玻璃化转变温度，或称玻璃化温度，用 T_g 表示。T_g 是高聚物的重要特征温度，当聚合物温度低于 T_g 时，高聚物是刚硬的，呈玻璃态。处于玻璃态下的聚合物分子，链段运动基本上处于停止的状态，分子在自身的位置上振动，分子链缠绕成团状或卷曲状，相互交错，紊乱无序。当受到外力作用时，分子链段将作瞬间微小伸缩和键角改变。整个塑料形体具有一定的刚性和强度。

2. 高弹态

当高聚物温度高于玻璃化温度 T_g，低于黏流温度 T_f 时，存在着一种很难得的物理状态——高弹态，也称橡胶态。处于高弹态下的树脂分子，动能增加，链段展开成网状，但分子的运动仍维持在小链段的旋转，链与链之间不发生位置移动。受外力作用时可产生缓慢形变，当外力除去后，又慢慢恢复原状。在这种状态下，树脂具有一种类似橡胶的弹性，所以又称橡胶态。通常称为弹性或橡胶体的高聚物，便是在室温下处于高弹态的高聚物。处于高弹态的高聚物一般具有两个重要特性：首先，在较小作用力下可产生较大变形，外力解除后能恢复原状；其次，高弹形变并非瞬间发生，而是随时间逐渐发展，与普通的弹性形变不同，在同样外力作用下，形变要延迟一段时间才能完成，而且形变量大，松弛性也较明显。

3. 黏流态

当温度进一步升高，超过黏流温度 T_f 时，分子链作为一个整体可以相对滑动，在外力的作用下，聚合物像液体一样黏性流动，形变变得不可逆，这种状态称为黏流态。

影响热塑性树脂玻璃化及黏流温度的因素很多。因为玻璃化温度是高分子的链段从冻结到运动的一个转变温度，而链段运动是通过主链的单键内旋转来实现的，所以凡是影响高分子链柔性的因素，都会对 T_g 和 T_f 产生影响。如引入刚性基团或极性基团，交联、结晶等减弱高分子链柔性或增加分子间作用力的因素会使 T_g 和 T_f 升高；而如加入增塑剂或溶剂，引进柔性基团等增加高分子链柔性的因素会使 T_g 和 T_f 降低。

玻璃化及黏流温度是选择聚合物保护文物时的一个重要指标。这是因为：一方面如果聚合物的 T_g 和 T_f 过低（接近室温），在室温较高的情况下，聚合物易出现变软的趋势，从而造成材料的冷变形（主要对于粘接剂）或者将灰尘黏附到涂层的表面。另一方面如果聚合物的 T_g 和 T_f 太高，在温度比较低的情况下，材料就会出现过硬、过脆的现象，从而导致受力时聚合物出现开裂或者无法适应文物的内部运动。在文物保护中使用树脂材料应根据文物保存的环境及文物自身的刚性选择具有合适的玻璃化温度及黏流温度的保护材料。

此外,一些文物材料自身也会受到类似玻璃化及黏流温度的影响。如随温度的升高,蜡质文物会出现变软甚至流动的趋势,进而其表面上会更容易黏附灰尘,部分漆器、磁带表面也会软化或发黏。

2.4.8 温度对生物活动的影响

一切生命活动都是在特定的环境温度下进行的。一般说来,植物生长发育所要求的温度条件在 0～50℃ 范围内;变温动物的活动温度大多在 6～36℃;恒温动物由于自身有调节体温的能力,对环境温度的适应范围更宽些。环境温度若超出生物的适应范围,其生命活动就会出现减缓、停滞,甚至会导致生物体的死亡。此外,在适宜的温度范围内,大多数的生命活动会随温度的升高有一定的增加。

昆虫是变温动物,它的体温基本取决于周围的环境温度。8～40℃ 是一般昆虫能够正常生活的范围,22～32℃ 是昆虫最适宜的温度,48℃ 以上和 -4℃ 以下是多数昆虫的致死温区。昆虫对温度的反应随温度的变化速度而变,如果温度很快升高或急骤下降,会使昆虫对高低温的适应范围缩小,因此可以通过控制如纸张、纺织品、木质等有机质文物保存的环境温度(一般控制在较低温度)预防该类文物的虫害。

温度也是影响微生物生长的重要因素之一。根据微生物生长最适宜温度的不同,可以将微生物分为嗜冷、兼性嗜冷、嗜温、嗜热和超嗜热五种不同类型。它们都有各自最低、最适合和最高生长温度范围(表 2-3)。

表 2-3 不同类型微生物的生长温度范围

微生物类型	生长温度(℃)		
	最低	最适合	最高
嗜冷微生物	低于 0	15	20
兼性嗜冷微生物	0	20～30	30
嗜温微生物	15～20	20～45	45 以上
嗜热微生物	45	55～65	80
超嗜热或嗜高温微生物	65	80～90	100 以上

温度对微生物生长的影响具体表现在以下几点:首先,影响酶活性,微生物生长过程中所发生的一系列化学反应绝大多数是在特定酶催化下完成的,每种酶都有最适合的酶促反应温度,温度变化影响酶促反应速率,最终影响细胞物质的合成;其次,影响细胞质膜的流动性,温度高流动性大,有利于物质的运输,温

度低流动性降低,不利于物质运输,因此温度变化影响营养物质的吸收与代谢产物的分泌;再次,影响物质的溶解度,物质只有溶于水才能被机体吸收或分泌,除气体物质以外的大多数物质,温度上升物质的溶解度增加,温度降低物质的溶解度降低,从而影响微生物的生长。

低温能够抑制微生物的生长。在0℃以下时,菌体内的水分有冻结的趋势,生化反应无法进行而停止生长。略高于0℃时,中温型和高温型微生物因细胞膜内饱和脂肪酸的含量较高而被"冻结",致使营养物质无法进入细胞而停止生长。此外,在细菌细胞内还含有许多复合体物质,如核糖体、异构酶等,它们是由两个或两个以上的高分子以疏水键结合而成。低温能使这种结合不稳定,复合体呈松散状态而失去活性,细菌便停止生长。有的微生物在冰点以下就会死亡,即使能在低温下生长的微生物,低温处理时,开始也有一部分死亡。主要原因可能是细胞内水分变成了冰晶,造成了细胞明显脱水。另外,冰晶往往还造成细胞尤其是细胞膜的物理损伤。低温的作用主要是抑菌,处于低温条件下的大多数微生物,虽然代谢活力降低,生长繁殖停滞,但仍维持存活状态,一旦重新回到适合的生活环境就可继续生长繁殖。

虽然0℃以下的低温具有更佳的抑菌效果,但由于此时会导致文物的冰冻风化,因此一般不允许将文物的保存温度降低到这个水平。此外,绝大多数对文物有害的微生物都属于中温型微生物,这类微生物一般在20℃以下就会出现生长速度降低的现象,当温度降低到10℃左右,微生物发育更加迟缓,甚至一些微生物已处于休眠状态。因此采用5℃左右的低温保存就可以有效抑制文物表面大多数微生物的生长,防止其对文物的侵蚀作用。

2.4.9 温度导致湿度改变

另一个温度对文物的间接影响,是导致环境相对湿度的变化而对文物产生一定的损害。具体的损害方式将在下一章湿度中具体介绍。

2.5 温 标

对温度的分度方法所作的规定,称为温标。它是一种人为的规定,可以理解为一种单位制。

温标按照制定方法的不同可以分为经验温标、理想气体温标和热力学温标。

经验温标是通过某物体(称为测温介质)的一个可观测的性质(称为测温属性)随物体的冷热程度单调地和显著地变化来对温度加以标定的。如以液体体积变化作为温度变化标志的液体温度计，还有以气体压强、气体体积、电阻、热电动势、光的亮度等作为温度变化标志的定压气体温度计、定体气体温度计、电阻温度计、光学温度计等。

无论何种经验温标，都是建立在介质的测温属性 x 与温度 t 成简单的线性关系的假定基础上，即：

$$t(x) = kx + t_0 \qquad (2\text{-}10)$$

然后就只需要定义一些固定点来确定其中的系数即可。常用的经验温标有华氏温标、列氏温标和摄氏温标。

2.5.1 华氏温标

在英美等国家的工程实践及日常生活中通行的一种温标，称为华氏温标。它的单位为华氏度，以 °F 表示。

华氏温标是由 Daniel Gabriel Fahrenheit 在 1714 年制定的。他选用水银作为测温介质，利用水银体积随温度的变化作为测温属性。起初他把北爱尔兰最冷的某个冬日，水银柱降到最低的高度定为零度，把他妻子的体温定为 100 度，然后再把这段区间的长度均分为 100 份，每一份叫 1 度。显然，认定气温和人的体温作为温标的固定点并在此基础上分度是不妥当的。后来，Daniel Gabriel Fahrenheit 改进了他创立的温标，把冰、水、氯化铵和氯化钠的混合物的熔点定为零度，以 0 °F 表示，把冰的熔点定为 32 °F，把水的沸点定为 212 °F，在 32 °F 到 212 °F 的间隔内均分 180 等份，每份代表 1 °F，这样，固定点就有了较为准确的客观依据。这就是现在仍在许多国家使用的华氏温标。华氏温度 t_F 与摄氏温度 t 的关系为：

$$t_F = 32 + 1.8 \times t \qquad (2\text{-}11)$$

2.5.2 列氏温标

在华氏温标出现的同时，法国人 René Antoine Ferchault de Réaumur 也制定了一种温标。他认为水银的膨胀系数太小，不宜做测温介质。他专心研究用酒精作为测温介质的优点。经过反复实践，他发现含有 1/5 水的酒精，在水的结冰温度和沸腾温度之间，其体积的膨胀是从 1000 个体积单位增大到 1080 个体积单位。因此他把水的冰点定为列氏 0 度，水的沸点定为列氏 80 度。冰点和沸点之间分成 80 份，每份代表 1 列氏度。这就是列氏温标。用 °R 表示。列氏温度 t_R 与摄氏温度 t 的关系为：

$$t = 1.25 \times t_R \qquad (2\text{-}12)$$

列氏温标曾在法国和德国广泛使用,但随后均由摄氏温标所取代。

2.5.3 摄氏温标

瑞典人 Anders Celsius 于 1742 年改进了华氏温标,他把水的沸点定为 0 度,把水的冰点定为 100 度。后来他的同事 M. Stromer 把两个温度点的数值又倒过来,就成了现在的百分温度,即摄氏温度,用℃表示。这种温标称为摄氏温标。

华氏温标和摄氏温标使用的是同种测温质(水银),利用了同样的测温特性(水银柱的热胀冷缩)。但由于规定的标准点和分度单位不同,就造成了两种不同的温标,从而产生了两种不同的温度数值。

经验温标的制定易于操作,且易于测量,但是也有很大的缺点。按照热力学第零定律,不同测温计测量同一温度得到的读数应该相同,但实际上利用不同测温属性的经验温标却会给出不同的读数。这是因为规定的线性关系有很大的任意性,不同的测温介质的物理性质随温度的改变在不同的范围内也可能存在差异。因此,对应同一个客观温度,不同测温介质所定温标反映出来的温度可能是不一样的。这样就需要寻找一种不依赖于物质属性的温标,而理想气体温标和热力学温标正是这样的温标。

2.5.4 理想气体温标和热力学温标

以定体气体温度计为例介绍理想气体温标。定体气体温度计是以气体的压强作为测温属性的,$p = p_0(1 + a_p t)$,将一个标准大气压下水的冰点定为零度,水的沸点定为 100 度,则可以由固定点得到系数 p_0,a_p 的值,不同气体的 a_p(压强系数)不同,但是很接近。如果将温度计测温泡中的气体质量逐渐减少,使得其中气体压强越来越小以致趋于零,则压强系数具有如下极限值:

$$\lim_{p_0 \to 0} a_p = \frac{1}{T_0} \qquad T_0 = 273.15\text{℃} \qquad (2\text{-}13)$$

大量实验表明,这个极限值对所有的气体都是一样的,这样就找到了不依赖于具体物质属性的温度标定方法。

而压强系数等于 $1/T_0$ 的气体就被称为理想气体,理想气体是个模型,它描绘了所有气体在压强趋于零极限下的共同行为。

利用理想气体的压强 p 和温度 t 关系作图,可以发现在压强趋于零时,t 趋于 -273.15℃,根据热力学第三定律(有多种表述方式,其中一种是不可能使一个物体冷到绝对零度的温度)可知这个温度是所有可能达到温度的最低极限,其本身是达不到的。

我们将这个最低温度取作温度的零点，重新定义一套温标，记作 T，单位叫做"开尔文"，记作"开"或 K，它与摄氏温度的关系为：

$$T=t+T_0=t+273.15 \quad (2\text{-}14)$$

这样该温标与摄氏温标就只是起点不同，而间隔是相同的。因此水的冰点和沸点在此温标下的温度分别是 273.15K 和 373.15K。

用此温标改写理想气体的测温属性公式得到：

$$\frac{p}{p_0}=\frac{T}{T_0} \quad (2\text{-}15)$$

用理想气体状态方程测定温度只需要一个固定点，1954 年以后为了提高温度数值的准确性，国际上规定这个固定点选为水的三相点（冰、水、水蒸气三相共存达到平衡时的温度），并规定其数值为 273.16K，这种标定温度的方法就是理想气体温标。

热力学温标是建立在卡诺定理之上的，即：工作于两个恒定温度之间的一切可逆卡诺热机的效率与工作物质无关，只是两热源温度的函数。

可逆卡诺热机是指一个热力学系统（工作物质）经过一系列可逆热力学过程从高温热源吸收热量，向低温热源放出热量，同时向外做功，并回到初始状态，完成一个循环，其效率定义为做功与吸收热量的比值。开尔文看到了卡诺定理与工作物质无关的特点，于是在此基础之上提出了热力学温标。

设有温度为 Θ_1、Θ_2 的两个恒温热源，这里 Θ_1、Θ_2 可以是用任何温标所表达的温度。一个可逆热机工作于两个热源之间，在 Θ_1 处吸热 Q_1，在 Θ_2 处放热 Q_2，其效率 $\eta=1-Q_2/Q_1$ 与工作物质无关，只是温度的函数，因此有：

$$\frac{Q_2}{Q_1}=1-\eta=f(\Theta_1,\ \Theta_2) \quad (2\text{-}16)$$

类似的，假定另一可逆热机工作在温度为 Θ_3、Θ_1 的两个热源之间，在 Θ_3 处吸热 Q_3，在 Θ_1 处放热 Q_1，因此有：

$$\frac{Q_1}{Q_3}=f(\Theta_3,\ \Theta_1) \quad (2\text{-}17)$$

将两个热机联合在一起工作，就相当于一台可逆热机工作在温度为 Θ_3、Θ_2 的两个热源之间，因而有：

$$\frac{Q_2}{Q_3}=f(\Theta_3,\ \Theta_2) \quad (2\text{-}18)$$

由式 2-16、式 2-17 和式 2-18 可得：

$$f(\Theta_1, \Theta_2) = \frac{Q_2}{Q_1} = \frac{Q_2/Q_3}{Q_1/Q_3} = \frac{f(\Theta_3, \Theta_2)}{f(\Theta_3, \Theta_2)} \quad (2\text{-}19)$$

由于温标是任意指定的，所以式 2-19 右边一定可以将含 Θ_3 的项约去，这样就证明了关于温度的函数具有比值的形式：

$$f(\Theta_1, \Theta_2) = \frac{\psi(\Theta_2)}{\psi(\Theta_1)} \quad (2\text{-}20)$$

其中分子分母上的函数形式是可以选择的，不同选择对应不同温标，如果将其选为 $\psi(\Theta)=\Theta$，则这样定出的温标就称为热力学温标或者开尔文温标。

以上只是定义了两个热力学温度的比值，要完全确定，还必须附加一个条件，1954 年国际计量大会规定：水的三相点的热力学温度为 273.16K。

利用热力学温度，一切可逆卡诺热机的效率可以写作：

$$\eta = 1 - Q_2/Q_1 = 1 - \Theta_2/\Theta_1 \quad (2\text{-}21)$$

而对于由理想气体作为工作物质的可逆卡诺热机，可以证明其效率为 $\eta=1-T_2/T_1$，再注意到两个温标里都把水的三相点温度值定为 273.16K，于是在理想气体温标可用的范围内，两个温标的测定值相等，所以通常就用 T 代表这两种温度，不再区分。

由于理想气体温标和热力学温标都是以最低温度作为零点的，所以以前也被称做绝对温标，对应的温度称做绝对温度。

2.6 温度的测量

温度不能直接测量，往往是借助于物质的某些物理特性是温度的函数，通过对这些物理特性变化量的测量间接地获得温度值。这种能间接获得温度值的测温仪器统称为温度计。

温度测量的理论基础是热力学第零定律。一切互为热平衡的物体都具有相同的温度，这是温度计测量温度的基本原理。

根据温度测量仪表的使用方式，通常可分类为接触法和非接触法两类。

由热平衡原理可知，当两个物体接触，经过足够长的时间达到热平衡后，它们的温度必然相等。如果其中之一为温度计，就可以用它对另一个物体实现温度表征，这种测温方式称为接触法。接触法测温的特点是，温度计要与被测物体有良好的热接触，使两者达到热平衡。因此，这种方法测温准确度较高。用接触法测温时，感温元件要与被测物体很好地接触，这往往会带来副作用，即要破坏被测物体的热平衡状态，并受被测介质的腐蚀作用，因此，对感温元件的结构、性能要求苛刻。

利用物体的热辐射能量随温度变化的原理测定物体温度，这种测温方式称为非接触法。非接触法测温的特点是，不与被测物体接触，也不改变被测物体的温度分布，热惯性小，通常测量物体表面温度。从原理上看，用这种方法测温无上限。非接触法通常用来测定 1000℃ 以上的移动、旋转或反应迅速的高温物体的温度，测量 100℃ 以下的温度误差较大。

在文物保存环境的监控中，接触测温法是最常使用的一种温度测量方法。该方法主要用于测量文物保存或展陈空间空气的温度，通过对空气温度的表征推测文物本体的温度。最常使用的包括玻璃液体温度计、双金属温度计、热电阻温度计、热电偶温度计等。

2.6.1 玻璃液体温度计

玻璃液体温度计是一种常用的测温仪器，具有结构简单、使用方便、成本低廉等优点。

玻璃液体温度计的主体部分是一根内径很细而又均匀的玻璃管，管的下端连接一个玻璃泡，称为测温泡。测温泡中贮有汞、乙醇、甲苯、煤油等测温介质。玻璃管与测温泡相熔接，测温介质充满测温泡和毛细玻璃管的一部分，毛细管上部为真空状态。玻璃管外附有刻度，随着温度的变化，测温介质的体积热胀冷缩，毛细管内液面的位置就会上升或下降，液面所达到的刻度就指示出温度的数值。为了防止温度过高时液体胀裂玻璃管，在毛细管顶部一般会留有一个膨胀室（又称安全泡）。

玻璃液体温度计从结构上又可分棒式温度计（标尺直接刻在厚壁毛细管上）、内标式温度计（标尺封在玻璃套管中）和外标式温度计（标尺固定在玻璃毛细管之外）三种（图 2-4）。

玻璃液体温度计测温受热时，不仅泡内的测温介质会膨胀，而且测温泡本身也会发生膨胀。由于液体的体膨胀系数 α 远比玻璃的体膨胀系数 α' 大，因此当温度变化时，就引起工作液体在玻璃管内体积的变化，从而表现出液柱高度的变化。毛细管液柱的升降反映了介质体积与测温泡体积变化的差值。温度变化所引起的工作液体体积变化为：

$$V_{t_1} = V_{t_0}(\alpha - \alpha')t_1 \tag{2-22}$$

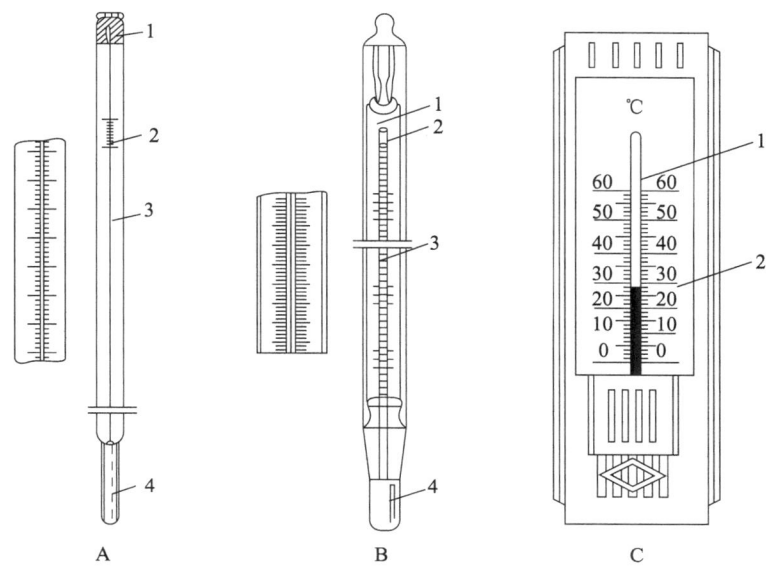

图 2-4　三种玻璃液体温度计

（A 棒式温度计：1- 安全泡；2- 标尺；3- 毛细管；4 测温泡　B 内标式温度计：1- 标尺板；2- 安全泡；3- 毛细管；4 测温泡　C 外标式温度计：1- 毛细管；2- 标尺）

$$V_{t_2} = V_{t_0}(\alpha - \alpha')t_2 \qquad (2\text{-}23)$$

$$\Delta V = V_{t_2} - V_{t_1} = V_{t_0}(\alpha - \alpha')(t_2 - t_1) \qquad (2\text{-}24)$$

可见，工作液体的体膨胀系数 α 越大，温度计的灵敏度就越高，测温精度也越高。乙醇和汞是最常用的工作液体。精密的玻璃液体温度计几乎都采用汞作测温介质。玻璃汞温度计的测量范围为 –30～600℃，测量准确度可达 0.1～2℃；用汞铊合金代替汞，测温下限可延伸到 –60℃；某些有机液体的测温下限可低达 –150℃，但玻璃有机液体温度计的测量准确度仅为 1～4℃。

虽然玻璃液体温度计结构简单、使用方便，但在利用其测量温度过程中仍需注意以下问题：首先，玻璃液体温度计的测温泡要全部浸入被测介质中，除被测介质外不要碰触其他任何物质，具体到测量文物保存环境的空气温度上，需要将其悬挂于空气环境中，不可让测温泡接触到除空气以外的其他物质；其次，温度计测温泡浸入被测介质后要稍等一会，待温度计的示数稳定后再读数；再次，读数时温度计的测温泡要继续停留在被测介质中，读数者的视线必须与标尺垂直，并与液柱面处于同一水平，同时读数时不可用手触摸标尺或将温度计取出测温介质，更不允许用手握住测温泡读数，否则将造成极大的误差。

当然，玻璃液体温度计在测量温度时也有一些不足之处：首先，从工业及某些极端实验用途的角度而言，玻璃液体温度计的测量范围较小，但对文物保存科学中的空气温度测量，常规的玻璃液体温度计已足够了；其次，玻璃的热滞现象会影响温度计的准确度，即由于玻璃材料有较大的热滞后效应，故当温度计被用来测量高温后立即用于测量低温时，其测温泡不能立即恢复到起始时的体积，从而使温度计的零点发生漂移，因此引起误差；再次，当前使用的玻璃液体温度计尚无法实现自记，即当测量一段时间的温度变化情况时，必须每隔一定时间进行人工读数并记录，无法实现固定时间间隔温度数值的自动记录；此外，玻璃液体温度计易碎的特性也是其一个重要缺点；最后，在空气环境中测量液体等其他介质的温度时，要保证玻璃液体温度计的测量准确度，还需要对露出液柱进行温度修正，以减少由于温度计插入深度不够而引起的误差。对温度计标定时，其全部液柱均浸没于被测介质中，但实际使用时却往往只有部分液柱浸没其中，因而引起温度计的指示值偏离被测介质的真实值，故必须对指示值作修正。其修正值为：

$$\Delta t = n\gamma(t - t_n) \tag{2-25}$$

式中 Δt 为露出液柱部分的温度修正值，单位℃；

n 为露出液柱部分所占的刻度数，单位℃；

γ 为工作液体对玻璃的相对体膨胀系数，单位℃$^{-1}$；

t 为温度计的指示值，单位℃；

t_n 为液柱露出部分所处的环境温度，单位℃。

2.6.2 双金属温度计

双金属温度计是利用两种线膨胀系数不同的材料，受热产生的膨胀差量进行温度测量的。除用金属材料外，有时为了增大膨胀系数差，还选用非金属材料，如石英、陶瓷等。

双金属温度计的感应元件是双金属片，一般由膨胀系数相差较大的两片金属连接而成。其中双金属片的一端为固定端，另一端为自由端。当 $t=t_0$ 时，两金属片都处于水平位置；当 $t < t_0$ 时，双金属片受热后由于两种金属片的膨胀系数不同而使自由端产生弯曲变形（图 2-5）。温度越高则产生的线膨胀差越大，引起弯曲角度也越大。其关系可用下式表示：

$$x = G(l^2/d)\Delta t \tag{2-26}$$

式中 x 为双金属片自由端的位移，单位 mm；

l 为双金属片的长度,单位 mm;
d 为双金属片的厚度,单位 mm;
Δt 为双金属片的温度变化,单位℃;
G 为弯曲率(将长度为 100mm、厚度为 1mm 的线状双金属片的一端固定,当温度变化 1℃时,另一端的位移称为弯曲率),取决于双金属片的材质。

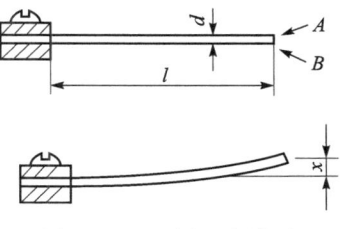

图 2-5　双金属温度计原理

由式 2-26 可以看出,当双金属片材质确定后,其自由端单位温度变化而产生的位移量直接和双金属片的长度平方成正比,与其厚度成反比。因此在实际使用中,常常将双金属温度计的感温双金属片的厚度减薄,甚至做成丝线状。另外,双金属片的长度对 x 值的影响更加显著,如果在有限的体积内大大增加双金属片/丝线的长度,可以放大两种材质间膨胀系数的差异,使其长度的变化对温度更显著。为了达到这个目的,通常将双金属片(或双金属丝线)制成螺旋卷形状。当双金属片/丝线的温度改变时,各层金属膨胀或收缩量不等,使得螺旋卷卷紧或松开。如若将其一端固定,另一端就会随温度变化而发生偏转位移,这样与另一端相连的指针即可在一圆形分度标尺上指示出温度,从而可以制成钟表状的双金属温度计(图 2-6、图 2-7)。

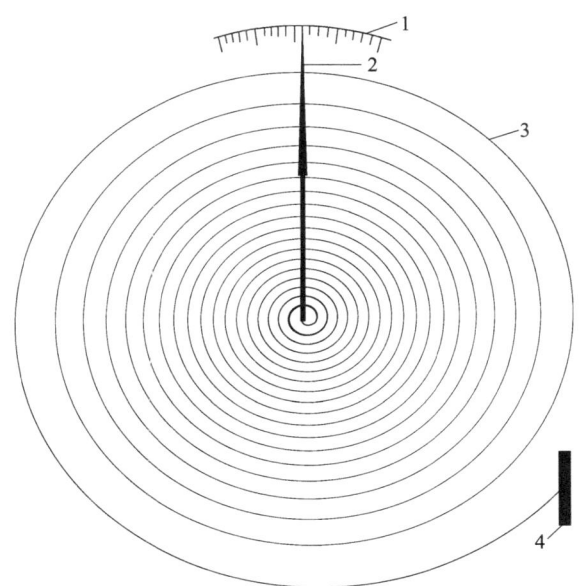

图 2-6　钟表状双金属温度计原理图

1. 标尺；2. 指针；3. 双金属丝；4. 固定端

图 2-7 常见的钟表状双金属温度计

双金属温度计的测温范围一般为 –80～600℃。这种温度计和玻璃液体温度计的用途相似，但可使用在机械强度要求更高的条件下。同时它可将温度变化直接转化为机械量变化，因此广泛地应用于简单的控温装置中，也为温度的自记提供了可能。

与使用玻璃液体温度计测量温度类似，双金属温度计使用过程中也需要注意以下问题：首先，温度计的双金属片应全部浸入被测介质中，除被测介质外不要碰触其他任何物质；其次，温度计双金属片浸入被测介质后要稍等一会，待温度计的示数稳定后再读数；再次，读数时温度计的双金属片要继续留在被测介质中。

与玻璃液体温度计相比，双金属温度计最大的优点是除能够实时测量空气温度外，还能够与其他传动机构联动从而实现自动连续记录温度随时间的变化。双金属温度计的主要缺点是：首先，测量准确度较差（一般在 0.5～5℃）；其次，响应速率较玻璃液体温度计慢；再次，感温元件及传动机构经长时间使用后容易产生误差，故需经常对温度计进行校验并加以修正。

除了常规的双金属温度计以外，现在还有一种能够记录环境中温度最大值和最小值的钟表状双金属温度计（图 2-8）。这种温度计的表盘上有实时温度测量的黑色指针，还有指示最高温度的红色指针和指示最低温度的蓝色指针。可以通过黑色指针的读数，得知环境的实时温度。当温度上升时，黑色指针会推动红色指针，并将其推到当日最高温度的指示位，红色指针指示环境当天的最高温度。当温度下降时，黑色指针会推动蓝色指针，并将其推到当日最低温度的指示位，蓝色指针指示环境当天的最低温度。记录完成后，旋动温度表顶部的双调节钮使红蓝两指针复位与黑色指针对齐，即可再次开始记录。通过这种方式，双金属温度计就可以实现温度极值的记录。

图 2-8 能记录温度极值的双金属温度计

另外，双金属温度计可以通过改装实现温度数值的自动记录。一般双金属温度计由测量杆（包括感温元件和保护管）和表盘（包括指针、刻度盘和玻璃护面）组成。如果在指针上安装自记笔，在自记笔下安装自记钟,即可构成一个自记系统(图 2-9)。若双金属形变差量较小,还可在指针与感温元件间设置放大杠杆,以扩大同样温差下的指针位移。

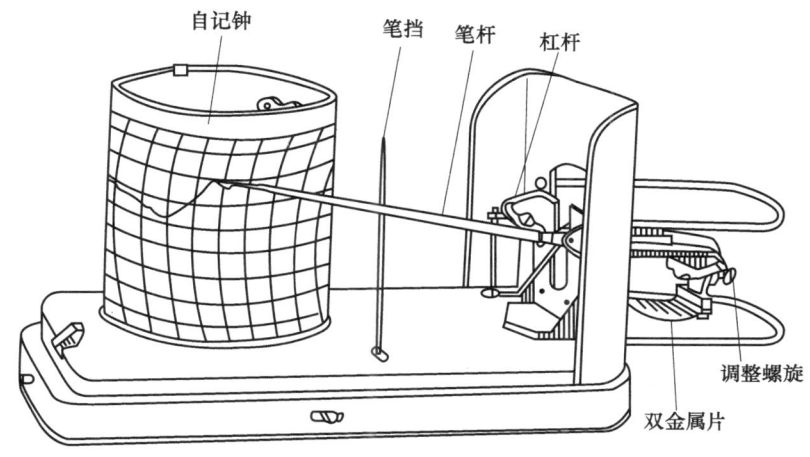

图 2-9 自记式双金属温度计

以上介绍的玻璃液体温度计和双金属温度计均是采用几何量(体积、长度)作为温度标志的。这种采用几何量作为温度标志的测温方法统称膨胀测温法。属于该类测温法的温度计还有定压气体温度计等,由于在文物保存科学中很少用到,在这里就不赘述了。

2.6.3 热电阻温度计

利用导体或半导体的电阻值随温度变化来测量温度的原件称电阻温度计。它是由热电阻体(感温元件)、连接导线和显示或记录仪表构成的。

物体的电阻一般随温度而变化。通常用电阻温度系数来描述这一特征。其定义为:在某一温度间隔内,当温度变化 1K 时,电阻值的相对变化量常用 α 表示,量纲为 K^{-1}。根据定义,α 可用下式表示:

$$\alpha = \frac{R_t - R_{t_0}}{R_{t_0}(t - t_0)} = \frac{1}{R_{t_0}} \frac{\Delta R}{\Delta t} \qquad (2-27)$$

式中 R_t 为在温度 t℃时的电阻值,单位 Ω;

R_{t_0} 为在温度 t_0℃时的电阻值,单位 Ω。

实际上一般导体的电阻与温度的关系并不是线性的,那么,欲知任一温度下的 α,则应对式 2-27 取极限,而变成如下形式:

$$\alpha = \lim_{\Delta t \to 0} \frac{1}{R_{t_0}} \frac{\Delta R}{\Delta t} = \frac{1}{R} \frac{\mathrm{d}R}{\mathrm{d}t} \qquad (2\text{-}28)$$

由式 2-28 可以看出，α 是表征导体电阻与温度关系内在特性的一个物理量。金属导体的电阻一般随温度的升高而增加，这类导体的 α 为正值，称为正的电阻温度系数。而半导体材料与此相反，具有负的电阻温度系数，即 α 为负值。各种材料的 α 并不相同，它的大小与导体本身的纯度有关。在通常情况下纯度越高，α 越大，相反，即使有微量杂质混入，其值也会变小，故合金的电阻温度系数在室温下通常总比纯金属小。

电阻测温的工作原理是，当温度变化时，感温元件的电阻值随温度而变化，并将变化的电阻值作为电信号输入显示仪表，通过测量回路的转换，在仪表上显示出温度的数值。

最常用的热电阻温度计为金属电阻温度计（图 2-10），其感温元件是采用金属丝绕制而成的，常见的有铂电阻温度计和铜电阻温度计，低温下还使用铑铁、碳和锗电阻温度计。铂电阻温度计是把纯铂细丝绕在云母或陶瓷架上，防止铂丝在冷却收缩时产生过度的变形。在某些特殊情况里，可将金属丝绕在待测温度的物质上，或装入被测物质中。

精密铂电阻温度计是目前测量准确度最高的温度计之一，最高准确度可达万分之一摄氏度。在 –200～650℃范围内，它是复现国际实用温标的基准温度计。中国还广泛使用一等和二等标准铂电阻温度计来传递温标，用它作标准来检定其他类型温度计。

除了金属热电阻温度计外，还有一种更加常用的温度计，它使用一种电阻值随温度呈指数变化的半导体作为感温元件，称为热敏电阻温度计或半导体热敏电阻温度计。这种半导体热敏电阻早在 1940 年就已研制出，但最初仅用于通信仪器的温度补偿及自动放大调谐装置。之后由于材料性能的改进及老化机理的阐明，使其稳定性进一步提高。从 20 世纪 60 年代开始，成为工业生产中最常用的温度传感器之一。到了 70 年代，该传感器开始普及到民用领域，大量用于家电及汽车中的温度传感。

图 2-10　金属热电阻温度计

目前家用空调、冰箱、数显式温度计等使用的温度传感器多为热敏电阻传感器。

热敏电阻主要是由两种以上的过渡族金属 Mn、Co、Ni、Fe 等复合氧化物构成的烧结体，根据其组成的不同，可以调整它的常温电阻及温度特性。按照热敏电阻的温度特性可将其分为：负温度系数热敏电阻（简称 NTC）（图 2-11）、正温度系数热敏电阻（简称 PTC）和临界温度热敏电阻（简称 CTR）。

热敏电阻温度计具有以下优点：首先，其灵敏度非常高，常用的热敏电阻，温度每上升 1℃，其电阻值约变化 5%，它的电阻温度系数 α 较金属大 10～100 倍，因此，可采用精度较低的显示仪表；其次，工作温度范围宽，常温器件适用于 –55～315℃，高温器件甚至可用于超过 1000℃ 的环境温度测量，低温器件适用于 –130～0℃；再次，其体积小、结构简单，根据需要可制成各种形状，目前最小珠状热敏电阻的直径可达 0.2mm，能够测量其他温度计无法测量的空隙、腔体及生物体内血管的温度；再次，其对温度变化的响应时间短、功耗小，适用于远距离的测量与控制；最后，其价格低廉、化学稳定性好，元件表面用陶瓷材料包封，可用于环境较恶劣的场合。

图 2-11　负温度系数半导体热敏电阻

2.6.4　热电偶温度计

1821 年，德国科学家 Thomas Johann Seebeck 发现两种不同金属的连线，若将连线的一结点置于高温状态（热端），而另一端处于开路且处于低温状态（冷端），则在冷端存在开路电压 ΔV，且电势的大小直接与两个接点之间的温度差有关，此种现象被称为塞贝尔效应或热电效应。利用热电效应制成的感温元件就是热电偶，利用热电偶作为感温元件组成的温度计称为热电偶温度计。

热电偶温度计是一种在工业上使用极广泛的测温仪器，一般由热电偶、补偿（或铜）导线及测量仪表构成，广泛用于测量 –200～1300℃ 范围内的温度。其中，热电偶由两种不同材料的金属丝组成。两种丝材的一端焊接在一起，形成工作端，置于被测温度处；另一端称为自由端，与测量仪表相连，形成一个封闭回路（图2-12）。当工作端与自由端的温度不同时，回路中就会出现热电动势。当自由端温度固定时（如0℃），热电偶产生的电动势就由工作端的温度决定。

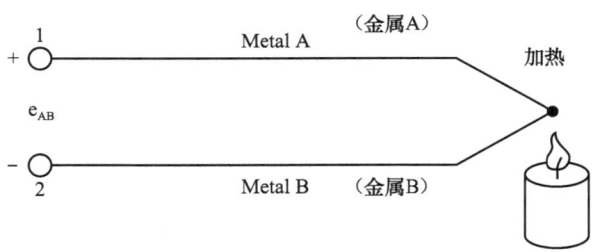

图2-12　热电偶原理图

热电偶温度计具有如下优点：首先，热电偶温度计结构简单、制作方便、价格便宜；其次，由于热电偶可以将温度量转换为电量进行检测，所以对温度的测量、控制，以及对温度信号的放大、变换等都很方便；再次，热电偶温度计测量范围宽、性能稳定、复现性好；最后，温度计探头体积小、响应时间短。当然，热电偶温度计也有一些不足：首先，测量准确度难以超过0.2℃；其次，必须有参考端，并且温度要保持恒定；再次，在高温或长期使用时，因受被测介质影响或气氛腐蚀作用（如氧化）而易发生劣化。

以上介绍的热敏电阻温度计、金属电阻温度计和热电偶温度计均是采用某些随温度变化的电学量作为温度的标志。这种采用随温度变化的电学量作为温度标志的测温方法统称为电学测温法。

2.6.5　红外线测温仪

红外线测温仪是当前文物保存科学中使用最多的一种非接触测温仪器。

1672年，人们发现太阳光（白光）是由各种颜色的光复合而成的。Isaac Newton为这一发现作出了重要贡献，他利用分光棱镜把太阳光（白光）分解为红、橙、黄、绿、青、蓝、紫等各色单色光并得出了单色光在性质上比白色光更简单的著名结论。1800年，英国物理学家F.W.Herschel从热的观点来研究各种色光时，发现了红外线。他在研究各种色光的热量时，有意地把暗室的唯一的窗户用暗板堵住，并在板上开了一个矩形孔，孔内装一个分光棱镜。当太阳光通过棱镜时，便被分解为彩色光带，并用温度计去测量光带中不同颜色所含的热量。为了与环境温度进行比较，F.W.Herschel利用在彩色光带附近放几支作为比较用的温度计来测定周围环境温度。试验中，他偶然发现一个奇怪的现象，放在光带红光外的一支温度计，比室内其他温度计的显示数值高。经过反复试验，这个所谓热量最多的高温区，总是位于光带最边缘处红光的外面。于是 F.W.Herschel 宣布太阳发出的辐射中除可见光线外，还有一种人眼看不见的"热线"，这种看不见的"热线"位于红色光外侧，叫做红外线。

红外线的波长在 0.76～100μm 之间，按波长的范围可分为近红外、中红外、远红外、极远红外四类，它在电磁波连续频谱中的位置是处于无线电波与可见光之间的区域。红外线辐射是自然界存在的一种最为广泛的电磁波辐射。

温度在绝对零度以上的物体，都会因自身分子和原子的无规则运动而辐射出红外线，分子和原子的运动愈剧烈，辐射的能量愈大，反之，辐射的能量愈小。根据普朗克定律可知，温度、波长和能量之间存在一定的关系。红外总能量随温度的增加而迅速增加，峰值波长随温度的增加向短波移动，即物体的红外辐射能量的大小及其波长的分布与它表面的温度有着十分密切的关系。因此，通过对物体自身辐射的红外能量的测量，便能准确地测定它的表面温度，这就是红外辐射测温的理论依据。

红外测温仪由光学系统、光电探测器、信号放大器及信号处理、显示输出等部分组成。光学系统汇集其视场内的目标红外辐射能量，视场的大小由测温仪的光学零件以及位置决定。光电探测器将物体辐射的红外能量聚焦，并将功率信号转变成相应的电信号。该信号经过放大器和信号处理电路按照仪器内部的算法和目标发射率校正后转变为被测目标的温度值输出（图2-13）。运用这一方法，便能实现对目标进行远距离、非接触式温度测量。

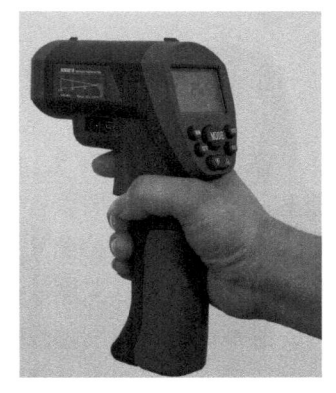

图2-13　红外温度计

以上介绍的无论是接触测温法还是非接触测温法都只能测量某一个点的温度。但在文物保存实践中，有时需要同时测量一个面的多点温度值。这时，如果采用多个温度计同时测量将会非常麻烦。基于与红外测温仪相同原理开发的红外热像仪可以解决这个问题。

红外热像仪是能够实现热像测温的精密仪器，是红外热像测温的核心设备。它是通过红外探测器接收被测物体的红外辐射，再由信号处理系统转变为目标视频热图像的一种技术。它将物体的热分布转变为可视图像，并在监视器上以灰度或伪彩显示出来，从而得到被测物体的温度分布场信息（图2-14）。

由于红外热像仪属于窄带光谱辐射测温系统，使用其进行温度测量时所测得的物体表面温度，不是直接测量得到的，而是以测到的辐射能计算出来的。因

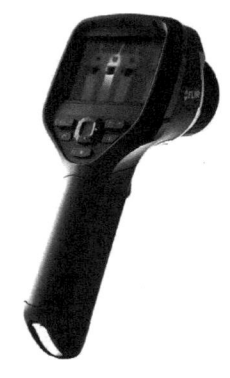

图 2-14 红外热像仪

此,实际测量时,测量精度受被测表面的发射率和反射率、背景辐射、大气衰减、测量距离、环境温度等因素的影响,故而测量精度不高。

值得指出的是,前面介绍的无论是玻璃液体温度计、双金属温度计还是热电阻温度计、热电偶温度计,在文物保存环境的监控中一般都测量的是空气温度,通过空气温度的变化推测文物本体温度的变化情况。而红外线测温仪所测量的则是文物表面的温度。虽然对部分文物而言,其表面温度和内部温度可能仍存在差异。但能直接获取文物表面的温度已经比通过气温推测文物本体温度更进了一步。因此,红外温度计在文物保存科学中具有其他温度计不可替代的地位。当然,也并不是说有了能够测量文物表面温度的红外温度计,其他测量空气温度的温度计就无用武之地了。其实,从文物保存的角度而言,需要同时掌握空气温度及文物本体温度的变化情况,这样才能预知并避免很多病害的发生(如结露等)。

2.7 环境温度的控制与调节

鉴于环境温度对文物保存的诸多影响,在通过测量仪表监测温度变化的基础上,需要将温度向着有利于文物保存的方向调节。但往往调节环境的温度是需要付出较大代价的,尤其是对于大空间气温的调节付出的代价往往非常巨大。因此,对于文物保存温度的调控应该采取控制为主、调控结合的方式进行。

但不论是对温度的控制还是调节,在露天环境下都是难以完成的。室外文物的保存温度直接受大气环境的影响,故而文物保存环境中的环境温度控制、调节一般不包括该方面内容。

室内温度波动的主要原因是室外环境温度的变化。室外空气通过建筑物门窗的通风作用进入室内,室外热辐射通过建筑四壁及顶部的传导作用以及通过门窗的透射进入室内改变室内的空气温度,影响室内热平衡。因此,要有效控制室内环境温度就必须先了解室内外气温的变化规律。

2.7.1 空气温度的变化规律

1. 周期性变化和非周期性变化

周期性变化有日变化和年变化,分别指以一日或一年为周期有规律的变化。

非周期性变化没有一定的时间周期，没有明显的变化规律，一般指不正常的偶然变化。阴、雨、雾、雪、寒流、暖流等对空气温度造成的影响属于非周期性变化。

2. 室外温度变化的一般规律

室外气温的日变化主要因太阳周期性照射和照射角度不同所致。一般规律是：凌晨日出前温度最低，日出后温度逐渐升高，至13～15时（夏季14～15时，冬季13～14时）达到最高值，以后缓慢降低，直到次日日出前温度又降至最低值。9时前后气温上升较快，19时前后气温下降较快。

每昼夜气温最高值与气温最低值之差称为气温日较差。气温日较差受纬度、季节、地形等因素影响。由于太阳高度角的日变化随纬度增高而减小，所以气温日较差也随纬度增高而减小，在热带平均为10～12℃，温带为8～9℃，南北极仅有3～4℃或更小。一年之中，冬季气温日较差最小，夏季和春季气温日较差最大。此外，山地较谷底气温日较差小，有植物覆盖地区较无植物覆盖地区气温日较差小，潮湿地区较干燥地区气温日较差小。

我国内陆大部分地区室外气温的年变化规律是1月最冷，7月最热，沿海地区一般是2月最冷，8月最热。内陆4月平均温度高于10月，沿海4月平均温度低于10月，这表明内陆春季来临较沿海快，秋季过去较沿海快。

一年中最冷月和最热月平均气温差称之为气温年较差。气温年较差主要受纬度、地面性质等因素影响。纬度越高，气温年较差越大。我国华南地区气温年较差为10～20℃，长江流域气温年较差为20～30℃，华北和东北南部气温年较差为30～40℃，东北北部气温年较差为40℃以上。内陆较沿海气温年较差大，干燥地区较潮湿地区气温年较差大，无植被地区比有植被地区气温年较差大。

在地球上，空气温度的空间变化也是十分显著的。从赤道到两极、从滨海地区到内陆高原，气温的分布都截然不同。从总体上讲，空气温度的空间分布状况与纬度、大气环流、海陆分布、地形、洋流等因素密切相关，其中又以纬度的影响最为明显。在水平方向上，空气温度随纬度变化，向高纬度地区每移动200～300km，年平均气温降低1℃。

在垂直方向上，空气温度随高度变化而改变。与地表接触的空气通过导热吸收热量，并通过对流向上层传递。当气团上升的时候，由高压区到达低压区，气团因扩散而变冷。反之，当气团下降时，则因压缩而增温，形成绝热冷却和绝热加热。白天空气的最高温度是在地面与空气交接面处，距离地面越远，温度就越低。在通常情况下，高度每增加 1km，气温平均下降 5～6℃。

3. 室内温度的变化规律

不进行空气调节的室内受房屋建筑、方位、密闭程度、门窗开启次数、室内文物种类和数量的影响，温度变化规律各不相同。一般与室外温度变化规律相似，但变化幅度较小，变化程度上有所削弱。

室内温度日变化和年变化与室外基本一致。日变化通常比室外延迟 1～2 小时，一昼夜内室内最高温度低于室外最高温度，最低温度高于室外最低温度。有研究表明，室内气温日较差约为室外气温日较差的 1/2。室内气温的年变化也迟于室外，年较差小于室外。春夏季节，室外气温上升较快，室内温度随之上升，但因房屋围护结构的阻挡以及一些文物热容量较大，室内温度上升较缓慢。秋冬季节，室外气温急剧下降，室内温度也随之下降，但下降速率较慢。此外，室内不同部位的温度也不一样，向阳一面温度偏高，背阴一面温度偏低；上部温度偏高，越接近地面温度越低。

考虑到文物的保存与展陈，从温度的角度看，博物馆最好选择在气温年较差和日较差均相对较小、气候宜人的地区建设。但其实这一点很难做到，博物馆的选址需要综合考虑诸多因素。当博物馆或文物储存空间的建设地点已经选定，这时大的气候环境就已确定，难以改变，只能通过增加博物馆周边的绿化，从局域环境上减少博物馆周边空气温度的年较差和日较差。

虽然外界环境温度的变化难以改变，但建筑内部气温与室外气温变化是非同步的，存在一定的热延迟。因此，仍可以通过对博物馆或文物储存空间建筑结构的设计及改造提高其蓄热性能，减小室内温度的变化幅度，减缓其变化频率。如果将这种控制方式和室内温度的调节手段配合使用，还将会增强温度调节装置的调节效果，减少温度调节付出的代价。

如前所述，室外环境主要是通过如下三种方式（即传导、对流、辐射）对室内温度产生影响：首先，外界太阳辐射从窗户进入室内，将主要产生热效应的红外辐射带进室内，提升室内温度，这也是地球温度的主要来源；其次，室外空气通过门、窗、通风管道等途径与室内空气发生对流、混合，影响室内环境温度；再次，室外环境中的热量或冷量通过房屋屋顶、墙壁、门窗等的热传导，传递到室内，影响室内环境温度。

鉴于以上三种外界热量与储存文物室内热量的交换方式，对储存文物房屋（博物馆、文物库房等）的建筑从减少外部环境中温度对内部环境的影响方面有如下的一些温度控制方法。

2.7.2 房屋屋顶的隔热

建筑物的屋顶是外界热量传导至室内的主要通道之一。尤其在炎热的夏季，阳光的暴晒使得屋顶的温度远远高于建筑物的其他部位，屋顶外部的热量会透过屋顶的建筑材料传导到室内，导致室内温度的升高。因此，屋顶的隔热是室内温度控制的重点之一。

1. 屋顶的形式

屋顶的类型是多种多样的，各种形式的屋顶大体可归纳为平屋顶、坡屋顶和其他形式屋顶（图 2-15）。

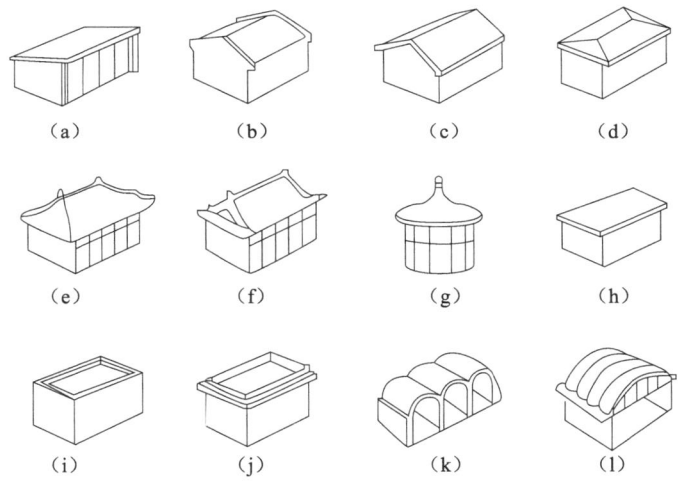

图 2-15 常见的屋顶类型

（a）单坡顶；（b）硬山顶；（c）悬山顶；（d）四坡顶；（e）庑殿；（f）歇山；
（g）攒尖；（h）、（i）、（j）平屋顶；（k）拱顶；（l）双曲拱顶

坡度在 2%～5% 的屋顶叫平屋顶，平屋顶的坡度由两种方法形成：一是材料找坡，即选用轻质材料作找平层，有保温层时，可利用屋面保温层找坡；二是结构找坡，即屋面板倾斜搁置而形成坡度，顶棚是倾斜的。坡度不小于 10% 的屋顶叫坡屋顶，坡屋顶的形式包括单坡、双坡、四坡、歇山式、折板式等多种形式。坡屋顶的坡度通常由结构构件本身做成一定坡度而形成。其他形式的屋顶包括拱屋顶、薄壳结构屋顶、网架结构屋顶、悬索结构屋顶等。这类屋顶多用于跨度较大的建筑。

在这三类屋顶中,从隔热效果而言,平屋顶的隔热效果较差。这是因为坡屋顶和其他形式的屋顶均有一定的坡度或变形,对太阳光的照射能构成一定的角度(尤其是在正午太阳辐射最强烈的时候),从而反射掉一部分的热量,使得室内在同样条件下比平屋顶的温度低。但从经济性的角度而言,平屋顶则具有较大的优势。这也是为什么我国新建建筑现多采用平屋顶的重要原因之一,况且还可以通过一些对屋顶结构的改变改善平屋顶的隔热效果。

2. 屋顶的结构

储存文物的建筑屋顶必须采取一定的隔热措施,才能降低室内温度。目前,屋顶的隔热结构主要有两种:实体材料隔热屋顶和空气/通风间层隔热屋顶。

1)实体材料隔热屋顶

在了解实体材料隔热屋顶之前,先要明确热导率的概念。热导率是指材料直接传导热量的能力,或称热传导率、导热系数,用字母 k 表示。热导率定义为单位截面、长度的材料在单位温差下和单位时间内直接传导的热量,单位为 W/(m·K),其公式如下:

$$k = \frac{\Delta Q}{A \Delta t} \frac{x}{\Delta T} \tag{2-29}$$

式中 A 为是导热体的横截面积,单位 m^2;

$\Delta Q/\Delta t$ 为单位时间传导的热量,单位 W;

x 为两热源间导热体的厚度,单位 m;

ΔT 为导热体两侧表面的温差,单位 K。

一般而言,把在平均温度不高于 350℃ 时热导率不大于 0.12W/(m·K) 的材料称为保温材料,而把热导率在 0.05 W/(m·K) 以下的材料称为高效保温材料。

实体材料隔热屋顶是在屋顶上铺设一层隔热材料,即保温层,以提高隔热效果的。评价隔热材料隔热效果的重要指标就是热导率。在日常生活中,性价比最高的隔热材料是干燥的空气,其热导率在室温下仅约为 0.02W/(m·K)。因此,实体材料隔热屋顶多选用一些多孔的轻质材料,利用存在与多孔结构中的空气起到保温隔热的作用。但使用过程中,该材料一定要易于保持干燥。如果受潮,材料孔隙中的空气会被水代替,水的导热系数是空气的 25 倍,其隔热性能会大大下降。因此,对隔热屋顶保温材料的第二个要求是吸水率低。常见的屋顶保温材料有两种类型:松散保温材料和板状保温材料。其中,常用的松散保温材料有膨胀蛭石、膨胀珍珠岩、炉渣、矿棉等,这类材料性价比较高,但隔热效果受铺设厚度、含水率等因素的影响较大。相对而言板状保温材料的保温效果更有保障。

常见的板状保温层材料有加气混凝土板、泡沫混凝土板、膨胀珍珠岩板、泡沫塑料板等。其中泡沫塑料板重量轻、隔热效果优、持续性强，虽然造价较高，但仍是文物储存空间较推荐的屋顶隔热材料。

实体材料隔热屋顶一般由楼板层、保温层、防水层和表面保护层构成（图 2-16）。楼板层是基础，主要起结构作用。其上铺设保温层，利用固定在实体材料孔隙间的空气起到隔热、保温的作用。在保温层上是防水层，其作用一方面是防止外界水分通过楼板层渗入室内，另一方面是防止水分进入保温层，影响保温层的隔热效果。在防水层上是表面保护层，该层的主要作用是保护防水层，防止外界辐射、污染物、酸、碱、硬物等对防水层造成的破坏。另外，表面保护层还常常使用浅色材料或反光材料，这样可以增大屋顶对太阳辐射的反射系数，减少其对太阳辐射热的吸收，降低屋顶外表温度，减少传导热，提高屋顶的隔热能力。

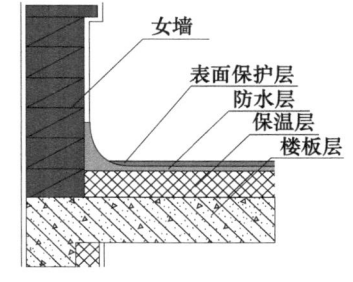

图 2-16 实体材料隔热屋顶的结构

对于坡屋顶及其他形式的屋顶，也可以采用实体材料隔热。其保温层一般布置在瓦材与檩条之间或吊顶棚上面。

2）空气/通风间层隔热屋顶

有在老旧楼房顶层居住经验的人都知道，顶层房屋冬冷夏热。但其楼下住户的居住环境条件却甚好。为什么同样的结构、同样的户型，仅一层之隔却具有完全不同的环境条件？其实，在这里顶层住户充当了整栋建筑的屋顶隔热层。前面已经知道，空气的导热系数非常小，是非常好的保温隔热材料。当顶层住户的屋顶将外界热量传导至室内后，房屋中的空气起到了阻止这部分热量向地板（也就是下层住户的顶板）传导的作用。但在实践操作中，将楼房的顶层废弃以换得良好隔热效果的做法代价过高。受此启发，人们发明了空气/通风间层隔热屋顶。

空气间层隔热屋顶是在屋顶的面层和基层之间设有一定的空间，空间里充满了空气，利用空气的隔热能力阻止或延缓外部热量向室内的传导。但如果仅仅这样，其本质和实体材料隔热屋顶并无不同，唯一的差别就是起隔热效果的空气较实体材料中多。当这部分空气被加热之后，依然会将热量传导到室内。

但如果让这部分空气流动起来，不断使被加热的空气排出隔热间层，冷空气流入，这样其隔热效果将会大幅提升。这种空气能够流动的空气间层隔热屋顶被称为通风间层隔热屋顶。

通风间层就是在屋顶设置架空通风层，使其上层表面遮挡阳光辐射，同时利用风压和热压作用把间层中的热空气不断带走，使通过屋面板传入室内的热量大为减少，从而达到隔热降温的目的。通风间层的设置通常有两种方式，分别是在屋面上做架空通风隔热间层（常用于平屋顶），另一种是利用吊顶棚内的空间做通风间层（常用于坡屋顶和其他形式的屋顶）。

架空通风隔热间层设于屋面防水层上，架空层内的空气可以自由流通。其隔热原理是：一方面利用架空的面层遮挡直射阳光；另一方面架空层内被加热的空气与室外冷空气产生对流，将层内的热量源源不断地排走，从而达到降低室内温度的目的（图 2-17）。

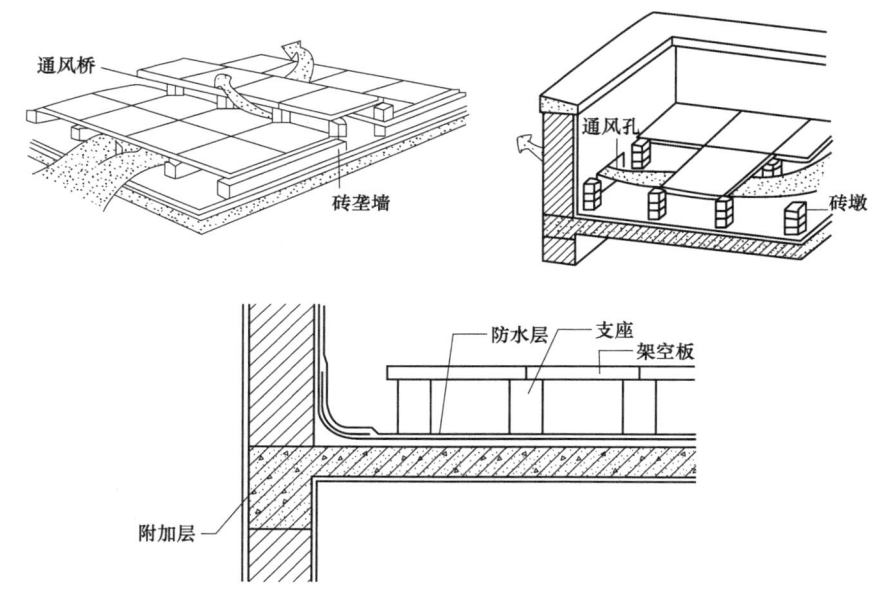

图 2-17　架空通风隔热间层屋顶的结构

架空层的净空高度应随屋面宽度的大小而变化，屋面宽度越大，净空越高，但不宜超过 360mm，否则架空层内的风速将反而变小，影响降温效果。架空层的净空高度一般以 180～240mm 为宜。屋面宽度大于 10m 时，应在屋脊处设置通风桥以改善通风效果。

为保证架空层内的空气流通顺畅，其周边应留设一定数量的通风孔，通风孔留设在对着风向的女墙上。如果在女墙上开孔有碍于建筑立面造型，也可以在离女墙 500mm 宽的范围内不铺架空板，让架空板周边开敞，以利空气对流。

隔热板的支撑物可以做成砖垄墙式的，也可做成砖墩式的。当架空层的通风口能正对当地夏季主导风向时，采用前者可以提高架空层的通风效果。但当通风孔不能朝向夏季主导风向时，采用砖垄墙式的反而不利于通风。这时最好采用砖墩支撑架空板方式，这种方式与风向无关，但通风效果不如前者。这是因为砖垄墙架空板通风是一种巷道式通风，只要正对主导风向，巷道内就易形成流速很快的对流风，散热效果好。而砖墩架空层内的对流风速要慢很多。

对于坡屋顶而言，一般利用吊顶棚内的空间做通风间层，在屋顶中设进气口和排气口，利用屋顶内外的热压差和迎风面的压力差，组织空气对流，形成屋顶内的自然通风，减少由屋顶传入室内的辐射热，从而达到隔热降温的目的。进气口一般设在檐墙上、屋檐部位或室内顶棚上；出气口最好设在屋脊处，以增大高差，有利于加速空气流通（图2-18）。

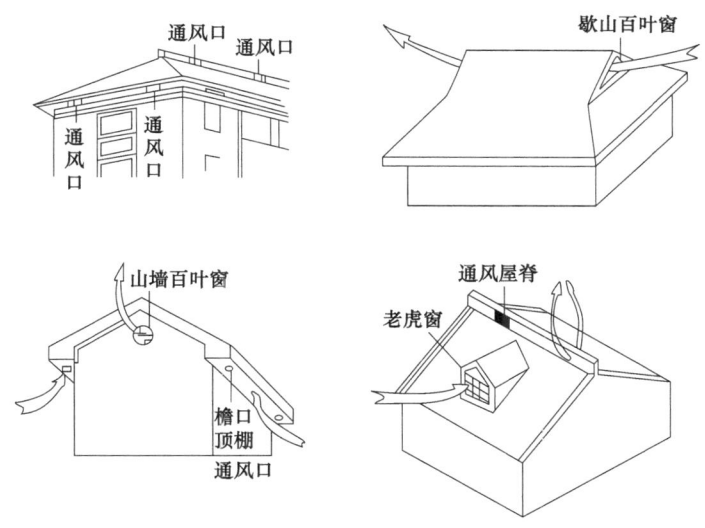

图 2-18 坡屋顶的通风间层隔热

实验表明从保温效果的角度而言，通风间层隔热屋顶要明显优于实体材料隔热屋顶（表2-4）。

表 2-4 实体材料屋顶与通风间层屋顶隔热效果对照表

屋顶隔热形式	室外气温（℃）		屋顶外表面温度（℃）		屋顶内表面温度（℃）	
	最高	平均	最高	平均	最高	平均
实体材料隔热	34	29.5	56	36.5	37.6	30.8
通风间层隔热	34	29.5	49.6	30.9	26.2	24.7

但对平屋顶而言，实体材料隔热屋顶的最大优势是不会妨碍屋顶空间的使用。很多时候，屋顶空间的利用不仅仅意味着建筑经济性的提高，有时这种利用还会增强屋顶的隔热效果。例如屋顶搭建凉棚，凉棚在被利用的同时又会成为在实体材料隔热屋顶上部增加的通风间层，从而增强屋顶的隔热效果。因此，两种屋顶隔热的方式各有千秋，在当前的博物馆及文物库房的实际建造中都有使用。

2.7.3 房屋外墙的隔热

和屋顶一样，外墙也是房屋隔热的一个重点。但和屋顶有所不同的是，外墙隔热有轻重之分。气温对各朝向的外墙的影响都是一样的，但太阳辐射对不同朝向的外墙的影响有很大的差别。其中对西向墙体的影响最大，其次是对东向墙体，再次是南墙和北墙，因此外墙隔热的重点是西墙和东墙。

外墙隔热与屋顶隔热的另一点不同是，房屋屋顶有力学结构等的限制，因此其在建筑材料的种类和使用量上都有一定的限制。而在外墙隔热上，这种限制将小很多。

但是具体到隔热的方法上，却大致相同，也是采用实体材料隔热和通风间层隔热两种方式。

首先是实体材料隔热墙体。对于博物馆或文物的储存场所，外墙均应采用热导率小的材料。此外，随着墙体的加厚，其隔热效果也会加强，当然造价也会增高。博物馆及文物储存空间一般都采用比普通建筑较厚墙体其实并不是完全出于隔热的考虑，而是安保的需要，但它所带来的附加作用则是墙体隔热效果的增强。当然，除此以外，我国的新建建筑外墙均需铺设保温层，博物馆及文物储存空间也不例外。一般的外墙保温方法包括外墙外保温、外墙内保温和夹心保温墙体三种。在这三种做法中，外墙内保温由于消防方面的问题，在国内已经被禁止使用了。夹心保温墙体施工工艺较复杂。而外墙外保温由于施工工艺简单且与其他两种外墙保温方式相比保温效果好，同时还能保护主墙体，防止雨水对墙体的浸湿，起到隔潮的作用。因此，在外墙的隔热中，当前最广泛使用的方法就是外墙外保温。

外墙外保温依据保温材料和施工工艺的不同，有多种做法。鉴于本书的重点不在此，故仅举一例说明其大体结构。外墙外保温的一般做法是在结构墙体上先用水泥砂浆找平，然后将保温层粘贴到找平层上。为了增加保温层和结构墙体的结合力，防止保温板脱落，用锚栓将保温板锚固在结构墙体上。为了防止雨水将保温板浸湿，导致其保温效果降低，在保温板外表面一般还需施加一层隔水防裂砂浆充当防水层。在防水层的基础上再利用挂网等工艺铺贴外墙饰面层。对比实体材料隔热屋顶,其结构基本相同,只是由于立面力学性质的原因,外墙外保温较实体材料隔热屋顶略复杂些。最后,外墙的饰面材料一般都选择浅色系涂料、瓷砖或石材,其目的也是增大墙体对太阳辐射的反射系数,减少其对太阳辐射热的吸收,降低墙体外表温度,减少传导热,提高墙体的隔热能力。对于实体材料隔热墙体,现行的方法是在房屋的四壁均铺设隔热材料而不区分重点(图2-19)。

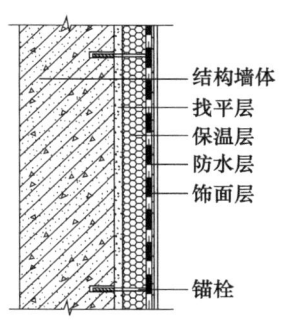

图2-19 外墙外保温结构图

但对于通风间层隔热墙体而言,则并不是四壁均设置,往往只设置在建筑物的东西两墙。最简单的通风间层隔热墙体就是在建筑物的东西两壁设置夹墙。利用夹墙间的空气达到保温效果。有时为了增强夹墙夏季的隔热效果,往往在夹墙的外部墙体的顶部和底部各开设一个通风口,这样夹墙内部的空气被加热后上升,从上部通风口排出夹墙,造成夹墙内气压降低,进而从下部的通风口将外部冷空气吸入夹墙,如此利用空气动力学的原理就营造出了一个通风间层隔热墙体。虽然夹墙可以起到不错的隔热效果,但其建筑成本较高,而且不利于建筑内通风、采光等其他功能的实现,因此在现代建筑中常常被一些具有实用功能的建筑物内空间分割区域所替代。其中最具代表性的就是回廊和楼梯间。

廊是在建筑物内部设置的,为了便于使用者从一个区域到达另一个区域的通道,又称廊道。回廊顾名思义就是指"回"字形廊道。如果将建筑物内部的回廊紧贴建筑四壁设置,将建筑物的实用空间环绕在回廊中心,那么这时的回廊除了通道作用外,就又多了一个功能——通风间层隔热墙体。回廊中的空气就是隔热层,在外墙上设置的窗以及人在回廊中的走动都会促进空气的流动,进而形成通风的效果。但回廊的设置在一定程度上影响了建筑物内部实用空间的自然采光和通风,因此,这种隔热方式一般适用于无需自然采光和通风的文物或档案储存空间。如前所述,建筑物外墙的隔热是有重点区域的,因此采用廊道隔热的建筑物常常为了兼顾采光与通风,会将"回"字形廊道的南北两侧省去,取而代之在建筑物中轴线位置设置一条廊道,从而形成"工"字形廊道,这样既实现了东西两墙的隔热效果,又兼顾了建筑物内部实用空间的自然采光及通风。

楼梯间也是建筑物内必备的一个空间区域。与"工"字形廊道的设置方法类似,将楼梯间设置在建筑物东西两侧紧挨墙体的位置,也就是说用楼梯间取代"工"字形廊道东西两侧的走廊,将会为建筑物带来更好的墙体隔热效果。楼梯间隔热与廊道隔热的原理是相同的,但不同的是楼梯间更易于形成通风的效果。这是因为廊道的布置多为水平方向，一端与另一端的高度差较小。而楼梯间从底层到顶层上下贯通，存在较大的高度空间，这样仅需在楼梯间各层的外墙上开设窗户，楼梯间就会与室外联通。夏季，当外界辐射加热外墙，进而将热量传导至室内，这时设置于东西两侧的楼梯间内的空气就起到了隔绝热量向建筑物内部实用空间传导的作用。当楼梯间内的空气被加热后，依据空气动力学原理，热空气上升，造成上层楼梯间内空气气压增大，大量的热空气将从上层楼梯间与室外联通的窗排出。而热空气的上升导致下层楼梯间内的空气压力减小，这时外界的冷空气将会从下层楼梯间与室外联通的窗被吸入，从而在楼梯间内形成通风，保证隔热效果。

2.7.4 房屋门窗的隔热

从房屋门窗的角度而言，博物馆和文物储存空间的要求则完全不同。对于库房等文物储存空间而言，门窗的问题非常简单。一般而言，文物储存空间的门窗应尽可能少，无需自然采光，有些时候甚至不设窗。此外，门大多数情况下是保持关闭状态的，无需经常打开。因此对于这类区域，从环境温度的角度，只要选择有良好隔热、密封能力且不透光的门窗即可。

对博物馆而言，门窗的要求则完全不同，它面临着比屋顶、外墙隔热更加复杂的问题：一方面博物馆的门窗需要隔热、密闭以减缓外界环境对博物馆内环境的影响；另一方面博物馆的门又需要经常打开，以便游客出入。有些博物馆的窗也需要经常打开以便空气流通。很多博物馆的窗还需要是透光的以便自然采光。因此，对博物馆而言，门窗的密闭与开启、隔离与通透本身就是一对矛盾。如何解决这对矛盾将决定着博物馆内文物展陈环境的稳定程度以及博物馆日常环境调控装置的消费额度。

先从博物馆的窗说起。对博物馆窗户的基本要求是少而小，且可封闭。在此基础上再考虑窗户在密闭情况下的隔热能力。在封闭的情况下，外界热量通过窗户与室内发生交流的方式是传导与辐射。

传导主要是通过窗户上的玻璃进行的。为了减少玻璃对热的传导，一般需要对博物馆的窗户进行改造。最简单的设置是双层窗户，在两层窗户间留出一定的空间。当两层窗户同时密闭时，其间的空气将起到隔热层的作用，阻止室内外热量的交流。但双层窗户使用不便，会影响建筑物的美观同时还会造成空间的浪费，因此在新建建筑中已很少采用，基本被中空玻璃替代。中空玻璃由两层或多层平板玻璃构成，每层玻璃之间留出 6～12mm 的空间，空间中充入干燥空气或惰性气体，四周用高强度、高气密性的复合黏结剂将多层玻璃与密封条、内含干燥剂的铝合金框架粘接、密封，以保证其气密性及保温性（图 2-20）。中空玻璃中间充入的干燥气体是其具有隔热性能的重要原因，框架内干燥剂可以进一步保证玻璃片间空气的干燥程度，进而保证其隔热效果。虽然空气是较好的隔热材料，但其隔热效果比起真空状态仍相差较远。物理学的知识告诉我们，热的传导是需要介质的，当一个空间中没有任何介质（包括空气），这时热将无法通过这个空间传导。利用这一原理，人们发明了真空玻璃。真空玻璃由两块平板玻璃构成，玻璃之间空间非常窄，为 0.1～0.2mm。为了达到玻璃内外压力的平衡，往往会在玻璃之间均匀设置支撑物，以支撑玻璃受到的外界大气压的压力，其中一片玻璃上留有抽气孔，四周使用玻璃焊料将两片玻璃封接起来，真空排气后用金属片将抽气口封住形成真空腔，进而制成真空玻璃（图 2-21）。

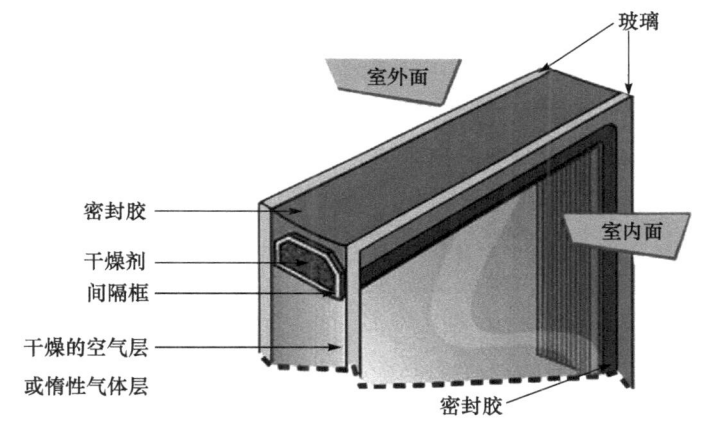

图 2-20 中空玻璃结构图

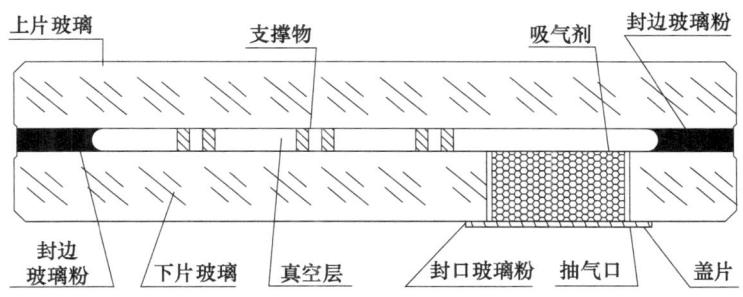

图 2-21 真空玻璃结构图

在上述三种防止热量传导入室内的窗户形式中，双层窗户的隔热性能最差，其次是中空玻璃，真空玻璃的隔热性能最好。但现阶段真空玻璃的造价较高，因此，比较而言中空玻璃具有较高的隔热性价比，已被广泛应用于各类建筑中。

除了传导之外，外界热量还会通过辐射的方式经由窗户进入室内，因此还需通过适当的方式阻止外界过多的辐射热进入。这是一个矛盾的问题，因为很多博物馆还需要通过自然采光来营造氛围，为参观者提供更好的参观体验或补充采光。也就是说，在阻止热辐射的同时还必须允许可见光的射入。最简单的防止外界辐射热通过窗户进入室内的方式就是设置窗帘。但一般设置的内窗帘只能阻挡热辐射直射入室内距离窗户更远的位置，完全无法阻止热辐射进入室内。因为设置内窗帘的房间，热辐射依然可以透光窗户玻璃进入室内，所不同的是辐射进入室内后将被窗帘完全吸收转化为热量，再通过空气对流和传导方式进入室内空间。因此对热辐射的遮挡应在其进入窗户之前完成，而不是进入之后。也就是说，需要在窗户的外部设置遮阳措施，以减少外界辐射热的进入。窗外的遮阳措施按遮阳构件安装的位置一般可分为四类：水平式、垂直式、综合式和挡板式（图 2-22）。其中，水平式当太阳高度角较大时，能够有效遮挡从窗口前上方投射下来的直射阳光，该类遮阳板应布置在北回归线以北地区南向及接近南向的窗口和北回归线以南地区的南向及北向窗口。而垂直式在太阳高度角较小时，能够有效遮挡从窗侧面斜射过来的直射阳光，宜布置在北向、东北向、西北向的窗口。综合式能够有效遮挡从窗前侧向斜射下来的直射阳光，遮阳效果比较均匀，宜布置在从东南向到西南向范围内的窗口。而挡板式能有效遮挡从窗口正前方射来的直射阳光，宜布置在东、西向及其附近方向的窗口。图 2-22 所示的这四种挡板方式是建筑设计时未考虑窗外遮光挡板的补救措施，很多建筑在外观设计及施工时就已经将这种窗外挡板考虑进来，从而使其融入建筑的外观之中，即起到了遮挡的作用，又实现了建筑的美观（图 2-23）。除了以上方法外，还有一种热反射玻璃可以在保证可见光透过的基础上反射掉太阳辐射中的部分红外辐射。热反射玻璃是采用热解法、真空蒸镀法、阴极溅射法等，在普通玻璃表面涂以金、银、铜、铝、铬、镍和铁等金属或金属氧化物薄膜，或采用电浮法等离子交换方法，以金属离子置换玻璃表层原有离子形成热反射膜而制成。其对太阳红外线的反射率最高可达 60% 左右。在实践操作中，常将这种技术应用于中空玻璃或真空玻璃的表面，以进一步加强这类玻璃的隔热性能。

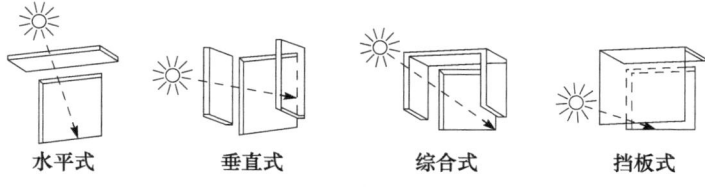

图 2-22　四种不同的窗外遮阳措施

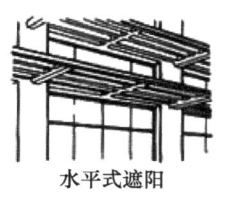   

水平式遮阳　　　　垂直式遮阳　　　　综合式遮阳　　　　挡板式遮阳

图 2-23　建筑结构中的户外遮阳措施

和窗户比较起来，博物馆门的隔热更加复杂。博物馆的窗户还可以关闭，但博物馆的门在开放期间关闭的可能性非常小。尤其是一些游客较多的大型博物馆，在旅游旺季的开放时间里门几乎无法关闭。

从环境的角度而言，对博物馆门的基本要求也是少而小，且可隔热、可封闭。但对博物馆这种公共区域而言，少而小的门从安全的角度而言是不可接受的。因为一旦发生紧急事件，小而少的门将会阻碍博物馆内人员的逃生。因此，博物馆门的数量及尺寸往往是在环境需求和人员安全需求间寻求平衡。但对门的可隔热、可封闭需求是确定的。隔热、封闭严密的门在博物馆下午闭馆之后到翌日清晨开馆之前的这段时间，为其内部环境的稳定提供了重要的保障，同时也能满足安保方面的需要。因此，闭馆期间博物馆门的隔热并不难做到，难的是开放期间如何做到门在持续或经常需要打开的状态下的隔热。

拥有一扇打开状态的门的空间，对外界环境的侵扰没有任何的抵抗能力。要保证空间内部环境的稳定，必须在门上加装一些设施或者在空间内/外进行一些格局的调整，才能减缓外界环境对内部环境的影响。

在开启状态下，分隔一扇门内外环境最简单的方法就是在门上架设门帘。当然要起到分隔内外环境的作用，门帘必须具备以下几个条件：首先，门帘必须具有一定的重量，以保证在一般气流的作用下不会被吹开，这样不会因为正常的气流就导致门帘分隔效果的丧失；其次，门帘必须由隔热材料制成或其间填充有隔热材料且具有一定的厚度，这样可以减少内外环境间的热传导；再次，门帘必须易于撩起并在人员通过后能迅速恢复原型。设置隔热门帘的做法非常简单实用，但仅对游客量不是特别多的中小型博物馆适用。对于大型博物馆而言，由于游客众多，门帘很有可能将一直处于撩起状态，且损耗会很大，更重要的是还会减缓游客的流动速率，易造成拥堵。

分隔门内外环境的另一个手段是在门上设置风幕，一般的做法是在门楣上安装与门同宽的风幕机（图 2-24）。开启的风幕机会通过高速电机带动贯流或离心风轮产生强大气流，将空气加速至 4～9m/s 垂直吹向地面，形成一面无形的风门。由这条高速流动的气流构成的风门称作风幕。风幕的作用是阻止外界环境中气流向室内的流动，从而在一定程度上减缓外界环境对内部环境的影响。此外风幕的吹扫还可以起到清除人体表面浮尘、阻止外界飞虫进入、阻隔外界空气污染物的作用，进而维持博物馆内部的清洁。另外，它不会干扰到参观者的流动速率，因而被很多博物馆采用。但风幕从人的头顶吹下，有时会造成游客舒适度的降低，更有甚者可能会诱发一些急性疾病。因此，如需采用风幕，应使用可加热式风幕机，这样在寒冷的气候条件下可以吹出热风幕，提高游客的舒适度。

图 2-24　门楣上方安装的风幕机

在文物保存及展陈空间的入口处设置过渡间（或称缓冲间），也能一定程度上缓冲外界环境对文物存放环境的直接影响。过渡间的入口直接和外界环境相连，出口则与文物展陈或储存空间相连。标准的过渡间应该具有密闭性，即在其入口及出口处均有可密闭的带有连锁机构（入口和出口的门无法同时打开的机构）的门。人员从入口进入过渡间时，必然会有一定量外部环境空气随之进入。当过渡间入口门被关闭，过渡间内的空气先与外部进入的空气混合，中和其温湿度等环境指标。这时，人员从过渡间出口进入目标建筑内，同样也会将过渡间的部分空气带入目标建筑内。随着过渡间出口即目标建筑入口门的开启，在过渡间中和后的一部分空气进入目标建筑内，开始对目标建筑物内部的环境产生影响。由于有了过渡间的中和，所带来的影响将会远远小于外界环境空气直接进入目标建筑所带来的影响，从而起到了缓冲外界环境对建筑物内环境影响的作用。过渡间的缓冲作用直接和其容积有关，为了便于理解，一般采用房屋的实用面积代替这一参数。在博物馆、库房等文物保存或展陈空间中，过渡间的面积不应小于 $6m^2$，面积越大其缓冲效果越好。此外，过渡间内应设有空气调节装置，将空气环境调节并维持在与文物展陈或存储空间相同的条件下。但如前所述，很多博物

2.7.5 室内温度的调节

馆无法保证开放期间门的关闭,因此有时将过渡间与隔热门帘或风幕配合使用,同样也能取得较好的缓冲效果。但有些地方由于种种原因在过渡间的入口及出口处均未设置任何遮挡措施,这样会使过渡间的缓冲效果大打折扣。

再好的温度控制方法也仅是减缓外界对室内环境的影响,而要保持室内环境温度的稳定,必须在控制的同时采取一定的温度调节手段。采用机械设备或化学试剂,人为地对空气进行增温、降温、加湿、干燥处理,创造和保持符合一定要求的温湿度环境,称为空气的热湿处理。温度的调节仅是空气热湿处理中的一部分内容。

空气的温度与湿度是一对相辅相成的物理量,对温度的调节必然会带来空气湿度的改变,而湿度的改变有时也会造成温度的变化,难以脱离湿度单独谈温度的调节。考虑到湿度的相关内容尚未涉及,因此本节仅介绍空气热湿处理中常见的与温度调节关系最紧密的设备及其原理,其他的空气热湿处理手段将在下一章湿度中详细介绍。

1. 光管式加热器

最简单的空气加热器是光管加热器,即管道式暖气。它由一排或几排金属管和联箱组成,管内通入热水或水蒸气,管外空气通过热传导被加热。管内工作介质通过金属管壁与管外空气进行热交换,工作介质不与空气直接接触。这类加热器构造简单、制作方便、空气阻力小,但占地面积较大、换热能力小。为了增大传热面积,提高换热效果,常在光管加热器的金属管上安装导热性能良好的金属薄片,使薄片和光管紧密接触,从而增大了传热面积,提高加热效率。若在光管式加热器管道内通入比空气温度低的水或制冷剂,则空气的热量会通过金属传给冷媒,空气即被冷却,加热器就变成了冷却器。

光管式加热器是我国北方冬季最常采用的一种增温设备。但该类设备存在泄漏的可能,从而易于对文物产生水患。因此,在大多数新建的现代化博物馆中已逐渐被其他温度调节设备取代。

2. 电加热器

电加热器无需工作介质,直接通过裸露于空气中的电热丝或管状电热元件将电能转化成热能来加热空气。该类设备热量稳定、效率高,结构紧凑。为了保证电加热器的加热效果、安全以及寿命,往往需要用快速流动的空气带走热量,降低电热元件表面的温度。常采用的方式就是在电热元件的后方加入一个风机,将外界冷空气吹扫过加热元件,从而将空气加热。该方法不仅提高了加热效率,而且还延长了电热元件的寿命,同时使得电加热器的加热效果更加均匀,不留"死区"。电加热器与光管式加热器相比最大的优势是避免了可能泄漏的问题,但最大的问题是电加热器一般仅能制热而无法产生制冷的效果。

3. 空调系统

空调系统是结合了光管式加热器和电加热器于一体的空气调节设备。要了解空调系统的温度调节原理,就必须先了解显热和潜热。

对固态、液态或气态的物质加热,只要它的形态不变,则热量加进去后,物质的温度就升高,加进热量的多少在温度上能显示出来,即不改变物质的形态而引起其温度变化的热量称为显热。如对液态水加热,只要它还保持液态,它的温度就升高;因此,显热只影响温度的变化而不引起物质形态的变化。

潜热是相变潜热的简称,指单位质量的物质在等温等压情况下,从一个相变化到另一个相吸收或放出的热量。这是物体在固、液、气三相之间以及不同的固相之间相互转变时具有的特征之一。固、液之间的潜热称为熔解热或凝固热,液、气之间的称为汽化热或凝结热,而固、气之间的称为升华热或凝华热。如对液态的水加热,水的温度升高,当达到沸点时,虽然热量不断地加入,但水的温度不再升高,一直停留在沸点,加进的热量仅使水变成水蒸气,即由液态变为气态。因此,这些热量就转化为了水蒸气的潜热。

如果把乙醇涂在手上,随着乙醇的挥发手会感觉到冷却的效果。这是因为乙醇蒸发时吸收了汽化潜热的结果,这也就是空调制冷的最基本原理。

空调系统是由压缩机、冷凝器、蒸发器和节流装置、风机及相关管路和电路控制器等部分组成。此外空调的管路中封闭有一种气体制冷剂,这种制冷剂不用冷却,只要受到压力就易液化,如氨、二氟二氯甲烷、四氟乙烷等。当气体被压缩成液态后会以热的形式释放其一定的能量(称为汽化潜热)。当液体蒸发时,情况恰恰相反,气体会从周围的环境中吸收热量,将环境中的显热转化为气体体系内的潜热。所要做的就是促成液体制冷剂在设备内部管子中蒸发,从管子外壁所接触的空间中带走热量;蒸发后的制冷剂会被管道导流到另一个无需冷却的空间,制冷剂气体在那里被压缩机加压压缩成液体,将刚刚吸收的热量再次释放出来。

释放热量后的制冷剂液体会再次流回需要制冷的环境中,但在到达目标环境之前,它必须再次变为气态,才能够具有冷却能力。把制冷剂从液体转变为气体是由膨胀阀门来完成的,而气体变回到液体是由压缩机完成的。因此,制冷剂流经的管道被分成膨胀阀门后面的低压区和压缩机后面的高压区,前者包含转变成气体并从制冷空间中吸收热量的液体,后者包含变回液体并在释放热量空间释放掉热量的气体。

空调工作时,制冷系统内的低压、低温制冷剂蒸气被压缩机吸入,经压缩为高压、高温的过热蒸气后排至冷凝器;同时室外侧风扇吸入的室外空气流经冷凝器,带走制冷剂放出的热量,使高压、高温的制冷剂蒸气凝结为高压液体。高压液体经过膨胀阀、节流毛细管降压降温,流入蒸发器,并在相应的低压下蒸发,吸取周围热量;同时室内侧风扇使室内空气不断进入蒸发器的肋片间进行热交换,并将放热后变冷的空气送向室内(图2-25)。如此,室内外空气不断在空调的蒸发器和冷凝器间循环流动,达到将室内热量带到室外的效果,实现降低室内温度的目的。

冬季通过四通换向阀,让制冷剂进入室内部分反向流动,将热量释放到室内空气中,就可以制热了。简单地说就是让室内蒸发器起到冷凝器的作用,让室外的冷凝器起到蒸发器的作用。当然大部分空调系统在冬季制热时还辅以电加热器,以增强制热效果。

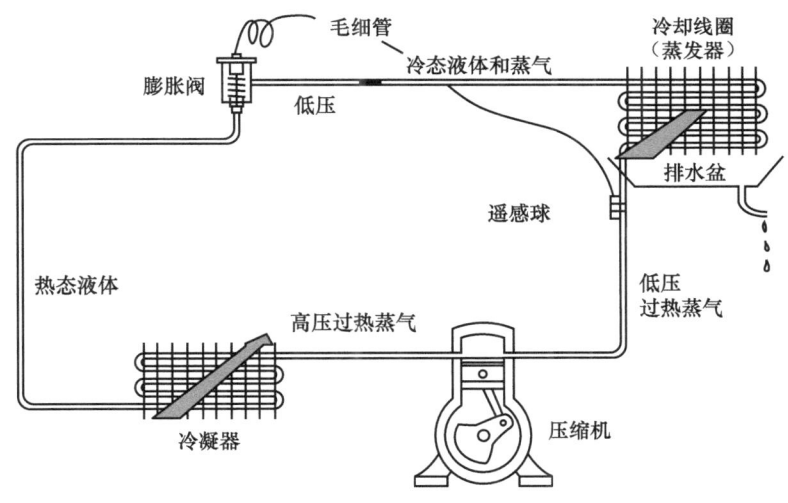

图 2-25　空调系统工作原理图

2.8　文物保存的环境温度标准

对如库房等文物的储存空间而言,较低的温度有利于大多数文物的保存,因此,该类区域的温度最好控制在 8～10℃之间,最低不可低于 5℃(避免产生冰冻风化的风险）。但需要注意的是，必须在低温库房与展厅的连接通道处设置过渡间，因为低温库房保存的文物如果直接运送到展厅展陈，极易造成空气中水汽在文物表面的凝结。例如，展厅温度20℃，相对湿度55%的条件下，露点温度是11℃（露点温度的相关内容会在下一章湿度中介绍），因此，从低温库房出来的文物必然在这样的环境条件下结露，凝结出的液态水将会对文物造成损害。

  文物展陈环境的温度与储存环境的有所不同，在考虑文物安全的基础上还必须顾及人的舒适度。虽然随着近年来低温陈列柜的发明及商品化，一些珍贵藏品已经可以单独放入低温陈列柜中展陈，但是将博物馆所有陈列品放入低温陈列柜中并不现实，代价太大。所以现阶段大多数情况下还是使用温度调控手段控制展厅温度，用展厅温度带动陈列柜温度，以实现文物的安全展陈。综合考虑文物保存与人的舒适度两方面因素，博物馆展室的气温应调控在 18～25℃ 之间。

第三章 湿　　度

自然界的空气中均含有水蒸气，但水蒸气所占比例并非定值，而是随季节、气候以及产出水蒸气的来源而变化。自然环境中，水蒸气与空气的一般体积比为 0.1%～4%。房屋内空气中水蒸气所占比例受到室外空气、房间地面、房间围护结构和房内含水物品的影响，也有一定的变化范围。在常温下，室内空气中水蒸气的正常体积比为 0.7%～1.8%。当温度较低时，水蒸气的正常体积比还会降低。

在文物保存过程中，真正对文物产生影响的主要是其本身材质中的平衡含水率。但相对于空气中的水汽含量而言，对材质平衡含水率的监控难度较大。同时在正常情况下，物体的平衡含水率在很大程度上直接受其周边空气中水汽含量的影响。因此，空气中水汽的含量作为间接表征文物本体含水率的一种指标成为文物保存环境研究的重要对象，而表征空气中水蒸气含量多少的物理量就称作湿度。

3.1　湿度对文物的影响

3.1.1　有机材质的湿胀干缩

对大多数有机材质文物而言，类似于温度导致的热胀冷缩现象，湿度会导致该类文物发生湿胀干缩。而且湿度的变化在这些文物表面产生的湿胀干缩现象往往比温度变化产生的热胀冷缩现象更加显著。易受到湿度变化引起湿胀干缩现象的文物包括纸张、木质、漆器、纺织品、皮革等种类。这些材质的细胞中的水分有两种：一种是自由水，另一种是细胞内的结合水。一般来说，材质中自由水含量的变化对其性质的影响不大，但结合水量的变化则会明显导致这类材料性质的改变。该类文物的干燥过程一般是先失去其体系内的自由水。当细胞腔中不含有或极少含有自由水时，如果细胞壁中微毛细管系统内的水蒸气分压力仍比空气中的大，则水蒸气从细胞壁内向外部移动，并向大气中蒸发，使得结合水含量减少。表现在宏观上就是材质开始出现收缩、翘曲甚至爆裂以及机械强度大幅度降低的状况。若外界环境湿度再次升高，使得微毛细管系统内的水蒸气分压力比空气中的小，水蒸气从空气往细胞壁中渗透，导致其内结合水含量增大时，它们又将出现膨胀、变形等状况。图 3-1 展示了一片漆皮从相对湿度（用 RH 表示）为 98% 的潮湿环境进入相对湿度为 60% 的环境后，随着其内部含水率的减少，在 4 分钟内出现的翘曲变形过程。

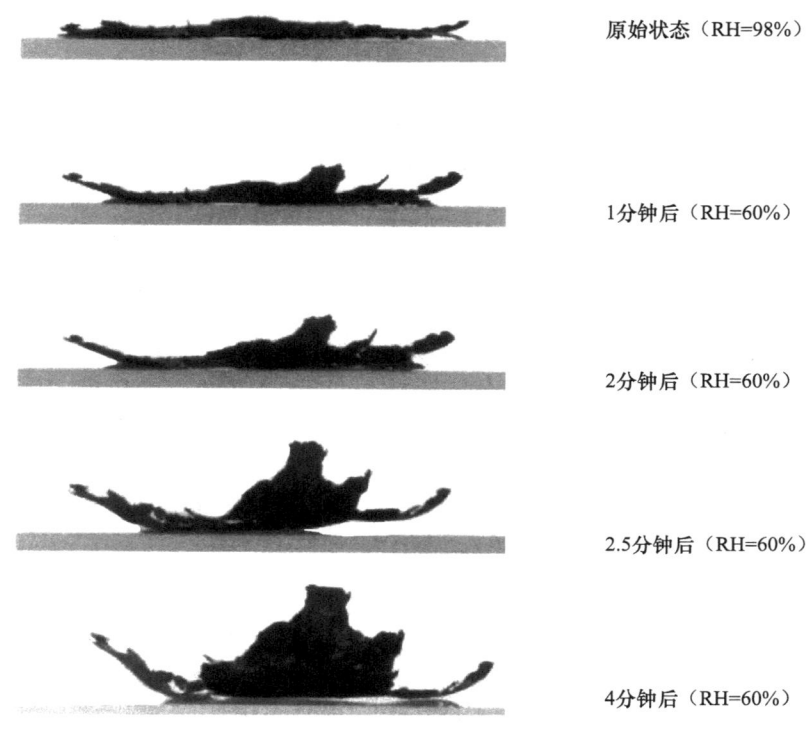

图 3-1　环境湿度导致漆皮的翘曲变形过程

和热胀冷缩一样，不同材质文物的湿胀干缩效率也不相同。这就会导致很多复合文物的不同材质间，在受到湿度作用后出现不同程度的变形，从而在其内部产生应力，导致文物损坏。

除此以外，和热胀冷缩不同的是，很多有机质文物即使是由同一材质组成，但对湿度的反应却具有各向异性，即同一材质的不同方向湿胀干缩效率也不一样。具有这种各向异性的典型代表就是木质文物，下面就以木质文物为例解释其各向异性存在的原因及湿胀干缩对文物可能产生的损害。

受水汽含量变化的影响，一块木材的尺寸变化在垂直纹理方向（横向）比沿着纹理方向（纵向）大得多。但即使是在垂直纹理方向的变化也不完全相同。木材弦向的尺寸变化比径向尺寸变化更大（图3-2、图3-3）。径向是指从树干中心到边缘，弦向是与径向垂直的线，因此放射状切割的木板最稳定。

木质湿胀干缩之所以有纵向、横向的不同及径向与弦向的差异，主要与组成木质这种材料的细胞种类、细胞壁构造和化学成分特性有关。

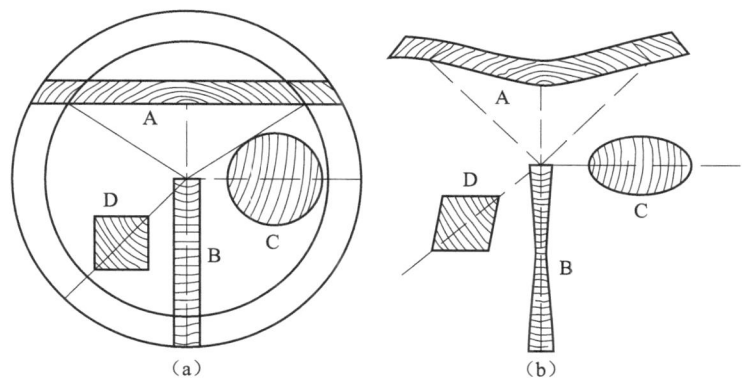

图3-2　木材干燥的各向异性

（a 树干横切面，内部的环代表树心的范围；b 因为径向收缩比弦向小，A、B、C、D 块干燥后效果）

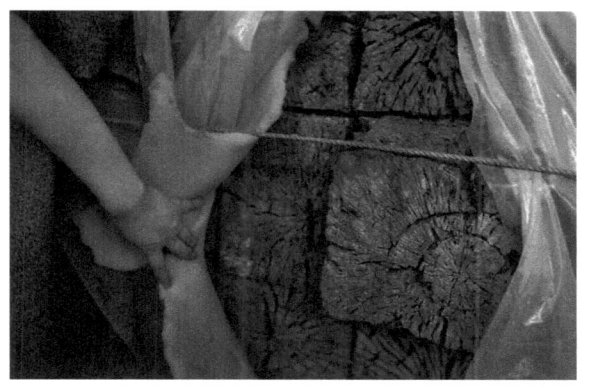

图3-3　黄肠题凑的干缩开裂

1. 纵向干缩与横向干缩差异的原因

木质纵向干缩小，横向干缩大。产生这种现象的主要原因在于其细胞壁的构造和化学组成。木质中仅木射线细胞是横向排列的，绝大部分细胞都是纵向排列的。细胞壁的主要组成成分是纤维素，它形成细胞壁的框架，内含其他物质。细胞壁框架由一层层纤维素微丝（简称微纤丝）组成，每一层微纤丝基本上是平行排列,每添加一层,微纤丝排列的方位就不同,因此层与层之间微纤丝的排列交错成网。微纤丝之间的空间通常被果胶、半纤维素、细胞壁蛋白等物质填充。细胞壁以次生壁占绝大部分,次生壁中 S2 层占绝对优势(70% ~ 90%)。因此,木质干缩主要取决于次生壁 S2 层微纤丝的排列方向。微纤丝是由纤维素长链状分子组成,纤维素与水有很大的亲和力,木质的含水率在纤维饱和点时,细胞壁完全充满水。当含水率在纤维饱和点以下时,木质开始干燥,水分蒸出,微纤丝之间的距离逐渐缩小。至绝干材时达到最大干缩量。反之,绝干材吸收水分后,微纤丝之间的距离逐渐增大,木质膨胀,直至纤维饱和点时达到最大湿胀量。

木质细胞壁次生壁中间层微纤丝的主轴是由 C—C、C—O 键连接,水分子无法进入到纤维素分子链内的长度方向。微纤丝链状分子上的碳、氧原子只能在原子核范围内活动,其本身轴向不发生收缩。由于正常木质细胞次生壁中层微纤丝排列方向与主轴不完全平行,而成 10°~30° 的夹角,横纹收缩时在轴向会产生微小的分量(0.1% ~ 0.3%)。因此轴向收缩很小,横向干缩大于纵向。差异的大小主要取决于微纤丝与主轴夹角的大小。

另外,由于 S1 层、S3 层微纤丝排列方向与主轴近于垂直,S1 层微纤丝在内起着支架作用,限制 S2 层向内收缩;S3 层微纤丝在外层圈着 S2 层,限制 S2 层向外过度膨胀,因此木质不会发生无限膨胀和无限收缩。

2. 径向与弦向干缩差异的原因

木质的径向干缩大约是弦向干缩的一半。产生这种现象的原因复杂,不是单一理论可以解释的,而且与树木的种类、木质本身的构造等均有关。目前,对其原因的解释主要有早晚材的影响、径向木射线的抑制作用、细胞径向壁与弦向壁木素含量的差异及纹孔数量多少的影响等理论。

1)早材与晚材的影响

木质收缩量与其细胞壁所含物质的量的多少成正比。早材材质轻软,细胞壁物质含量少,密实程度低,干缩小;晚材材质较硬,细胞壁物质含量多,密实程度大,干缩大。在木质的横切面上,年轮中早材与晚材是串联的,径向干缩是早材干缩和晚材干缩的加权平均值。而弦向,年轮中早材与晚材是并联的,弦向干缩主要受晚材的影响,干缩大的晚材迫使整个年轮均随晚材干缩,因而使弦向干缩接近于晚材的干缩,而这样就造成木质的弦向干缩大于径向。

2)径向木射线的抑制作用

木射线细胞呈径向排列,其细胞微纤丝排列方向与射线细胞轴向一致。因其纵向收缩小，机械地抑制木质径向收缩。而木质弦向为射线细胞的横向，横向干缩大，使得木质径向收缩小于弦向。北美红栎实验表明，单一木射线组织径向上的全干缩率为 2.5%，而无射线的部分径向全干缩率为 5.1%。

3）细胞径向壁与弦向壁中木素含量的差异的影响

木质主要化学成分中，木素的刚度比纤维素、半纤维素高，木素的吸湿性比纤维素、半纤维素小。木质纵向细胞的径面壁上木素的含量比弦面壁高，其吸湿性较弦面小，在一定程度上限制了木质的径向干缩。

4）木质各种细胞干燥过程本身的不均匀收缩

木质细胞分子中，导管、薄壁细胞弦向干缩大于径向，木射线宽度方向干缩（木质弦向）大于长度方向（木质径向），早晚材管胞弦向干缩大于径向，而木纤维各向干缩几乎相同。各种细胞干燥过程自身不均匀收缩的累积，致使木质整体弦向干缩大于径向。

5）径壁、弦壁纹孔数量及其周围纤丝角度变大的影响

纹孔是细胞次生壁局部未能加厚而留下的孔道。纹孔的存在使其周围微纤丝的排列方向偏离了细胞主轴方向，纤丝角度变大，导致纹孔周围纵向干缩大，横向收缩小。径切面纹孔多（针叶材特别明显），其纤丝角度大，纵向干缩大，横向收缩小。弦切面纹孔少，纤丝角度小，纵向干缩小，横向收缩大，故弦向收缩大于径向。此外，纹孔越多，胞壁实质就越少，木质的干缩与胞壁实质成正比。径面壁上纹孔多，胞壁实质少，横向干缩小。

3. 干缩对木质产生的损害

木质在干燥过程中，如果表面水分的蒸发和内部水分的扩散互相适应，便能正常干缩，不致产生任何应力。但若木质在开始时就急剧干燥，由于高的内外含水率梯度，将会产生较大应力，造成下列损害。

1）表面硬化

表面硬化是木质在干缩过程中较易产生的一种损害，特别是在空气湿度非常低的情况下尤易发生。

木质的表面硬化共分两个阶段。第一阶段潮湿木质急速干燥，使含水梯度增大，外层细胞壁的水分因蒸发首先降至纤维饱和点以下，开始干缩。但内层的水分仍在纤维饱和点以上，不干缩。外层因内层的牵制使干缩受阻碍而产生拉应力，内层则受压应力。在此情况下，如干燥继续进行，外层的水分愈减少，干缩亦应随之增加。但因内部含水率尚未到达纤维饱和点以下而不能干缩，或稍低于纤维饱和点而不能像外部一样干缩，故只增加压应力与拉应力。此时外壳的密度

增加，继而发生硬化，形成表面硬化的第一阶段。通常情况下，针叶树材因水分移动容易，表面硬化甚少。阔叶树材因水分移动困难，容易形成表面硬化。表面硬化的第二阶段是木质到达第一阶段后，如继续进行不适当干燥，则因外壳已硬化固定内部却能自由收缩，故在水分梯度减缓时，内部的干缩率增加，此时压力与拉力相互易位，谓之表面硬化的第二阶段（又称逆表面硬化）。表面硬化的第二阶段，不但降低了木质的力学性质，而且使木质产生内部沿木射线开裂等损害。

2）压缩僵化与拉伸僵化

具有饱和含水率的木质在外力的压迫下进行干燥，则因外力的作用产生一种新的形状，此新形状与无外力而在自然状态下干燥的不同，这种现象谓之僵化。作用的外力如为压力，则新形状比在自然状态下干燥的小，谓之压缩僵化；作用的外力如为拉力，则新生形状比在自然状态下干燥的长，谓之拉伸僵化。僵化以后，并不影响木材正常的干缩与湿胀。压缩僵化，可反复进行，拉伸亦复如此。僵化现象也是木质，尤其是木质构件常见的一种损害，如木柄金属工具锄的柄脱落等。但僵化现象在木质利用上亦有优点，如弯曲木、拱梁，就是利用木质僵化的特点。

虽然大多数有机质都表现出明显的湿胀干缩，但是有些麻绳或多绞线却表现出和湿胀干缩相反的状态。它们在受潮时不会松弛反而是变紧，即顺着绳子方向表现出了收缩。其实这种顺着绳子方向的收缩是垂直纤维方向膨胀的结果，是由于纤维绞绕在一起而产生了长度方向的收缩假象。

3.1.2 可溶盐溶解与结晶

由"环境温度对文物的影响"一节可知，陶器、壁画等多孔材质，由于从地下出土或仍处于接地环境，其内部一般都含有可溶盐。诚然，温度是导致可溶盐溶解与结晶的一个因素，但产生该类损害更重要的原因其实是湿度。

一般来说，文物出土后的大气环境较之前的埋藏环境湿度低。由此造成发掘出土后残留在陶器、壁画中的含有可溶盐的水分开始向外界蒸发。随着水的蒸发，水中溶解的可溶盐的浓度不断升高，最终达到饱和状态后，于文物表面或浅表区域结晶析出。结晶过程意味着体积的膨胀，膨胀产生的力直接作用于多孔文物表面的孔隙壁，造成孔隙侧壁的崩解、碎裂，从宏观上就表现为该类文物表面出现酥松、粉化的现象（图3-4）。实际上，一次性结晶作用的破坏远没有这么明显，无法造成可察觉的文物损害。但真实的情况是，这种结晶过程随着空气湿度的波动不断重复发生着溶解—结晶—再溶解—再结晶的循环，从而在短时间内就能造成文物表面的明显病变。之所以这种循环会受到湿度波动的影响而反复发生,是因为盐溶液的一个特性——蒸汽压。

地下水中含有多种可溶盐,每种盐溶液依据其种类、浓度及环境温度等因素的不同而具有不同的蒸汽压。随着文物出土后环境湿度的降低,文物孔隙中水分向外不断蒸发,这些盐溶液逐渐趋于饱和。当其达到饱和状态后,每种盐溶液在空气中相应的蒸汽压就相对稳定下来。此时,该压力只与盐的种类及温度相关。如果温度固定,那么盐溶液的蒸汽压就只与盐的种类有关了。

而此时空气中的情况是,当盐溶液达到饱和后,如果空气的水蒸气分压力(详见本章"湿度的表示方法及相关状态参数"一节)仍小于该种盐溶液的蒸汽压,那么饱和盐溶液中的水分会进一步向空气中蒸发,从而在盐溶液中产生过饱和现象,进而出现该类盐的结晶。但如果空气湿度由于某种原因上升,其水蒸气分压力又重新大于该种盐溶液的蒸汽压时,空气中的水分会凝结在已经析出的盐颗粒表面,使结晶溶解。随着空气湿度的波动,空气中的水蒸气分压力也上下波动,从而造成可溶盐的反复溶解与结晶。

地下水中的可溶盐种类丰富,当空气中的水蒸气分压力低于某一值后,蒸汽压高于该值的饱和盐溶液就会逐渐出现结晶;反之,当空气中的水蒸气分压力高于某一值后,蒸汽压低于该值的饱和盐溶液的结晶就会逐渐溶解。如此,随着空气相对湿度的反复波动,各种可溶盐在文物表面就会发生反复的溶解与结晶,从而造成文物表面的酥松、粉化现象。以碳酸钾饱和溶液为例,当环境温度在 $0 \sim 30$℃间时,其饱和溶液的蒸汽压为该温度下湿空气饱和水蒸气分压的 43.15% 左右。如果此时环境空气中的实际水蒸气分压与同温度下的饱和水蒸气分压力的比值低于 43.15%(其实就是相对湿度),在理论上碳酸钾就会出现结晶。而如果该比值由于某种原因高于 43.15%,此时结晶出的碳酸钾又会逐渐溶解。需要说明的是,多孔材质的文物中吸附的可溶盐往往并非一种,每种盐溶液都会有其特定的蒸汽压,因此在相应的不同相对湿度下都可能发生溶解或结晶。这就是为什么在日常工作中,不论相对湿度如何波动,只要不达到接近 100%,在文物表面都有可能存在可溶盐结晶的原因。当然,在文物孔隙中吸附的可溶盐溶液的蒸汽压会受到杂质、表面状况等其他因素的影响而发生变化,并不是一达到理论值就立刻会出现结晶或溶解的现象。

对于可移动文物而言,防止可溶盐反复结晶危害的方法非常简单,即采用类似深洗技术的方式将文物孔隙内的可溶盐彻底脱除。但对于土遗址、古建筑、壁画等不可移动或需要原址保护的文物而言,洗脱可溶盐则几乎无法取得满意效果。因为即使将文物本体内的可溶盐洗脱掉了,但来自地面土壤及其他介质中的溶解在水中的可溶盐,仍然会源源不断地通过文物与地面的接触面利用毛细作用补充到文物的本体内,进而随着水分的蒸发结晶,堆积在文物的表面或浅表,再随空气相对湿度的变化产生溶解—结晶循环,从而损坏文物的表面。由地下水所引起的这种破坏最常发生在建筑或土遗址的根部,因为毛细作用吸附的地下水向上运移的过程中,会主要从最先接触到空气的界面即建筑物的根部向外蒸发,从而造成该部位可溶盐的富集,进而使得根部的酥碱病害较其他部位明显严重(图 3-5)。

图 3-4　可溶盐溶解与结晶导致的器物　　　图 3-5　汉长安城神明台遗址的
　　　　　　表面酥粉剥落　　　　　　　　　　　　　　　　根部酥碱

3.1.3　纤维素的酸性水解

很多有机质文物如纸张、棉纺织品、竹木器等都是主要由纤维素构成的。在高湿度的环境中,纤维素易从空气中吸收水分。吸水后的纤维素除了会发生变形外,还有可能在酸性污染物等其他因素的参与下,在糖苷键位置发生水解而断裂,形成包括葡萄糖在内的各种不同聚合度的水解混合物,造成纤维素强度的明显降低甚至丧失。

在纤维素的酸性水解反应中,水首先电离成 H^+ 和 OH^-。由于水是弱电解质,常温下电离度很小,因此只有水存在时,纤维素的水解速率是非常缓慢的。其实,在仅有少量水存在的情况下,短时间内不仅不会破坏纤维素类文物,反而会增加其强度。这是因为纤维素分子如果含有适量水分,会在其间产生氢键,造成纤维素分子紧密整齐排列,反而使纤维素具有更强的柔韧性和可塑性。但是如果在高湿度环境下,空气中同时存在 SO_2、H_2S 等酸性污染物时,情况则完全不同。这些酸性物质易和水发生反应生成无机酸。无机酸是强电解质，几乎都呈离子状态，从而在水中产生大量氢离子。氢离子可与纤维素上的氧原子结合，使其变得不稳定，容易和水反应，使纤维素长链在该处断裂，同时又放出氢离子。因此，高湿度环境再加上酸的参与，将会显著加快纤维素的水解速率，造成纤维素材质文物强度的降低，更严重者将导致其糟朽（图3-6）。

3.1.4 有机质文物的脆化

虽然高湿度会造成纤维素类文物的水解，但这并不意味着较低湿度就一定有利该类文物的保

图3-6 纸张的糟朽

存。对大多数有机质文物而言，过低的湿度也会带来损害。如前所述有机物分子间的适量水分，会产生氢键，使其具有柔韧性和可塑性。但过低的环境湿度不仅会使木质、纸张、纺织品等文物出现破裂、纤维断裂和脆化的损害，还会使骨骼、象牙、皮革等也出现类似的病害。40%是上述文物储存环境湿度的下限，即在湿度低于40%的环境中，木材、纸张、纺织品、骨骼、象牙、皮革就会面临出现破裂、纤维断裂和脆化等问题的风险。虽然新鲜的纸张、纺织品等材料在低相对湿度条件下脆化并不显著，但随着材料的老化，该类问题将逐渐凸显出来。

3.1.5 金属文物的腐蚀

虽然高品质（尤其是质地较纯并有镀膜）的铁以及带有稳定铜锈的青铜器，在相对湿度为55%时还能保持稳定。但对于不稳定的铁器及带有痕量氯化物的青铜器而言，则必须要保存在干燥环境中。对所有金属文物的保存环境，干燥均较潮湿有利，尤其是铁、铜及其合金。

空气湿度的大小决定着金属文物表面是否能形成水膜以及形成水膜的厚度，这是决定金属发生电化学腐蚀的基本条件之一。当然，即使是在较低的湿度条件下，金属表面也能吸附空气中的水汽并形成水膜，但难以发生有效的离子传递，不足以使金属表面的电化学腐蚀顺利进行。只有当空气中相对湿度达到一定程度，金属表面的水膜达到一定厚度，这时空气中的CO_2、SO_2、NO_2等溶解在这层水膜中，形成电解质溶液，构成启动金属电化学腐蚀的又一基本条件。再加上古代金属文物多数并非纯度较高的单一金属，以铁器为例，古代为了在铸造过程中提高铁质的性能，往往会在铁中加入一些碳或其他元素，这样就可以改变它的

结晶结构,但这时冶铸出来的铁器也就不是纯铁了,而是一种叫做渗碳体的含有杂质的铁。碳与铁在这里构成了进行电化学腐蚀的阴极和阳极,这也是金属发生电化学腐蚀的又一基本条件。在这三大条件齐备的情况下,金属表面就会形成一种微电池,也称腐蚀电池。阳极上发生氧化反应,使阳极发生溶解,阴极上发生还原反应,一般只起到传递电子的作用。通过这种方式,快速使阳极材料遭受侵蚀。表现在宏观上,就是金属类文物本体的快速锈蚀。

除此之外,较高的湿度还会促使银器失去金属光泽的速率加快,见"空气污染物"一章。

相关研究表明,对大多数金属文物而言,如果环境相对湿度在35%以下,其腐蚀现象能够完全被控制。相对湿度上升到60%时,大多数金属文物的腐蚀便开始发生。相对湿度上升到80%时,腐蚀速率显著上升。因此,湿度成为了促使金属文物腐蚀反应进行的重要因素。

3.1.6　高湿度引起的颜料变色及染料褪色

颜料变色是一个非常复杂的过程,它不仅与颜料的化学成分、性质有关,还与颜料载体的性质、光辐射、相对湿度等因素有关。中国古代多使用矿物颜料,这些颜料一般都较为稳定,不易随时间的推移而发生变化。但在高湿度环境下,部分矿物颜料则会表现出不稳定性。如古代经常使用的铅丹(Pb_3O_4),高湿度就是它变色的必要条件之一。研究表明,铅丹在干燥环境下是相当稳定的,但在相对湿度$\geq 70\%$的环境中,伴随着光辐射等其他因素的作用,就有可能发生变色反应,逐渐由红色变为黑色的二氧化铅,并且随着相对湿度的升高变色程度及速率明显加剧、加快(图3-7)。

铅丹的变色必须在有光照的条件下才能发生,而另一种颜料——铅黄(PbO)即便是在无光照的条件下,只要高湿度环境就会引发其变色反应,逐渐由黄色变为黑色的二氧化铅。

图3-7　壁画表面铅丹的变色
(壁画中人物皮肤的颜色本应是红色,现已变为黑色)

除了矿物颜料外,中国古代也曾大量使用植物类染料,尤其是在棉、麻、毛纺织品及丝绸表面。相关研究表明,大多数织物表面的色彩在相对湿度较高时比在相对湿度较低时的褪色速率更快。其具体反应机理尚不明确,可能是由于空气或织物的含湿率越高,纤维溶胀越剧烈,水分与空气在纤维中的扩散速率也越快,从而增加了激发态染料分子与空气中氧气分子的碰撞概率,因此染料褪色更严重。但具体影响效果在很大程度上还取决于织物的组织结构及理化性质,如羊毛染色后在光照条件下的褪色程度与试样含湿率之间就没有必然的联系,但众所周知羊毛的吸水性比棉更强。由此可见,水在染料光褪色过程中起到的作用十分复杂,至今尚无法完全解释。

3.1.7 淋溶玻璃制品及釉质

高湿度是玻璃制品及釉质遭受侵蚀的重要原因。玻璃及釉质中都含有一定量的钠、钾等碱金属氧化物,这些氧化物具有吸湿性,它们在玻璃中会导致玻璃表面易从空气中吸收水分。这些水分子刚开始以—OH基团的形式覆盖在玻璃表面,在这种原子团上不断吸收水分子(或其他物质),形成厚达几十个分子的薄层。如果玻璃组成中碱金属氧化物的含量少,这种薄层形成后,不易于继续发展;但如果玻璃中的碱金属氧化物较多,则被吸附的水膜会变成碱金属氢氧化物的溶液,继续吸收水分,并和空气中的二氧化碳、二氧化硫等发生反应,使玻璃的透明度降低、不再具有光泽。随着具有吸湿性的碱金属盐的潮解,玻璃从空气中吸收的水分进一步增多,在其表面形成液滴。反应继续进行,玻璃表面开始出现一系列的微小龟裂纹,最终形成鳞片状剥落。随着碱金属离子的进一步滤溶浸出,玻璃表面的碱性也越来越强,当pH值达到9或更高时,玻璃的二氧化硅结构也将会被溶解侵蚀(图3-8)。

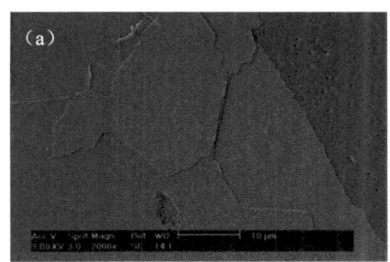
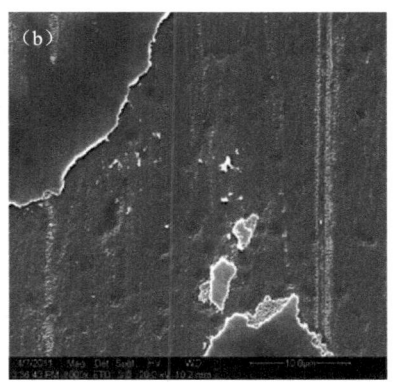

图3-8 玻璃表面遭受侵蚀的扫描电子显微照片
(a.微裂纹及鳞片状剥落;b.二氧化硅结构遭受侵蚀)

在玻璃的侵蚀过程中，少量的水比大量的水危害更大。因为水量很少，故玻璃析出的碱的浓度会高到足以破坏二氧化硅的晶格结构，从而使玻璃呈现出乳白色的外观。水汽对玻璃的侵蚀，先是以力争交换为主的释碱过程，后来逐步过渡到以破坏网络为主的溶蚀过程。但大量自由流动的水对玻璃的二氧化硅结构几乎不造成任何损害，因为溶出的碱无法集中停留在玻璃表面。

这种侵蚀不仅发生在古代玻璃上，在现代玻璃表面也会发生。建筑物中空玻璃窗的内表面进入湿空气产生凝露后出现的腐蚀就是这种情况。医院输液不再使用玻璃容器也是这个原因，鳞片状剥落下的碎屑会随着液体一起输入人体，对人体造成危害。

如果玻璃保存在干燥环境中，发生以上侵蚀的概率就会小很多。但过于干燥的环境可能会加速不稳定玻璃的起皱或破裂。因此，玻璃器及带釉文物推荐保存在 40% 左右相对湿度的环境下。

3.1.8 高湿度引起的生物损害

高湿度是诱发文物生物损害的主要原因之一。

在微生物中，对文物侵害最大的是霉菌。湿度对霉菌等微生物的形态、生理产生着决定性的作用。

水是霉菌生长所必不可少的物质。水在细胞中的生理功能主要包括：首先，起到溶剂与运输介质的作用，营养物质的吸收与代谢产物的分泌必须以水为介质才能完成；其次，参与细胞内一系列化学反应；再次，维持蛋白质、核酸等生物大分子稳定的天然构象；再次，因为水的比热高，是热的良好导体，能有效地吸收代谢过程中产生的热并及时将热迅速散发出体外，从而有效地控制细胞内温度的变化；最后，通过水合作用与脱水作用控制由多亚基组成的结构，如微管、鞭毛的组装与解离。因此，水对霉菌细胞的生存、繁衍具有不可替代的作用。

图 3-9 是常见霉菌生长的温湿度范围，从图中可以看出 65% 是霉菌生长的湿度界限。在 65% 以下的湿度环境中，霉菌不易滋生。当然除了高湿度以外，霉菌的生长还和温度及空气运动速率有关。从图 3-9 还可以看出，霉菌滋生的温度范围是随着湿度的升高而逐渐拓宽的。总体而言，霉菌需要在温暖、潮湿且不易流动的空气环境下生长。因此，只要破坏这种环境，就可以控制霉菌的滋生。如挂在潮湿的墙上或稍低于室内气温的墙上的绘画作品，其有效相对湿度会比室内相对湿度高出许多。在这样的情况下，当室内相对湿度较高时可能会在绘画作品的背面引发霉菌的滋生。用框装裱后的绘画作品的背面，该现象会更加严重。

因为框体阻碍了潮湿空气的流通、消散。对于低温或潮湿的墙体而言，解决该问题的方法是建立一个轻型结构的假内墙，并在假墙和真墙间留出空间，同时在接近地板及天花板处留出通风孔以便空气流通，在此基础上再降低室内空气环境的湿度，霉菌的生长就将会被抑制。

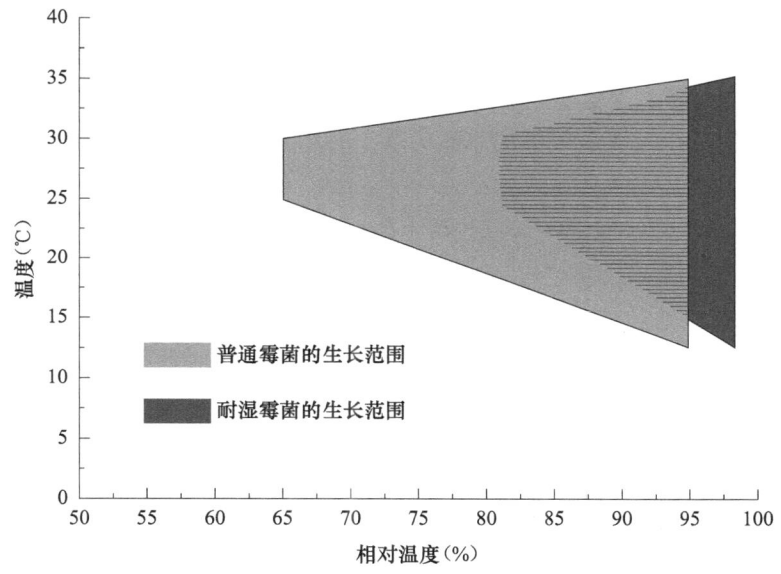

图 3-9　大多数霉菌生长的温湿度范围

大多数对文物有害的昆虫也活跃于湿度较高的环境下。一般昆虫最适宜的相对湿度范围是 70%～90%。因此，较低的相对湿度可以起到抑制昆虫活动的作用，但无法杀灭昆虫。

3.2　湿度的表示方法及相关状态参数

空气的湿度和大气的压力密切相关，要了解湿度的表示方法就必须先了解大气压力。

3.2.1　大气压力与水蒸气分压

空气对地球表面单位面积上的静压力称为大气压力，它是空气重力与分子运动的综合结果。大气压力的单位是 Pa，读作帕或帕斯卡，1 帕＝1 牛顿／平方米。大气压力不是定值,而是随所在地区的绝对高度、纬度、季节、晴雨天气而变化。纬度为 45° 的海平面处 0℃时的平均大气压力为 101325 帕,而绝对高度 3000 米处的大气压力仅为 69861 帕。我国各地冬夏的大气压力之差随地区而异,一般为 900 ~ 2300 帕。大气压力影响室内外湿度测量的准确性,也影响空气的物理性质,许多图表都是在特定的大气压力之下应用的,一旦大气压力改变过多,就不能查用了。

一密闭容器中放置混合气体,则混合气体中每一组分占据与混合气体相同的体积。一定温度下,某组分气体占据与混合气体相同体积时对容器产生的压力叫该组分气体的分压,混合气体的总压力等于各组分气体的分压力之和,这就是道尔顿分压定律。其数学表达式为:

$$P_{总} = P_1 + P_2 + P_3 + \cdots\cdots + P_n \tag{3-1}$$

式中 $P_{总}$ 是混合气体的总压力,单位 Pa;

P_1、P_2、P_3、……、P_n 是各组分的分压力,单位 Pa。

另外,混合气体中某一组分的分压力等于总压力与该组分的体积分数的乘积。

大气的主要组分是干空气、水蒸气和空气污染物。其中空气污染物的含量较前二者一般要小很多,而且不稳定。因此,若不考虑空气污染物,由道尔顿分压定律可知,大气压力 P_d 等于干空气的分压力 P_g 与水蒸气的分压力 P_s 之和,即:

$$P_d = P_g + P_s \tag{3-2}$$

水蒸气分压力直接反应空气中水蒸气含量的多少,是衡量空气湿度的一个重要指标,单位为帕斯卡。

在一定温度下,空气所能容纳的水蒸气量有一确定的最大值,不能高于此值。在最大值的基础上,水蒸气的量继续增加就要凝结成液态水。一定温度下水蒸气量达到最大值时的空气称为饱和空气。饱和空气的水蒸气分压力称为该温度下的饱和水蒸气分压力,用符号 P_{sb} 表示。随着温度的升高,饱和水蒸气分压力亦升高,但不是正比关系,而是指数关系。玛格努斯经验公式可以近似表示这种关系:

$$P_{sb} = P_{sb0} \times 10^{\frac{a \times T}{b+T}} \tag{3-3}$$

式中 P_{sb0} 为 0℃时纯水平面上的饱和水蒸气分压力,可取 611Pa;

a 为常数,取值为 7.63;

b 亦为常数,取值为 241.9;

T 为空气温度,单位℃。

3.2.2 绝对湿度与饱和绝对湿度

每立方米实际空气中所含水蒸气的质量称为绝对湿度，用符号 Z 表示，单位为 g/m^3。绝对湿度又称空气中的水汽密度，其数值不受空气环境温度的影响。

绝对湿度与水蒸气分压力成正比，与热力学温度成反比，其关系式如下：

$$Z = 2.17 \times \frac{p_s}{T} \tag{3-4}$$

如前所述，空气有吸收和容纳水汽的能力，但这种能力并不是无限制的，空气能容纳最大限度的水蒸气的量称之为饱和量。温度越高，饱和量越大；温度越低，饱和量越小。

饱和空气的绝对湿度称为饱和绝对湿度，饱和绝对湿度与饱和水蒸气分压力的关系如下：

$$Z_b = 2.17 \times \frac{p_{sb}}{T} \tag{3-5}$$

将式 3-3 代入式 3-5 可得：

$$Z_b = 2.17 \times \frac{p_{sb0} \times 10^{\frac{a \times T}{b+T}}}{T} \tag{3-6}$$

式中 P_{sb0}、a 及 b 皆为常数，可知 Z_b 是温度 T 的函数，即饱和绝对湿度只随空气温度的变化而变化。当空气处于饱和绝对湿度时，水蒸气的分子蒸发速率与凝聚速率相等，蒸发的分子数与凝聚的分子数相等，蒸发过程与凝聚过程处于动态平衡。这个平衡受温度的影响而发生变化（表3-1）。

表 3-1 不同温度下空气的饱和绝对湿度

温度（℃）	饱和绝对湿度（g/m^3）	温度（℃）	饱和绝对湿度（g/m^3）
-5	3.24	3	5.98
-4	3.51	4	6.40
-3	3.81	5	6.84
-2	4.13	6	7.30
-1	4.47	7	7.80
0	4.84	8	8.30
1	5.22	9	8.80
2	5.60	10	9.40

续表

温度（℃）	饱和绝对湿度（g/m³）	温度（℃）	饱和绝对湿度（g/m³）
11	10.0	26	24.4
12	10.7	27	25.8
13	11.4	28	27.2
14	12.1	29	28.7
15	12.8	30	30.1
16	13.6	31	32.1
17	14.5	32	33.9
18	15.4	33	35.7
19	16.3	34	37.6
20	17.3	35	39.6
21	18.3	36	41.8
22	19.4	37	44.0
23	20.6	38	46.3
24	21.8	39	48.7
25	23.0	40	51.2

3.2.3　含湿量与饱和含湿量

当空气被加热或冷却而其中没有任何水汽蒸发或凝结时，空气中的水汽含量不变。但是空气在加热时会膨胀，所以每立方米空气中的水汽质量会相应减少，虽然减少得并不多，一般仅有不大于 2% 的误差。但如果用另外一种形式来表示空气中的水汽含量则可以完全避免这种误差，这种形式就是含湿量。

内含 1kg 干空气的实际空气所含水蒸气的质量（以克计）称为实际空气的含湿量，用 d 表示，单位为 g/kg。

含湿量与大气压力和水蒸气分压力的关系如下：

$$d = 622 \times \frac{P_s}{P_d - P_s} \qquad (3\text{-}7)$$

饱和含湿量与大气压力以及饱和水蒸气分压力的关系如下：

$$d_b = 622 \times \frac{P_{sb}}{P_d - P_{sb}} \quad (3-8)$$

含湿量是反映空气湿度的另一个重要参数，对空气进行热湿处理时，常用含湿量衡量空气中水蒸气数量的变化。

3.2.4 相对湿度

绝对湿度无法明确地表现空气的潮湿干燥程度。例如 $1m^3$ 空气中有 $10g$ 水，这时它的绝对湿度为 $10g/m^3$。如果这时空气的温度为 $50℃$，这个空气体系就十分干燥；但如果温度为 $15℃$，这个空气体系就十分潮湿；如果温度继续降低，甚至会出现结露现象。含湿量也具有同样的问题。因此，在实际工作中需要一个不受温度影响的湿度度量单位。相对湿度就是一种不受温度影响的湿度表达方式，它所表示的意义是空气湿度距离饱和状态的程度。任何一个空气体系，不论其温度值为多少，其空气状态距离饱和状态越近即相对湿度越高，说明空气越潮湿；相反，空气状态距离饱和状态越远即相对湿度越低，则说明空气越干燥。

水汽在空气中达到饱和状态是指空气中的水蒸气分压力达到了某一温度下该空气中的饱和水蒸气分压力。而相对湿度的定义就是某一温度下空气中实际水蒸气分压力距离饱和水蒸气分压力的程度。在实际操作中，常用空气中实际水蒸气分压力与同温度下的饱和水蒸气分压力之比的百分数来表示，符号为 φ 或 RH：

$$\varphi = \frac{P_s}{P_{sb}} \times 100\% \quad (3-9)$$

除了空气中的水蒸气分压力与饱和水蒸气分压力之比外，相对湿度还有另一种表达方式。以式 3-9 为基础，如果给相对湿度的表达式右边的分子分母同时乘以 2.17 且同时除以空气的温度 T，则得到：

$$\varphi = \frac{2.17 \times P_s / T}{2.17 \times P_{sb} / T} \times 100\% \quad (3-10)$$

将式 3-4 和式 3-5 代入式 3-10 可以得出：

$$\varphi = \frac{Z}{Z_b} \times 100\% \quad (3-11)$$

即相对湿度也可以通过空气的绝对湿度与同温度下的饱和绝对湿度之比来表示。由式 3-11 可知，在一定温度下，由于空气的饱和绝对湿度不变，因此，空气绝对湿度越高，相对湿度就越高，空气就越潮湿；反之，绝对湿度越低，相对湿度就越低，空气就越干燥。在密闭空间内（忽略气体体积膨胀带来的误差），如果绝对湿度不变，温度升高时，由于饱和绝对湿度升高，因此相对湿度减小；反之，温度降低时，由于饱和绝对湿度降低，因此相对湿度升高。若欲保持密闭空间内相对湿度不变，温度升高时应增加空间内绝对湿度，温度降低时应减少空间内绝对湿度。

相对湿度表示空气中实际绝对湿度接近饱和绝对湿度的程度，是衡量空气潮湿程度的重要指标。文物材料的平衡含水率和空气的相对湿度直接相关，其数值的高低取决于空气的相对湿度。

相对湿度的概念及其变化规律在文物保存环境中非常重要。它和温度是密切相关的一对物理量。如前所述，温度的波动会带来相对湿度的变化，但二者的变化幅度相当不均衡。温度的小范围波动将会导致相对湿度的剧烈变化。例如在一个密闭性良好的博物馆中，白天博物馆内空气温度为20℃。由表3-1可知，$1m^3$空气在20℃时最多只能容纳17.3g的水。如果这时密闭展柜内的相对湿度为55%（这是一个对大多数文物而言较合适的环境湿度），经计算可知此时每立方米空气中含有9.52g的水蒸气。当夜晚来临，随着外界环境温度的降低，馆内的环境温度也出现了下降。假设文物周围的环境温度降低到了15℃，那么同样$1m^3$的空气中最多就只能容纳12.8g的水蒸气了（表3-1）。这时展柜内的相对湿度就将变为74.3%，形成了一个相对潮湿的环境。由此可见，温度对相对湿度有着非常大的影响。仅仅5℃的温差就造成了近20%的湿度波动，这种当量的反复湿度波动对湿度敏感型文物将带来严重的损害。

如无特别说明，本书之后所陈述内容中的湿度均指相对湿度。

3.2.5 露点温度

如前所述，当空气变冷时，它所能容纳的水分变少。当空气容纳了所能容纳的最多水分时，就可以说是饱和的。在空气含湿量和压力不变的前提下，如果对接近饱和的空气进一步冷却，随着温度的降低会冷凝释放出一定的水分，首次发生冷凝前的温度点就称为露点温度，用符号T_L表示。

露点温度是空气中水蒸气开始凝结的临界温度，在露点温度时空气的相对湿度等于100%，但尚无液态水凝结。当温度低于露点温度时，空气中的水蒸气就会因为超过饱和蒸汽压而凝结成水珠。由于空气本身的温度低于露点温度，而使空气中水蒸气凝结成的细小水滴称为雾。由于物体表面温度低于空气露点温度，而在物体表面凝结的水滴称为露，出现露的现象叫结露。

当气压一定时,露点温度的高低只与空气中水汽的含量有关。水汽含量越多,露点温度越高。水汽含量越少,露点温度越低。空气一般是未饱和的,故其露点温度常常比实际气温低。只有当空气达到饱和时,露点温度才与实际气温相等。所以根据露点温度(T_i)与空气实际温度(T)的差值,可以判断空气的饱和程度。在饱和空气中:$T-T_i=0$,在未饱和空气中$T-T_i>0$。$T-T_i$的值越大,表明相对湿度越低,反之相对湿度越高。

还是前面那个博物馆夜间温度降低导致湿度升高的例子,如果温度不仅降低了5℃,而是降低到了其空气露点温度左右甚至以下,这时文物表面就会出现结露现象,进而在文物上出现液态水。文物表面尤其是金属文物表面凝结出液态水将会对该类文物造成严重的侵蚀。

3.2.6 热力学第一定律

能的形式多种多样,不同形式的能之间可以相互转化,例如化学能可以转化成热能,热能可以转化为机械能,机械能可以转化为电能等。在转化的过程中能量的总值不变,这就是热力学第一定律,也叫能量守恒定律。

如果一个体系从始态(内能为E_1)变至终态(内能为E_2),在变化过程中体系从环境吸收了热量q,同时体系又对环境做功w,根据热力学第一定律得:

$$E_2 - E_1 = \Delta E = q - w \tag{3-12}$$

当化学反应或体系变化在恒压条件下进行,此时体系吸收的热量q_p可表达为:

$$q_p = \Delta E + w = \Delta E + P\Delta V = E_2 - E_1 + P(V_2 - V_1) = (E_2 + PV_2) - (E_1 + PV_1) \tag{3-13}$$

令$H = E + PV$,则式3-13可改写为:

$$q_p = H_2 - H_1 = \Delta H \tag{3-14}$$

H就是所谓的焓,它是一种特殊的能量形式。内能的绝对值无法知道,焓的绝对值也无法知道。在实际应用中,常用焓变ΔH来表示内能的变化,其数值的大小与物质的量(摩尔数)成正比。

3.2.7 质 量 焓

建立在物质摩尔数基础上的焓变ΔH在计算化学反应中具有不可替代的优势,但在进行空气温湿度环境的控制中,使用质量焓更加方便。

质量焓描述了焓在物质质量m上的定义。内含1kg干空气的实际空气所含的热量称为其质量焓,用符号i表示,单位是kJ/kg(千焦耳/千克)。如前所述,焓的绝对值无法知道。但为了便于使用质量焓，一般以 0℃时的干空气和 0℃时的液态水的质量焓均为 0 作为计算热量的基点。

湿空气的质量焓等于干空气的质量焓和水蒸气的质量焓之和。当空气为 t℃ 时，含湿量为 d g/kg 时，湿空气的质量焓 i 可以用下式计算：

$$i = 1.01t + 0.001d \times (2500 + 1.84t) \qquad (3\text{-}15)$$

对空气进行加热、冷却处理时，可以用处理前后空气的质量焓变计算所需要的加热量或制冷量。为方便起见，本书之后内容中如无特别说明，焓均指质量焓。

3.2.8 独立状态参数和空气状态的确定

上述若干状态参数以及第二章中讨论的温度均是描述空气状态的常用参数，这些状态参数彼此间的关系并不完全相同。

有的状态参数相互有联系，知道其中一个参数就可以根据公式或空气性质的相关表格得出另一个参数。这些参数彼此并非独立，比如温度和饱和水蒸气分压力、含湿量与露点温度的关系就属于这种情况。

有的状态参数相互并无联系，如温度与含湿量、温度与水蒸气分压力，它们是相互独立的状态参数。

有的状态参数，相互有一定的联系，但是知道其中之一，并不能确定另一个，如温度与相对湿度、含湿量与焓。知道温度不能确定相对湿度，知道含湿量不能确定焓，但是温度对相对湿度、含湿量对焓又有一定的影响，这些参数之间的关系也可以视为彼此独立。

彼此相互独立的状态参数主要有温度、含湿量、焓、相对湿度。在大气压力一定的情况下，空气的任意两个独立状态参数确定之后，其余的状态参数也就随之确定。因此，测定或计算出任意两个独立的状态参数就能确定当前的空气状态。

3.3 湿度的测量

3.3.1 干湿球湿度计

干湿球湿度计是一种利用间接手段测量湿度的仪器。1750 年 Richman 在一个很偶然的情况下，发现当玻璃液体温度计的测温泡上有水时，该温度计所指示的温度值就会低于周围空气的实际温度，这一现象立即就引起了当时人们的关注。研究证明这种制冷现象产生的原因是由于水蒸发的结果。自此以后人们展开了对这一现象的广泛而深入的探究,最终利用这一现象制造了干湿球湿度计。

常用的干湿球湿度计是由两支规格完全相同的玻璃液体温度计组成,一支称为干球温度计,它和普通的温度计一样,测温泡暴露在空气中,用以测量环境温度(图 3-10)。另一支为湿球温度计,测温泡用特制纱布包裹,通过上水芯子与盛有纯水的容器相连,或临时加水,使纱布套保持湿润(图 3-11)。当湿球周围空气处于不饱和状态时,湿球纱布套上的水分就会不断蒸发,由于水分蒸发需要吸收热量,从而使湿球温度降低。

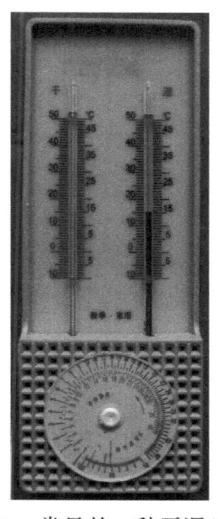

图 3-10　常见的一种干湿球湿度计
(温度计下部的转盘就是一种简化的湿度查算表)

如前所述,湿球纱布上水分蒸发是一个吸收热量的过程。在一定温度下,空气的相对湿度越低,其容纳水分的能力越大,从而使得纱布上水分的蒸发速率越快,蒸发所产生的制冷效果越明显,因此干球和湿球的温差就越大。反之,如果空气的相对湿度越高,其容纳水分的能力越小,从而使得纱布上水分的蒸发速率越慢,蒸发所产生的制冷效果越不显著,因此干球和湿球的温差就越小。当干湿球的温差为 0℃时,环境的相对湿度为 100%,这时空气呈现出饱和状态。根据干湿球温度的差值及空气温度(干球温度),查阅相对湿度查对表,就可以知道空气的相对湿度。

影响干湿球湿度计测湿准确度的因素很多,用传热学和热平衡原理分析湿球水分蒸发带走的热量以及周围环境传给湿球的热量,经过整理,可得出如下关系式:

图 3-11　干湿球湿度计湿球上的导水装置

$$P_s = P_{湿饱} - AP_d(t_干 - t_湿) \quad (3\text{-}16)$$

式中 P_s 为周围空气的水蒸气分压力，单位 Pa；

$P_{湿饱}$ 为湿球温度下的饱和水蒸气分压力，单位 Pa；

A 为干湿表系数，单位 ℃$^{-1}$；

P_d 为大气压力，单位 Pa；

$t_干$ 为干球温度，单位 ℃；

$t_湿$ 为湿球温度，单位 ℃。

将式 3-16 代入式 3-9 可得：

$$\varphi = \frac{P_s}{P_{sb}} \times 100\% = \frac{P_{湿饱} - AP_d(t_干 - t_湿)}{P_{sb}} \times 100\% \quad (3\text{-}17)$$

式中 P_{sb} 为干球温度下的饱和水蒸气分压力，单位 Pa。

干湿表系数 A 主要决定于周围空气流速，一般可以应用如下经验公式近似计算 A 值：

$$A = \left(65 + \frac{6.75}{v}\right) \times 10^{-5} \quad (3\text{-}18)$$

式中 v 为湿球周围空气流速，单位 m/s。

将式 3-18 代入式 3-17 可得：

$$\varphi = \frac{P_{湿饱} - (65 + 6.75/v)P_d(t_干 - t_湿) \times 10^{-5}}{P_{sb}} \times 100\% \quad (3\text{-}19)$$

由式 3-19 可知，空气相对湿度是干球温度、湿球温度、大气压力和风速的函数。因此，欲准确测量相对湿度，除需测出干湿球温度外，还需要测出大气压力和湿球周围的风速。从风速可以计算或确定 A 值。根据干湿球温度查饱和空气性质表，可以得出干湿球温度下的饱和水蒸气分压力。将相关数据代入式 3-19 即可计算出相对湿度的准确数值。为了避免每次进行繁复的计算，通常根据计算公式编制由干球温度和湿球温度（或干湿球温度差）查相对湿度的查算表，通过查表得出相对湿度。各种查算表都是在一定风速和一定大气压力下编制的。文物保存或展陈空间较密闭时，空气流速很小，可近似视为 0.2m/s。因此，测定密闭文物存放空间的相对湿度时，可以查风速为 0.2m/s 时的相对湿度查算表。而对于非密闭环境，则必须测定其周围空气的流动速率，根据实测值查相应风速的湿度查算表。

除查表外，在使用普通干湿球湿度计测量空气相对湿度时还应注意以下问题：首先，在安装前（湿球未接触水前）应检查两支温度计读数是否一致，如果发现不一致说明温度计存在问题，需更换；其次，在使用干湿球湿度计的过程中应将其放置在空气较为流畅的地方，不可置于死角亦不可置于风口处测量湿度；再次，在没有护管的普通干湿球湿度计的使用过程中，应避免太阳光线对温度计的直接照射，否则会带来较大的误差；再次，湿球的导水纱布应使用脱脂棉纱，且应保持清洁并经常更换，纱布在湿球测温泡上缠绕一又四分之一周，以便水分蒸发，润湿纱布的水应使用蒸馏水；再次，测量时应提前半小时将干湿球湿度计置于待测环境中，且当环境温度低于0℃时不可使用该仪表，在低于0℃的环境下，任何干湿球湿度计都会出现操作不便、准确度大大下降的问题，这是干湿球测湿法所固有的局限性；最后，温度计示数最多可读到1/4℃，由于测量方法本身的限制，更精确的读数是没有意义的，但在此范围中，湿球或是干球读数的1/4℃的误差，就意味着2%相对湿度的误差。因此，一般干湿球湿度计的测量误差＞2%。

常用的另一种干湿球湿度计是旋转式通风干湿球湿度计，又叫手摇通风干湿表。它是一种最简单的人工通风干湿球湿度计，于1886年由Ferril发明。这种干湿球湿度计的两支温度计装在一块带有手柄的吊板上，以便测量者进行人工旋转。当温度达到稳定后，停下来读数，即得到干、湿球温度（图3-12）。

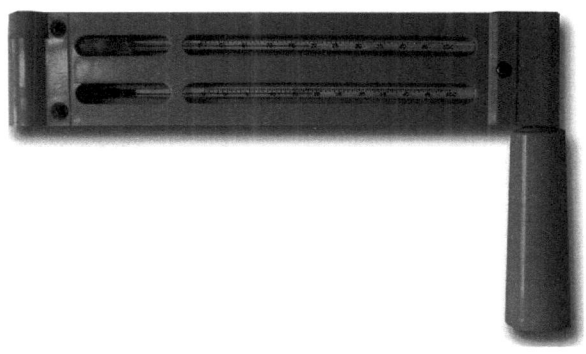

图3-12　手摇通风干湿表

这种干湿球湿度计读数时，通风速度急剧改变，从强迫通风到自然通风，因此温度读数往往偏高，而且由于一般没有屏蔽套或屏蔽较差，辐射的影响也比较大。另外，使用这种干湿球湿度计时，操作者必须小心，尽量避免人的呼吸和体温造成的影响。为此，操作时，仪器应处于观测者的上风位置。显然，这是一种粗糙的仪器，而且不能在小空间使用，必须有起码的操作空间。但由于它结构简单，经久耐用，价格低廉，从而弥补了上述不足，至今仍一直沿用。

此外，还有一种更加精密的通风干湿球湿度计，称为阿斯曼湿度计。它与普通干湿球湿度计的测量原理相同，不同点仅在于，在湿度计上装有一个小型机械风扇或电动风扇。测量时开启风扇，让空气以一定速率流过干球温度计和湿球温度计的测温泡。同时在两支温度计的测温泡上套有双层辐射防护管，以防止辐射对测量的影响。在护管与支架间用隔热垫圈阻止支架部位的热量向护管的传导，以保证护管内的测温泡测量数值的准确性。因此，阿斯曼湿度计不仅可以用于室内，还可以用于室外湿度的测量（图 3-13）。

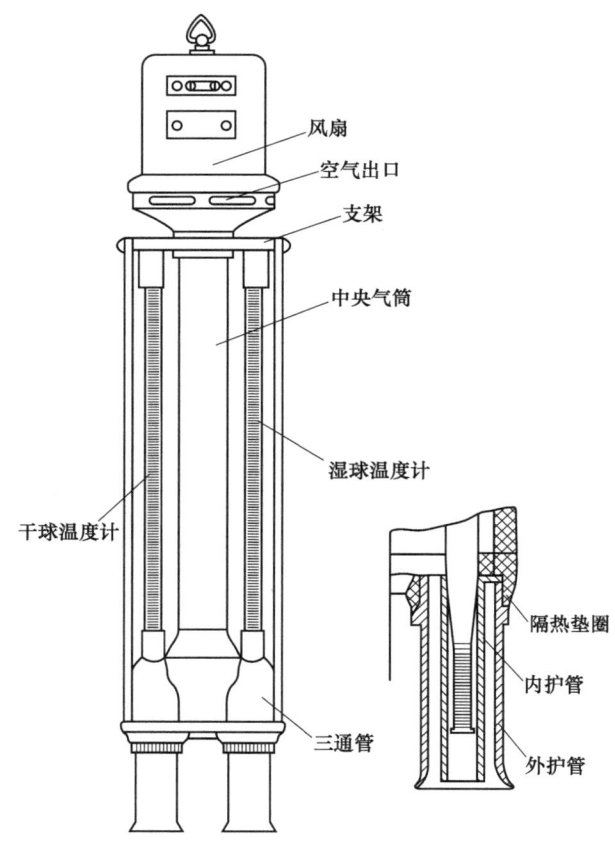

图 3-13　阿斯曼湿度计结构图

由于阿斯曼湿度计的风速固定，且具有一些防护措施（防辐射、隔热），因此它是一种较为准确的测湿仪器。常用的阿斯曼湿度计，其空气流速可达 2.5m/s 以上且较稳定，可以查相应风速的相对湿度查算表。阿斯曼湿度计除用于直接测量空气相对湿度外，还可以用作二等标准校验其他测湿仪器。对于湿度测量精度要求较高的场合，建议选择风速在 3～4m/s 的阿斯曼湿度计。

阿斯曼湿度计在使用过程中应注意以下问题：首先，该湿度计一般没有储水装置，每次使用前需要向湿球温度计的脱脂棉上滴加蒸馏水。加水时应注意保护金属护管，避免将水黏溅到护管内壁；其次，应提前将阿斯曼湿度计放入待测环境中平衡 15～30min，而后再开始测量；再次，测量时先打开仪器中的风扇，2～4min 后再开始读数；最后，湿球温度计测温泡上的脱脂棉纱布要经常更换，以保持其柔软、清洁。

阿斯曼湿度计的优点是测量速度快且准确度较高。但它也有局限性，那就是它不能用于测量小空间的空气湿度，同时其机械通风将会破坏被测空间的状态。

最后，需要说明的是，干湿球湿度计的种类非常多。理论上说，干湿球湿度计其实测量的就是温度，因此接触法测温的大多数温度计都可制成干湿球湿度计，如热电偶干湿球湿度计、热敏电阻干湿球湿度计等。以上所介绍的干湿球湿度计严格意义上应该称为玻璃液体干湿球湿度计。玻璃液体干湿球湿度计结构简单、价格低廉、使用方便，在文物保存环境监测中也最常使用。而其他种类的干湿球湿度计在该领域几乎很少用到，因此本书并未涉及。

3.3.2 毛发湿度计

在很早以前，人类就认识到了一些天然物质具有湿胀干缩的特性，并将其应用于湿度的表征。这些物质包括毛发、肠衣、木头、棉线、丝绸甚至鲸鱼骨骼等。时至今日，在众多对湿度敏感的天然物质中，毛发、肠衣等仍被制成感湿元件，继续为人们所使用。

使用人类毛发作为感湿元件而制成的湿度计被称作毛发湿度计。最早的毛发湿度计于 1783 年由 De Saussure 发明制成，之后不断有科学家对其进行研究与改进，经过了 200 多年的发展，终于形成了现在常见的毛发湿度计。

相关研究表明，当相对湿度从 0 变到 100% 时，通常人类毛发长度的变化为其总长度的 2.5%。这一变化可以通过机械放大用指针指示出来，或通过机械与电量的转换，输出表征湿度水平的电信号，用以进行湿度的测量和控制。

但其实天然毛发用作湿度传感器存在一些问题：首先，天然毛发的长度随湿度的变化是非线性的，在低湿时毛发长度的变化率高，在相对湿度为 30% 时，其变化量已达到最大变化量的一半，而在高湿时，毛发的伸长率大大降低。其次，毛发在增湿和降湿过程的响应曲线不同，存在明显的滞后，在响应曲线上会形成一个滞后环，这将大大降低湿度计的灵敏度，同时也会造成测量准确度的下降。

为了改进天然毛发的测湿特性，人们采用各种各样的方法对毛发进行处理。常用的有乙醚处理法、滚压法、高温处理法、硫酸处理法等。

乙醚处理法顾名思义就是用乙醚溶液对毛发进行浸泡以改善毛发测湿特性的方法。浸泡的时间直接影响毛发对湿度的响应速率，一般情况下，以浸泡 1h 为宜。乙醚的浸泡时间过长会降低毛发的极限强度，但在 48h 内基本不会造成明显的影响。

滚压法是使天然毛发在外力作用下改变其状态和微观组织，从而改变其特性的方法。该方法基于如下原理，当毛发的面积和体积之比增加时，气体中的水汽进出毛发组织的几率增加，从而使滞后作用变小。具体的做法是首先用酒精对毛发进行脱脂处理，然后用精密的经高度抛光的钢滚筒在油中辗压毛发。经过这种处理的毛发伸长大约 5%，横截面变成长短轴之比为 4∶1 的椭圆形。在相同的条件下，滚发的总伸长率比天然毛发增加 50%，而且长度随湿度的变化是线性的。滚压法处理后的毛发特别适用于高湿测量。滚压法的突出优点是改善毛发的滞后特性，分度曲线稳定。在减小滞后特性方面它比其他方法处理的毛发都要好。当绝对湿度为 $0.05 g/m^3$ 时，滚发的滞后系数为 10s，近乎常数，而天然毛发的滞后时间大约为 600s，响应速率提高了几十倍。这样小的滞后已接近双金属片温度计，可以用于监测湿度波动频繁的场合。但是滚发所获得的优点是以牺牲强度换取的，滚发的强度通常只有普通毛发的 20% 或更低一些。

高温处理法也是一种常见的毛发处理方法。该方法是将天然毛发在恒定的温度下烘烤，以达到脱脂和改变其微观结构的目的。初步研究表明，最佳的温度条件是 $188 \pm 2°C$，烘烤的时间以 10～20min 为宜。经处理的毛发灵敏度比乙醚处理的毛发高，总伸长率增加 25%～33%，在高湿范围相对来说更大一些。经高温处理的毛发其伸长特性与相对湿度的关系接近线性。但处理后的毛发，其机械强度也会出现明显降低，较乙醚法处理的毛发约低 30%。

值得指出的是，虽然毛发的长度除了随湿度变化外，也会随温度而变化。但在温度不太低时，其热膨胀系数非常小。相对于湿度造成的膨胀而言，几乎可以忽略。这也是毛发湿度计可以在相当宽的温度范围内使用的原因之一。

考虑到毛发湿度计的精度及灵敏度，使用单根毛发往往比使用毛发束作为湿度感应元件更加有利。这是因为如果采用毛发束，湿度计的灵敏度将取决于其中滞后最严重的一根，而实际上却很难保证每根毛发的性能完全一致。另外，毛发束还有其他缺点：例如影响毛发内吸附水分的扩散，同时在水汽冷凝过程释放的热量也不易传出，这些都会影响到毛发和水汽之间的吸附平衡。

但是考虑到毛发湿度计的耐用性及校准的稳定性，则使用毛发束作为湿度感应元件要优于单根毛发。这是因为，单根毛发的强度往往比较低，在一些场合无法达到湿度计中联动机构的要求，易于断裂。而毛发束在强度方面远高于单根毛发。此外在毛发湿度计的结构设计中，毛发所受的张力应该远小于其弹性极限，否则在接近弹性极限状态下的校准将无法维持。在弹性极限方面，毛发束自然也要优于单根毛发。当然，即使是使用毛发束，在强度允许的范围内也应尽可能减少毛发的数量，最好不超过 2～3 根，并且力求其性能一致。

常见的毛发湿度计主要有两种形式，一种是指针型毛发湿度计，另一种是自记录型毛发湿度计。

指针型毛发湿度计主要由毛发、传动机构或曲臂、指针、刻度板、支架等组成，指针在刻度板上可以直接指示出空气的相对湿度（图 3-14）。

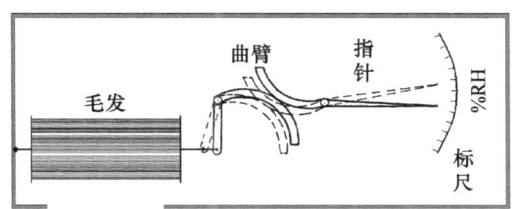

图 3-14　指针型毛发湿度计的基本结构

由于用乙醚、硫酸处理的毛发随湿度的长度变化具有非线性特性，相应的标尺采用对数刻度时，可以使机械结构简单化（图 3-15）。反之若采用均匀刻度，则必须通过较复杂的机械结构来实现，如图 3-14 中的曲臂。但是，对于具有线性关系的滚发和高温处理的毛发来说则不存在这个问题。

图 3-15　对数刻度的毛发湿度计

另一种类型的毛发湿度计是可以记录湿度值的自记式毛发湿度计。将毛发一端固定在支架上，另一端与调节机构和传动机构相连，传动机构又与指针相连，这样指针即可随湿度高低而上下移动。记录筒内有钟表机构，可以绕主轴均匀旋转。将自记纸压在记录筒上，就可以自动记录一天（或一周）内空气湿度的变化情况。能够连续记录一天之内湿度变化的称为日记型，能够连续记录一周之内湿度变化的称为周记型。这种毛发湿度计由于记录纸的纵坐标——湿度值是均匀分度的，因而使用非线性毛发时，必须借助特殊的放大装置（曲臂），使记录笔的动作与此相符（图3-16）。

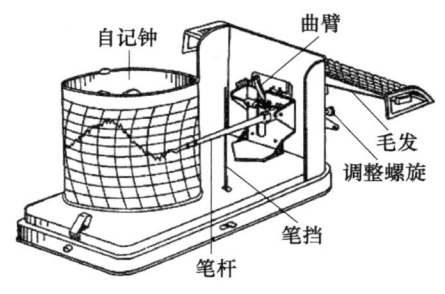

图 3-16　自记式毛发湿度计结构图

无论哪种毛发湿度计，在日常使用中都需要经常进行调整与校正。调整的问题主要涉及放大倍率和零点。在理想的情况下，对于给定的一根或一束毛发，放大倍率不应有任何变化。然而实际上，毛发都是随时间而伸长的。所以放大倍率的调整是不可避免的。湿度计的零点更不可能固定不变。因此，为保证测量的准确性，必须定期对其进行校正。具体的校正方法是用毛笔沾蒸馏水将毛发全部润湿，使其指示值升高到90%以上。经过一段时间，当指示值逐渐下降并稳定以后，用通风干湿球湿度计测量同一环境的相对湿度与之核对。如果数值不相符，可以调节毛发束的调节螺丝直到数值相同为止。但如果在没有校对标准的情况下还需要使用毛发湿度计，则用前面的方法把毛发润湿，然后把示值调整到96%（不是100%）即可。但是由于湿度接近饱和时毛发的变化特性非常复杂，因此这样做的准确度没有保证，只是一种应急处理方法。

在毛发湿度计的使用过程中，有一些问题需要特别注意：首先，由于毛发的滞后现象，对于增湿和降湿过程毛发湿度计的分度曲线不完全重合，影响这两条曲线的因素与湿度计的使用情况有关，因此对于某些特殊用途的湿度计，最好根据使用情况进行标定；其次，如果毛发湿度计在干燥环境中长期放置，会影响其特性，因此，使用前将其放入高湿环境中一段时间，甚至采用使其饱和来"再生"处理是很有必要的；再次，如果仪器长期不用，在保管的过程中也应每隔一定的时间润湿一下毛发，以保持其自然特性；再次，毛发受污染会导致灵敏度下降，因此在使用和存放时应保持清洁；最后，毛发湿度计的毛发使用一定时间后就应更换，以保证测量的准确性。

总之，毛发湿度计具有结构简单、使用方便、造价低廉，在 −30℃时仍能正常工作，在相对湿度为 30% ～ 90% 时测量误差不超过 5%RH 等优点。但也存在滞后和精度不高等固有的缺点。如果使用和保管不当，毛发的滞后效应会进一步加剧，可能产生严重的误差。实验证明，相对湿度在 90% 以上时，毛发湿度计是不可靠的。而相对湿度在 10% 以下时，其灵敏度也大大降低。

最后需要说明的是，在文物保存环境监测中常用的自记式温湿度计，其实就是将自记式双金属温度计与自记式毛发湿度计整合在一起（图 3-17），这样有利于温湿度环境的同时测量，提高工作效率。

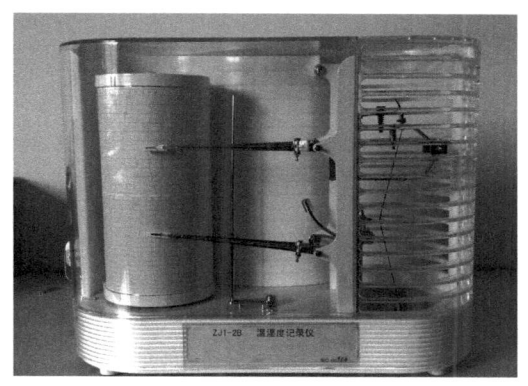

图 3-17　自记式温湿度计
（上部笔杆记录温度，下部笔杆记录相对湿度）

3.3.3　电阻湿度计和电容湿度计

电阻湿度计由感湿元件（湿敏电阻）和指示仪表组成。湿敏电阻是一种电阻值随湿度变化的感湿元件，它通过在基片上覆盖一层感湿材料薄膜而制成。当空气中的水蒸气吸附在感湿膜上时，元件的电阻率和电阻值都发生变化，利用这一特性即可测量湿度。湿敏电阻的种类很多，例如金属氧化物湿敏电阻、硅湿敏电阻、陶瓷湿敏电阻等。依据湿敏电阻种类的不同有相应不同的电阻湿度计，下面就以最常见的氯化锂湿敏电阻湿度计为例进行介绍。

从结构形式来说，湿敏元件分为柱状和片状两种。最初的湿敏电阻元件为柱状结构，其基体为一薄壁铝管。制作时首先在铝管的表面浸渍聚苯乙烯，形成一憎水的绝缘层，然后用两根钯丝平行绕在铝管的绝缘层上作为电极，再浸涂一层氯化锂和聚醋酸乙烯酯的混合液作为湿敏层。1942 年研制出另一种结构形式的元件即片状湿敏电阻。该元件用一块狭长的聚苯乙烯作基片，通过掩模喷锡工艺在其表面制成锡膜电极，湿敏层采用氯化锂和部分水解的聚醋酸乙烯酯的混合物

图 3-18 一种片状湿敏电阻

制成。当然,这是早期的两种湿敏元件,后人虽然在此基础上又进行了大量的改进,但至今其工作原理与形式尚无太大变化(图 3-18)。

如上所述,氯化锂湿敏元件是依据湿敏层吸湿后电阻发生变化这一原理制作的。湿敏层吸收水分的量与空气或其他气体中的相对湿度有关。湿度大,吸水多,电阻下降;湿度小,吸水少,电阻增加。因此,测定湿敏层的电阻即可知道空气的相对湿度。但实践表明,湿敏层的电阻值还与温度有关。因为如果环境温度发生变化,元件与环境之间必然产生热交换,这样将导致湿敏层温度随之变化,从而使电阻亦发生变化。因此,在校正该类仪器时,必须将温度的因素考虑进去。在一些温度变化不大的场合,湿敏电阻湿度计也有通过内设温度补偿线路来补偿温度对测量结果的影响的。

氯化锂元件的测量范围与湿敏层的氯化锂浓度及其他成分有关。氯化锂的浓度与其有效的感湿范围相对应。采用某一浓度制作的元件在其有效感湿范围内,电阻值随周围空气相对湿度的变化符合指数关系。当湿度低于元件的有效感湿范围时,其阻值迅速增加,趋于无穷大。而高于该范围时,其阻值变得非常小,乃至趋于零。单个元件的有效感湿范围一般在 20%RH 以内。例如 0.05% 的浓度对应的感湿范围约为 80%~100%RH,0.2% 的浓度对应范围是 60%~80%RH 等。由此可见,要测量较宽的湿度范围时,必须把不同浓度的元件组合在一起使用。可用于全量程测量的氯化锂湿度计组合的元件数一般为 5 个,采用元件组合法的氯化锂湿度计可测范围通常为 15%~100%RH,有些甚至可达 2%~100%RH。

电阻湿度计灵敏、精确,测量误差为 2%RH,可用于远距离观测。其主要缺点是线性度和产品的互换性差。另外,电阻湿度计只适于测量洁净空气的相对湿度,不能用于含尘、含腐蚀性气体和含水雾的空气,因为这些因素会伤害感湿元件。但近年来,随着新材料在电阻湿度传感器中的应用,已经发明出了在一些特殊环境下应用的传感器。最后,电阻湿度计测量头的有效期一般为半年,过期后需要重新校正或更换。图 3-19 是一种常见的电阻式温湿度计,这种仪器湿度计往往和温度计整合在一起,实现温湿度同时测量的功能。

和电阻湿度计一样,利用某种材质的电容随湿度变化的特性制成的湿度计称作电容湿度计。它也主要由感湿元件(湿敏电容)和指示仪表组成。湿敏电容是在两电极之间涂覆具有一定电荷累积储存能力的材料,利用材料电容能力随环境相对湿度的变化来表征湿度的(图 3-20)。一般使用高分子薄膜作为湿敏电容的感湿材料,常用的有聚苯乙烯、聚酰亚胺、醋酸纤维等。当环境湿度发生改变时,水汽会吸附在涂层上或从涂层上解吸,改变湿敏电容的介电常数,使其电容量发生变化,其电容变化量与相对湿度成正比。

湿敏电容的主要优点是灵敏度高、产品互换性好、响应速度快、湿度的滞后量小、便于制造、容易实现小型化和集成化(图 3-21)。但其精度一般比湿敏电阻略低一些。另外,电容式湿度计可以在较宽的温度范围内进行测量,成为高温环境测量相对湿度的有力工具之一。且适合在大气环境或工业环境中使用,有些电容湿度计甚至不需要温度补偿。

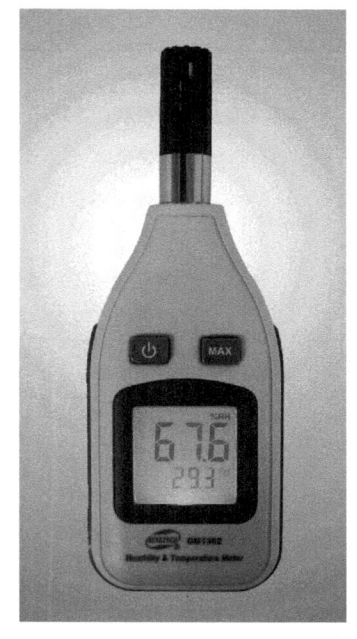

图 3-19　一种电阻式温湿度计

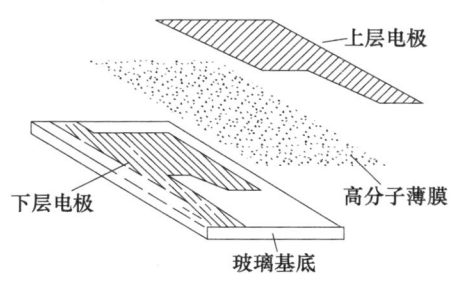

图 3-20　电容式湿度传感器结构图

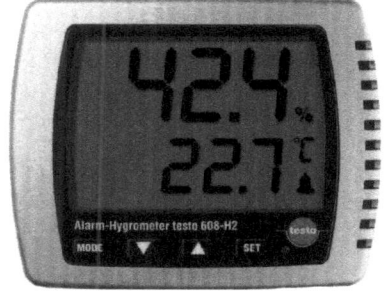

图 3-21　一种电容式湿度计
（整合有温度计功能）

无论是电容式湿度计还是电阻式湿度计都归属于电湿度计。这类湿度计是当前文物保存环境监测常用湿度计中准确度较高的,一般可达 2%～3%RH。但湿敏元件也具有共同的缺点,即线性度及抗污染性差。在检测环境湿度时,湿敏元件要长期暴露在待测环境中,很容易被污染而影响其测量精度及长期稳定性,这方面电湿度计没有干湿球湿度计好。表 3-2 就常用的各种湿度计的优缺点进行了简单的比较,以便读者根据实际情况进行选择。

表 3-2　几种常用湿度计的比较

湿度计种类	优　点	缺　点
干湿球湿度计	价格较低，使用寿命长	准确性中等，响应慢
毛发湿度计	价格低廉	准确度低，重复性差，响应慢，易老化
电阻湿度计	准确度高，重复性强，高湿度时准确，响应快	低湿度时不准确，传感器易受污染、不耐腐蚀
电容湿度计	准确度高，重复性强，低湿度时准确，响应最快，温度容忍范围宽	价格较高、高湿度时不准确、传感器易受污染、不耐腐蚀

3.4　环境湿度的调控与缓冲

温度一章已经介绍过，温度与湿度是一对相辅相成的环境参数。在一个密闭环境中，对温度的调整必然会带来湿度的改变，对湿度的调整也很有可能会涉及温度的变化。因此，本节所讨论的内容不仅涉及环境湿度，还会涉及一些环境温度的问题。

3.4.1　文物保存环境温湿度调控的特点

调控湿度首先要有适用的空间，在文物的储存空间满足密闭、隔热、防潮等要求的基础上，最有效的措施是采用空气调节设备对进入该空间的空气进行热湿处理，使空间内温湿度常年稳定在规定范围内。

采用机械设备或化学试剂，人为地对空气进行增温、降温、加湿、干燥处理，创造和保持符合一定要求的温湿度环境，就是所谓的空气热湿处理。

人类活动场所的空气热湿处理是为满足人体舒适的需要而设置的，称为舒适性空气热湿处理。文物储存空间的热湿处理是为了保证文物稳定等技术处理而设置的，称为工艺性空气热湿处理。舒适性空气热湿处理只在空间内有人工作时运行，而当人离开时就可以停止。而工艺性空气热湿处理则无论是否有人存在，都要求常年运行。因此，要求热湿处理的连续性、持久性、稳定性是文物保存环境空气温湿度调节的第一个特点。有时文物储存空间的温湿度指标即能满足文物保存的要求又能满足人体舒适的要求，二者并不矛盾，如果发生矛盾应首先保证前者。博物馆展陈环境的热湿处理就是综合考虑工艺性和舒适性两方面需求的产物。

人体对温度的感觉比较敏感，对相对湿度的感觉则较为迟钝。但大多数文物则恰恰相反，不适宜的湿度对文物产生的损害更大。因此，文物保存环境的热湿处理应以相对湿度为主兼顾温度,这是文物保存环境空气温湿度调节的第二个特点。

很多文物的材质为不易导热材料,如纸张、纺织品、木质、陶瓷等。这类材料保持自身原始温度的能力较强,常称之为热容量较大。对于该类材质的文物,要将其本体温度升高1℃,所需要的热量较高。很多文物的材质为多孔材料,其本体中含有一定量水,这使得要将文物本体中含水量降低1%,需要的去湿量也较高。部分文物的热容量和湿容量较大,使得进行空气热湿处理时不得不考虑文物本身的含热量和含水量对空气温湿度的影响,尤其在需要改变文物本体的温度和含水量时更是如此。这是文物保存环境空气温湿度调节的第三个特点。

另外,文物形态多样,有些部位空间小,空气流动时气流阻力大,易存在死角,这是文物保存环境空气温湿度调节的第四个特点。

正是由于文物保存环境空气温湿度调节处理的诸多特点,故只有运用多种空气热湿处理手段对保存环境进行综合管理,才能满足文物保存的要求。

3.4.2 文物保存环境湿度调控的基本条件和措施

采用设备或试剂对空气进行热湿处理的效果立竿见影,但设备费用和运行费用均较高。利用空间外部空气的气候条件,选择通风时机,合理组织通风,中和室内环境的温湿度条件是较节约的空气热湿处理方式,但这种方式受自然气候条件限制较大,尤其是在湿热地区,往往不能使室内温湿度总是稳定在规定标准。因此,在文物保存环境温湿度的实际调控中,应根据文物的种类、级别以及当地的气候条件等因素全面衡量、综合考虑,以选择适当的温湿度调控措施。

但不论采取何种措施,密闭对文物保存及展陈空间温湿度的调控都具有重要意义。采用机械设备对室内空气进行热湿处理时,必须以房间密闭为前提。这样才能防止或减少室外不利温湿度条件对室内环境的影响,节约能源。采用通风调控室内温湿度时,必须与密闭相结合。当室外空气状态条件恶劣时,应密闭文物存放空间,减少或延迟室外恶劣空气对室内的影响。当通风后室内温湿度适宜而室外温湿度不适宜时,应密闭文物存放空间,巩固通风效果。通风只有与密闭相结合才能更好地调控室内温湿度。

房屋密闭的重点是门窗和通风孔洞。不设专用通风外廊的文物存放空间的入口应设"缓冲间",面积不小于$6m^2$。"缓冲间"设两道门,出入文物存放空间时总保持一门关闭。需要频繁出入的文物存放空间,亦可考虑在入口处设置空气幕隔绝室外空气。

此外,由于窗户及其周围的冷凝问题,使得博物馆或其他文物储存空间的建筑设计朝着较少窗户的方向发展。文物储存房间的窗洞面积不宜超过外墙面积的1/10，应少开窗、开小窗或不开窗。除了保留必要的门窗通风和采光之外，多余的门窗应封闭。应多设固定窗，少设可开启窗，固定窗不要留缝隙。开启窗和门四边用环氧树脂等黏结剂以及呢绒条、泡沫塑料镶边，金属门窗可镶嵌橡胶条，以便开启时可以通风，关闭时密不透气。窗户应为双层或多层玻璃，以隔绝内外温度的交换。所有与外界相通的孔洞均应设风门或能关闭的阀门，以保证空间的密闭。

其实，以上这些措施或多或少已经在温度一章中介绍过了。在这里再次提及是因为这些措施同时也是缓解建筑物外部环境条件对室内湿度影响的重要手段。但对室内环境而言，不论隔离措施多么严格、调控方法多么完善，其湿度条件最终还是会随着外界环境湿度的变化而波动的。因此，了解外界空气湿度的变化规律是研究文物保存环境湿度调控的基础。

3.4.3 空气湿度的变化规律

空气湿度的变化较温度的变化复杂，而且波动幅度也较大。这是因为影响湿度的因素很多，甚至温度本身就是影响湿度变化的因素之一。另外，绝对湿度与相对湿度的变化规律也不尽相同，变化幅度相差也很大。

1. 室外湿度变化的一般规律

室外绝对湿度一般随温度的升高而增加，随温度的降低而减小，其变化有日变化和年变化两种。绝对湿度的日变化又可分为单峰型和双峰型两种类型。单峰型与温度日变化规律相似，即凌晨日出前室外绝对湿度最低，日出后升高，14～15时最高，然后降低，直至次日凌晨降至最低。沿海地区和内陆地区的秋冬季绝对湿度的日变化多属于这种类型。双峰型是指在一昼夜内绝对湿度出现两次高值和两次低值的情况，即凌晨日出前最低，日出后升高，至8～9时达到第一次峰值，然后降低，至14～15时降至低值，然后升高，至20～21时达到第二次峰值，以后又降低，直至次日凌晨降至最低。夏季内陆地区绝对湿度的日变化多属这种类型。不论哪种变化类型，绝对湿度的日变化幅度一般是比较小的。

绝对湿度的年变化和气温的变化规律一致，一般为1～2月最低，7～8月最高。但与日变化不同，绝对湿度年变化的幅度一般较大。

相对湿度日变化一般随气温升高而减小，随气温下降而增高，即相对湿度的日变化与气温日变化相反。凌晨日出前最高，日出后逐渐降低，至14～15时降至最低，以后又逐渐升高，到次日日出前达到最高值。但夏季沿海地区由于从海洋吹向近海陆地的海风 13～15 时最盛，因此，此时相对湿度最高。

相对湿度的年变化规律在不同地区之间有很大的差异，大致可分为两种类型：一种是内陆干燥而全年绝对湿度变化不大的地区，其相对湿度年变化规律与气温年变化规律相反，冬季高而夏季低；另一种相对湿度年变化规律与气温年变化规律基本一致，冬夏因分别受冬季季风和夏季季风的影响，水蒸气分压力相差很大，气温升高对相对湿度的影响不如水蒸气分压力的影响显著，因此冬季相对湿度低而夏季相对湿度高。我国大部分地区相对湿度年变化规律属于后一种类型，但各地因地理位置不同又各具特点。如华北地区春季多吹干燥的西北风，加上气温回升快，相对湿度反而比冬季低；长江中下游地区初夏多为雨季，气温不高但水蒸气分压力很高，因此相对湿度最高。

2. 室内湿度变化的一般规律

不进行空气调节的室内受房屋建筑、方位、密闭程度、门窗开启次数、室内文物种类和数量的影响，湿度变化规律各不相同。一般情况下，室内相对湿度和绝对湿度的日变化规律和年变化规律与室外基本一致，但变化频率和幅度均小于室外。若房屋密闭良好，室内绝对湿度日变化一般较小，经过较长时间，才会随室外绝对湿度的变化而发生较小的波动。室内相对湿度日变化一般较室外迟 1～2 小时，清晨室内温度最低时相对湿度最高，午后室内温度最高时相对湿度最低。一昼夜内室内最高相对湿度和最低相对湿度的差值为室外的 0.5～1 倍。室内不同区域的相对湿度也有差别，背阴面比向阳面相对湿度高，下部比上部相对湿度高，地面四角和框架之下相对湿度高。

3.4.4 焓 湿 图

焓湿图是表示在一定大气压力下空气状态参数之间关系的图表。在环境控制过程中，可以应用焓湿图进行分析和计算（焓湿图见附表一）。因此，该图是空气温湿度调节的重要基础。

1. 焓湿图的构成

在焓湿图上有两组平行线，一组是间距相等的垂直线；另一组是间距相等的斜线，与垂直线夹角等于或大于 135°。这两组平行线构成了焓湿图的坐标系。垂直线称为等含湿量线，每一条垂直线上的含湿量数值都相等。焓湿图上方的水平线可视为 d 轴，其上标有各垂直线的含湿量数值，含湿量从左到右由 0 依次增加。斜线表示等焓线，在斜线下方有几条线段，与等焓线垂直，线段上标有各斜线所代表的焓值,这些线段可视为焓轴。每条等焓线上的焓值均相等,焓值可以从焓轴上查得,焓值从左下到右上依次增加。

等温线是近于水平、多为左低右高的直线,相互并不平行。温度较低时,等温线的斜率相差不大,几乎看不出来;温度越高,等温线的不平行程度越明显。各条等温线的两端标有温度数值,焓湿图最左方的垂直线既是 $d=0$ 的等含湿量线,又可视为温度轴,温度从下到上依次增高。

等相对湿度线是一组曲线,曲线上标有相对湿度的数值,相对湿度从左上到右下逐渐增大。相对湿度等于100%的等相对湿度线是饱和空气的相对湿度线,又称饱和曲线。饱和曲线左上方为未饱和的湿空气区。饱和曲线右下方为过饱和区,过饱和空气状态中多余的水蒸气会凝结成小水滴悬浮在空气中形成雾。含湿量等于零的等含湿量线也是相对湿度等于零的等相对湿度线。

在大气压力确定的情况下,水蒸气分压力仅取决于含湿量,其关系由 $d = 622 \times \dfrac{P_s}{P_d - P_s}$ 确定。该式经变换得 $P_s = P_d \times \dfrac{d}{622 + d}$,由此式从大气压力和含湿量可以得出水蒸气分压力的数值。在焓湿图上方设一水平线,在线上标出含湿量相对应的水蒸气分压力数值,便是水蒸气分压力线。

焓湿图右下方半圆上有一些短斜线,在短斜线上标有热湿比 ε 的数值,这些短斜线就称为热湿比线或简称 ε 线。热湿比是湿空气状态变化时其焓的变化和含湿量的变化的比值,它描绘了湿空气状态变化的方向。

以上四组等值线(等含湿量线、等焓线、等温线、等相对湿度线)、一条水蒸气分压力线和一组热湿比线共六种图线构成了焓湿图。

需要注意的是,大气压力对焓湿图是有影响的。在大气压力不同时,即使相对湿度相同,含湿量也不相等。大气压力增加,含湿量减小;大气压力减小,含湿量增加。所以大气压力不同时,绘制的等相对湿度线不同,水蒸气分压力线也不同。选用焓湿图时必须注意大气压力,要选用与当地大气压力相应的焓湿图,否则会引起较大误差。但也不用太过苛求,因为在大气压力相差不大时,所得结果的误差其实并不大。例如,大气压力减小1000帕时,空气含湿量增大1%左右,相对湿度只减少约2%。

2. 焓湿图的基本功能

焓湿图主要有如下四方面基本功能:

1)根据两个独立状态参数确定空气状态

焓湿图上的每一点都表示空气的一种状态,即通常空气的每一种状态在焓湿图上都可以用确定的点表示。如前所述，在一定大气压力下，空气的任意两个独立状态参数确定之后，其余的状态参数也就随之确定。因此，根据两个独立状态参数就可以在焓湿图上找出空气的状态点。例如，测定一团空气的温度和相对湿度后，就可以在符合当时大气压力的焓湿图上找出相应的等温线和等相对湿度线，两线的交点记作 A，这便是该空气在焓湿图上的状态点（图 3-22）。

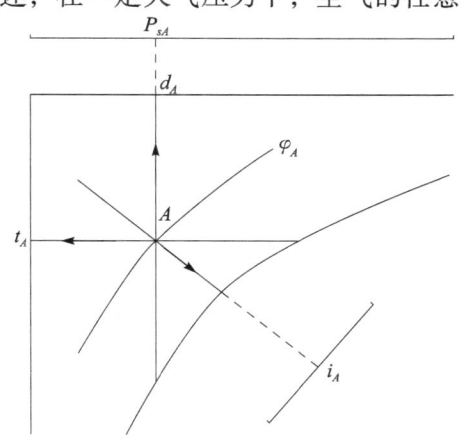

图 3-22　从焓湿图上一点求其他部分状态参数

2）由空气状态点求各状态参数

焓湿图上空气状态点 A 确定后，就可以找出该空气的其他状态参数。

如图 3-22 所示，A 为已确定的空气状态点。通过 A 引等温线和等焓线，与温度轴交于 t_A，与焓轴交于 i_A。t_A、i_A 所示数值即为该空气的温度值和焓值。过 A 引垂线，与含湿量轴交于 d_A，与水蒸气分压力线交于 P_{SA}，d_A、P_{SA} 所示数值就是该空气的含湿量值及水蒸气分压力值。过 A 点的等相对湿度线所示数值是空气的相对湿度值。

如图 3-23 所示，该空气的露点温度可以用以下方法求出：过 A 点引垂直线，与饱和曲线相交于 A'，过 A' 引等温线，与温度轴交于 A''，A'' 点所示温度即为 A 点的露点温度值 t_{lA}。

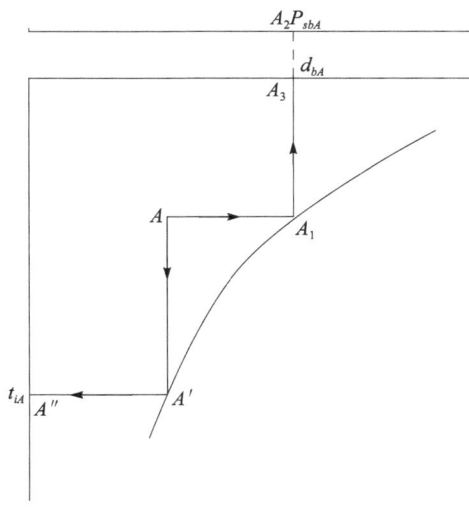

图 3-23　由焓湿图上一点求露点温度、饱和含湿量和饱和水蒸气分压力

该空气的饱和水蒸气分压力及饱和含湿量可以用以下方法求出：过 A 点引等温线与饱和曲线相交于 A_1，过 A_1 引垂直线与水蒸气分压力线相交于 A_2，与 d 轴相交于 A_3。A_2 所示数值即为该空气的饱和水蒸气分压力值 P_{sbA}，A_3 所示数值即为该空气的饱和含湿量值 d_{bA}。

在焓湿图上无法通过状态点 A 直接找出该空气的绝对湿度，可以先找出 A 点的水蒸气分压力 P_{sA}，温度 t_A，然后

利用式 $Z = \dfrac{2.17 P_s}{T}$ 和 $T = t+273.15$ 求出该空气的绝对湿度值 Z_A。同样也可以求出饱和绝对湿度值 Z_{bA}。

3）确定两种不同状态的空气以一定比例充分混合后的空气状态

在焓湿图上可以确定两种不同状态的空气以一定比例充分混合后空气的状态。其规律如下：状态 A 的空气 m_A 千克与状态 B 的空气 m_B 千克充分混合，混合后的空气状态 C 必在 AB 连线上，并且 AC 与 BC 线段长度之比等于 m_B 与 m_A 之比，即：$\dfrac{AC}{BC} = \dfrac{m_B}{m_A}$。但这个规律只有在两种状态的空气混合前、后以及混合过程中均与外界没有热、湿交换的情况下才适用。在与外界有热、湿交换的情况下，混合后的空气状态不完全符合上述规律。

4）表示空气状态的变化过程

对 m 千克状态点为 A 的空气进行热湿处理，加热量为 Q 千焦耳，加湿量为 D 千克，空气状态从 A 变为 B。在焓湿图上 AB 线段表示空气的变化过程。如果知道 AB 的斜率和 B 点的一个状态参数，就可以预测 B 点的位置，从而预测空气状态的变化过程。

有这样的规律：AB 线段的斜率

$$\varepsilon' = \frac{Q}{D} = \frac{i_B - i_A}{\dfrac{d_B - d_A}{1000}} = 1000 \times \frac{i_B - i_A}{d_B - d_A} \qquad (3\text{-}20)$$

求出 Q/D 的数值 ε'，在焓湿图热湿比线中找出数值等于 ε' 的热湿比线 ε，过 A 引与 ε 平行的射线 AB'，B 点必定在 AB' 线上。

B 点的含湿量 d_B 可以用如下公式确定：

$$d_B = d_A + \frac{1000 \times D}{m} \qquad (3\text{-}21)$$

式中 d_A 为状态 A 时空气的含湿量。

根据式 3-20 求出 d_B 后，在焓湿图上绘出 $d=d_B$ 的等含湿量线，该线与 AB' 线的交点即为热湿处理后空气的终状态点 B。

亦可根据公式 $i_B = i_A + \dfrac{Q}{m}$ 求出 i_B，然后绘出 $i=i_B$ 的等焓线，该线与 AB' 的交点即为 B 点。

当然以上仅是焓湿图的基本功能，该图在温湿度调控中的一些具体应用将在下节中介绍。

3.4.5 环境湿度的调控

如前所述,对环境温湿度调控(热湿处理)的设备种类较多,根据设备的工作特点,主要可分为表面式热湿处理设备和直接接触式热湿处理设备两大类。温度调节一节中介绍的除了电加热外均为表面式热湿处理设备,这里需要补充说明的是它们产生的温度变化对湿度的影响。

无论是光管式加热或是电加热,其加热过程与空气都没有水的交换,因此不改变空气的含湿量,即对空气的加湿量为0。这种加热虽不改变含湿量,但会降低空气的相对湿度。因此,在增温过程中必须兼顾空间内的相对湿度,以防湿度低于标准的下限。

与之相对应,在使用表面式冷却装置对空气进行制冷时,若未被冷却到露点温度以下,空气的含湿量就不会发生变化,这种过程称之为干冷过程或等湿冷却。干冷过程中对空气的加湿量为0。干冷过程虽未改变含湿量,但是温度降低,相对湿度会大大增加。因此,如果对空气进行干冷却,往往可能同时需要对空气进行降湿。若将空气冷却到露点温度以下,空气中一部分水蒸气凝结成液态水,使空气含湿量降低,这种过程称为湿冷过程或析湿冷却。

本节主要介绍如何通过直接接触式热湿处理设备对空气的温湿度(主要是湿度)进行调节。

直接接触式热湿处理设备的工作介质与被处理的空气直接接触。喷水室、蒸汽加湿器、局部补充加湿装置以及适用液体吸湿剂的设备都属于这一类。这类设备由于工作介质与空气温度不同而发生热交换,由于工作介质表面水蒸气分压力与空气水蒸气分压力不同而发生湿交换。喷水室是最典型的直接接触式空气热湿处理设备。它是将空气通入一个箱体,箱体内部通过喷洒不同温度的水滴,使水滴和空气在箱体内进行热湿交换,然后将处理后的空气排出箱体,这样就实现了对空气的加热、冷却、加湿、干燥。该处理设备往往还对空气有一定的净化能力。蒸汽加湿器也是一种直接接触式设备,它将蒸汽直接加入空气中,用来增加空气的湿度。蒸汽可以来自锅炉,也可通过电热设备使水蒸发而产生。局部补充加湿装置可以将水以雾状直接喷入空气中,由细小的水滴吸收空气的热变为蒸汽从而增加空气的湿度。

1. 除湿

从文物保存环境的角度而言,除湿是为了维持文物本体的平衡含水率或保证文物安全的保存环境，采取一定手段降低环境相对湿度的过程。从相对湿度的概念可知，降低环境的相对湿度有两种方式：其一是提高环境的温度，但这种方法对环境相对湿度的改变只是暂时的，并不能改变空气的含湿量，同时也易于受温度的回降而失效。更重要的是温度的波动还有可能对部分文物带来损害，因此这种方法只有在特定条件下才能适用，不具备普遍性。另一种除湿的方法是直接降低空气的含湿量，进而使相对湿度降低，这种方法相较升温对相对湿度的降低效果更加持久、稳定，因此在实践中常常采用。降低空气的含湿量一般有两种途径，即湿冷却减湿和吸湿剂减湿。

湿冷却减湿是利用空气的露点温度将水汽凝结并从空气中除去的过程。文物保存中常用的冷却除湿机的工作原理见图 3-24。制冷循环部分由压缩机、冷凝器、节流器、蒸发器和连接管道组成，其工作原理与空调系统几乎完全相同。管道内充有制冷剂，冷凝器和蒸发器都是表面式换热器。压缩机将来自蒸发器的低压气态制冷剂吸入，经压缩加压，成为高压气态或气液混合物，然后排入冷凝器，被管外冷空气（或冷水）冷却，变为液态，再经毛细管节流进入蒸发器。由于压力骤降，流入蒸发器的液态制冷剂迅速蒸发成气体，使自身温度降低，通过金属管壁使经流蒸发器外表面的空气温度降低。蒸发器内的气态制冷剂再被压缩机吸入，制冷剂这样反复循环，达到制冷目的。应当注意的是蒸发器温度最低，低于室温，而冷凝器温度往往高于室温。空气循环部分是由过滤网、蒸发器和冷凝器的管外空间以及风机组成。由于离心式风机产生的负压，湿空气通过过滤网流经蒸发器和冷凝器，再经过风机送出。蒸发器表面温度低于空气露点温度，使湿空气湿冷却减湿，水凝结在蒸发器表面，然后经凝结水盘流入凝结水箱，使空气含湿量降低。流经蒸发器的空气在风机引力下继续前进，在冷凝器被加热到略高于初始温度的程度后由风机排出。由以上分析可以看出，冷却除湿机对空气的

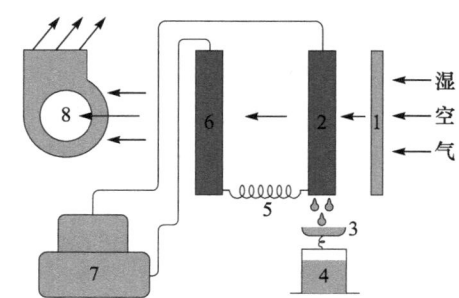

图 3-24　冷却除湿机工作原理图
1. 过滤网；2. 蒸发器；3. 凝结水盘；4. 凝结水箱；5. 节流器（毛细管）；6. 冷凝器；7. 全封闭压缩机；8. 离心式风机

处理实际上分为两个过程，即湿冷却减湿和等湿增温。冷却除湿机一般适用于绝对湿度较高而温度不太低的环境。当空气绝对湿度较低或环境温度过低时，其去湿能力下降，甚至根本不能减湿。另外，冷却除湿机的运行还会使室内温度略有升高。

当空气绝对湿度很低而又需要减湿时，或者空气温度非常低时，可以使用吸湿剂减湿。吸湿剂种类很多，按形态区分有液体吸湿剂和固体吸湿剂，按减湿原理区分有纯物理吸湿剂和物理化学吸湿剂。

常用的液体吸湿剂主要有氯化钙、氯化锂等盐类的水溶液、三甘醇等。由于这些液体表面水蒸气分压力低于同温度下水表面的水蒸气分压力，所以当空气中水蒸气分压力大于液体吸湿剂表面水蒸气分压力时，空气中的水蒸气将向液体吸湿剂转移而被吸收。减湿过程是纯物理过程，不发生化学变化。在一定温度下，如果吸湿溶液浓度越高，那么，表面水蒸气分压力就越低，吸湿能力就越强。吸湿后，随着吸湿溶液浓度的降低，吸湿能力逐渐下降，到一定程度时需要进行浓缩（再生）处理，才能重复使用。液体吸湿剂减湿能使空气含湿量降得很低，减湿幅度大，有的还有消毒灭菌作用。其主要缺点是需要复杂的再生设备，氯化钙、氯化锂对设备有腐蚀作用等。

常用的固体吸湿剂（又称干燥剂）有氯化钙、氧化钙、多孔硅胶颗粒、活性氧化铝、分子筛、活性炭等。由于它们表面的水蒸气分压力低于湿空气的水蒸气分压力，因此都具有强烈的吸湿能力。氯化钙吸水后生成含有结晶水的水合物，继续吸水则成溶液。氧化钙吸水后生成氢氧化钙。这两种吸湿剂的吸湿过程属于物理化学作用。其他四种吸湿剂，其自身具有大量微小孔隙，形成大量吸附表面，并有强烈的毛细作用，由于表面水蒸气分压力很低，因此能吸附空气中的水蒸气，水蒸气向毛细管内扩散并凝结，从而使空气减湿。这种吸湿过程属纯物理作用。固体吸湿剂处理空气时，水蒸气被吸附，使空气含湿量降低，所减少的水蒸气带走一部分热量，使空气的焓降低。但是水蒸气凝结放出的热又使空气温度升高，使空气的焓增加。整个过程可以看作等焓减湿过程，空气失去的焓又得到补充，总的结果是焓不变。固体吸湿剂吸水后大都可以用热空气加热除去水分的方法再生后重复使用。

氯化钙是最常使用的一种干燥剂，常用的氯化钙是工业纯二水合物（$CaCl_2 \cdot 2H_2O$），纯度为 70%～75%，吸湿量达自重的 100% 时全部溶解。另一种氯化钙是纯度大于或等于 96% 的无水氯化钙，吸湿量达自重的 150% 时全部溶解。再生氯化钙最简单的方法是熬煮，先将吸湿后的氯化钙溶液过滤，将水溶液预热至 60～70℃，放入锅内熬煮，使温度升到 100℃ 以上，待溶液呈糊状时，再倒入另一锅中于 60～70℃环境下烘烤，使水分蒸发，变成白色固体，然后封装备用即可。但由于氯化钙吸水后最终形成的溶液具有腐蚀性，因此一般不直接用于文物保存环境的干燥。

多孔硅胶颗粒是文物保存过程中最常使用的一类固体干燥剂，它是通过如下方法制备的。在单聚可溶性硅酸盐 Na_2SiO_3 中，加酸（H^+）至 pH=7～8 时，硅酸根缩聚，聚合度逐渐增高，形成大分子量的胶体溶液。当分子量达到一定程度时，溶液变为凝胶。用热水洗涤，去掉生成的盐，然后在 60～70℃下烘干，300℃下加热活化，就可以得到一种多孔性有吸附作用的物质，即多孔硅胶颗粒（简称多孔硅胶或硅胶）。

$$Na_2SiO_3 + 2H^+ \rightarrow H_2SiO_3 + 2Na^+$$

多孔硅胶属非晶态物质，呈无色半透明至乳白色的固体，多制成颗粒状，无腐蚀性，不溶于水，化学性质稳定，除强碱、氢氟酸外不与任何物质发生反应，是一种高活性吸附材料，其化学组成为 $mSiO_2 \cdot nH_2O$。多孔硅胶的孔隙率约为 70%，平均容重为 650kg/m^3，吸湿能力为自重的 30%。多孔硅胶的强吸湿能力是由其表面无数细孔的吸收作用造成的，被吸收的水分或以凝缩成小球的形状存在于细孔之中，或以被强烈压缩的形式存在于细孔之中。由于多孔硅胶的吸湿是物理过程，故吸湿后外形不发生改变，温度越低，吸湿性越强，通常在 40℃以下使用。

多孔硅胶根据其孔径的大小可分为：大孔硅胶（平均孔径 >30nm）、粗孔硅胶（又称 C 型硅胶，平均孔径 8～10nm）、中孔硅胶（又称 B 型硅胶，平均孔径 4～7nm）、细孔硅胶（又称 A 型硅胶，平均孔径 2～3nm）。由于孔隙结构（主要是孔径尺寸）的差异，不同类型的多孔硅胶吸附性能各有特点。粗孔硅胶在相对湿度较高的情况下（80% 以上）有较大的吸附量，且其吸湿速率快，易饱和；细孔硅胶则在相对湿度较低的情况下（60% 以下）吸附量高于粗孔硅胶。细孔硅胶吸湿速率慢，但维持的吸湿时间长；而中孔硅胶由于孔隙结构介于粗、细孔硅胶之间，其吸附量也介于粗、细孔之间。大孔硅胶一般不用作干燥剂，仅用于催化剂载体、消光剂、牙膏磨料等。由于文物保存科学中常常遇到的需要保持干燥的环境湿度均在 60% 以下，故常常选用细孔硅胶作为干燥剂。

从颜色上分，多孔硅胶又可分为原色硅胶和变色硅胶。原色硅胶吸湿时不变色；而变色硅胶是以细孔硅胶为基础原料经过深加工制成的指示型吸附剂。现在最常见的变色硅胶是氯化钴变色硅胶，又称蓝胶。其生产方法是以细孔硅胶为载体，将氯化钴（$CoCl_2$）通过一定的工艺步骤结合在硅胶内部孔隙的表面上。$CoCl_2$ 无水时呈蓝色，当干燥剂吸水后，随吸水量不同，硅胶呈现蓝—蓝紫—

紫—粉红的变色规律。最后 $[Co(H_2O)_6]^{2+}$ 使硅胶呈粉红色,说明硅胶已经吸饱水,作为干燥剂继续使用时需要烘干。变色硅胶的主要特点是,具有细孔硅胶对介质中水蒸气的极强吸附性的同时,又能通过所含氯化钴结晶水数量变化而显示不同的颜色。

由于蓝胶并不是吸水后立即就变为粉红色,而是当它和周围环境达到平衡后同时周围环境的相对湿度大约在35%以上时,蓝胶才会逐渐变为粉红色。因此,蓝胶对于环境湿度低于35%的文物保存环境是没有指示作用的。

最新研究表明,使用氯化钴变色硅胶时存在一定的健康隐患,这是因为氯化钴是一种具有潜在致癌作用的物质。虽然至今氯化钴变色硅胶在我国还没有被禁止使用,但在使用时必须采取必要的防护措施,这些措施包括作废硅胶的有控制的处理、防止吸入硅胶灰尘(使用一次性手套和适当的口罩)等。另外,现在已经出现了氯化钴变色硅胶的替代产品,这种替代品也是一种变色硅胶,只是当吸水后会变为橘红色,这是因为它使用的指示剂是一种对湿度敏感的铁系化合物。考虑到健康及控制成本等因素,在实际工作中,一般可以在同规格的原色硅胶中加入少量变色硅胶以指示其吸湿程度。

不论哪种多孔硅胶在使用过程中因吸附了介质中的水蒸气或其他有机物质,吸附能力下降,都可通过再生后重复使用。吸附水分后的硅胶一般可通过热脱附方式将水分除去,以达到再生目的。加热的方式有多种,如电热炉、烘箱及微波炉加热等。对硅胶焙烧再生时,温度过高会引起硅胶孔结构的变化而明显降低其吸附效果,影响使用价值。对细孔硅胶而言,脱附加热的温度应控制在120~180℃为宜,对于氯化钴变色硅胶则控制在110~120℃为宜(脱附再生的温度若超过120℃,则会因显色剂逐步氧化而失去显色作用),脱附加热时间一般为3~4个小时。另外,烘干再生时应注意逐渐提高温度,以免剧烈干燥引起胶粒炸裂,降低回收率。再生后的硅胶,其含水率一般控制在2%以下即可重新投入使用。

具体到如何使用固体吸湿剂从环境中除去水分,其方法一般有静态减湿和动态减湿两种。静态减湿是将吸湿剂置于湿空气中在自然状态下吸湿,适于小空间密闭容器内空气的减湿,使用时可以根据下式计算吸湿剂的用量。用量过少,相对湿度不能降低到规定指标;用量过多使相对湿度下降过多。

$$G = \frac{W_k + W_d + W_b}{a} \quad (3-22)$$

式中 G 为吸湿剂用量,单位为 kg;

W_k 为容器内空气应去除的水分,单位为 kg;

W_d 为容器中文物应去除的水分，单位为 kg；

W_b 为容器内包装材料应去除的水分，单位为 kg；

a 为每千克吸湿剂的平均吸水量，单位为 kg。

但对于密封不严或器壁渗透水蒸气的容器不能用上式计算吸湿剂用量。

动态减湿是利用风机强迫空气通过吸湿剂，氯化钙多用于动态减湿。具体动态减湿的方式是将干燥剂盛放在缓慢转动的鼓形结构里。室内空气被吹过鼓形结构的一个扇区，在此过程中水分被干燥剂所吸收。但是因为干燥剂只能吸收有限的水分，所以干燥剂必须定期进行再生。在鼓形结构旋转时，用于除湿的扇区转到了加热空气吹拂的位置，热空气便会带走干燥剂所吸收的水分，这样就完成了干燥剂的再生（图 3-25）。

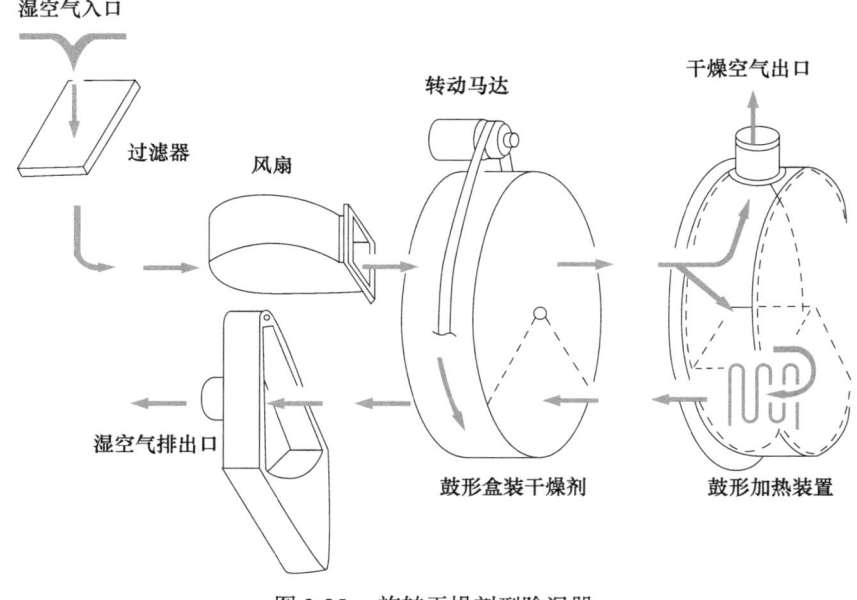

图 3-25 旋转干燥剂型除湿器

在这个除湿器中，室内空气穿过过滤器、风扇和鼓形盒装干燥剂轮子，干燥后返回到室内。同时部分已干燥的空气被分流引导通过一台加热器，加热后的这部分空气被引流到鼓形干燥剂轮子的另一个扇区，随着这部分空气流经该扇区的干燥剂表面，干燥的空气会使吸湿后的干燥剂脱掉水分，从而对其产生再生的作用，最后，这些已变潮湿的空气再被排出室外。由此可见，这种装置具有三个空气通道，即用于空气进入和排出的通道，以及潮湿空气的排出通道。在去除室内湿度时，供室内空气进出的通道要直接向室内开放，而潮湿空气的排出通道一定要用管道导出到室外。因为，用于干燥剂再生过程的空气必须自身就是干燥的，所以有时会使用第四个通道从室外引入干燥空气。在难以向室外排出大量湿空气的地方，可以在该系统湿空气出口处安装一个空气冷凝器，但必须经常清空或导出空气中冷凝出的水。

湿冷却减湿和吸湿剂减湿两种除湿方式各有优缺点。一般情况下，当环境气温较低时，选择吸湿剂减湿较合适。而当环境温度较高的情况下，选择湿冷却减湿较适宜。这是因为，干燥剂在较高的环境温度下对水汽的容纳总量会有所降低，而冷却除湿机在较冷的环境中冷却管路上易出现霜冻，从而阻碍水的排除。选择温度的节点一般为10℃。

2. 增湿

对空气进行增湿的关键是如何迅速合理地把大量液态水转化成气态。常用的加湿设备也有两种类型，即喷雾型和蒸汽型。

喷雾型加湿设备是将水变为水雾加入空气中，水雾吸收空气热量变为水蒸气而使空气加湿。喷雾加湿过程中，水雾吸收空气热量使空气温度下降，水雾吸收热量后变为水蒸气增加了空气的潜热，水雾本身的含热量可以忽略不计。因此，喷雾加湿可以近似看作等焓过程。传统的喷雾型加湿器使用快速旋转的锭子，从蓄水池中汲取薄层状液态水以冲击固定的刀片，所形成的微小水滴被风机向上吹出，并在距离出风口1米左右的范围内蒸发。该类加湿器因为是依靠中心锭子的离心力将水抛出的，故称为离心加湿器。另一种当前较常用的喷雾型加湿设备是超声波加湿器。它是利用压电陶瓷所固有的超声波振荡特点，将电路超声波振荡传输到压电陶瓷振子表面，压电陶瓷振子会产生轴向机械共振变化。这种机械共振变化再传输到与其接触的液体，使液体表面产生隆起，并在隆起的周围发生空化作用。由空化作用产生的冲击波将以振子的振动频率不断反复，使液体表面产生有限振幅的表面张力波。张力波的波头飞散，使液体雾化成 $1 \sim 3 \mu m$ 的微小液滴。最后由风机将这些雾化液滴吹出，通过这些液滴在空气中的蒸发达到增加湿度的目的。

喷雾型加湿器具有节能、加湿效率高等优点，但在文物保存环境的湿度调节中它也有一些缺点：首先，喷雾加湿将水含有的其他物质与水一起喷入空气，其中包括天然水中含有的盐类物质。虽然这些盐类物质在天然水中的含量看似很少，大约仅为 $30 \sim 1000$ ppm，但实际上一个冬季从一台加湿器中排出的累计盐类物质质量甚至能够达到1kg。这些盐类物质因为无法蒸发，最终会在水雾蒸发后沉降到室内文物及其他物体上，在其表面出现灰白色的粉状沉积物。因此，为了避免盐类物质在文物表面的堆积，该类加湿器必须使用蒸馏水或去离子水。其次，一旦喷雾型加湿器的湿度控制器出现问题，即控制器在房间湿度达到设定的数值时未能关闭加湿器，将会造成水不断地被加入到空气中，直至在文物或其他物体的表面出现冷凝，给文物带来水患。

为了避免上述问题，在一些有条件的博物馆中会使用蒸汽型加湿器。所谓蒸汽加湿就是用水蒸气直接与空气混合而增加空气湿度的方法。最简单的蒸汽型加湿器就是利用加热装置将水烧开产生水蒸气进而加湿空气。同样因为可能会产生冷凝的问题，这种加湿器在博物馆或文物储存空间中只能在应急时使用。博物馆推荐使用的是自然蒸发型蒸汽加湿器。这种加湿器的加湿原理是用有吸水能力的物质将水吸附，从而扩大水与空气的接触面积。再用风扇增加空气的流动速率，将其吹扫过吸有水的物质表面，利用水在空气中的自然蒸发提高空气的湿度。最典型的一种结构是将海绵等泡沫塑料包裹在鼓形结构芯桶的边缘，并将其下部浸入蓄水池中。随着鼓形结构芯桶的转动，其下部润湿的海绵离开蓄水池。此时风扇吹动室内空气并使之通过润湿的海绵，海绵上吸附的水分在风扇的作用下加速蒸发，加湿空气。水分蒸发后的海绵随着鼓形结构芯桶的转动再次浸入蓄水池吸收水分。因为水蒸发时会从周围环境吸收热量，使空气冷却，所以有些类型的加湿器配备了加热装置以抵消因蒸发所产生的冷却。

自然蒸发型蒸汽加湿器的优点是即使湿度传感器出现问题，在未到达预设湿度时停止加湿，房间的相对湿度也不会在短时间内大幅提高。对于这种加湿器，湿度上升得越高，加湿器的实际加湿效率就越差。因为潮湿的空气难以再从潮湿的海绵上摄取水分。在实际操作中，该类加湿器无法使室内相对湿度达到较高的水平。一般当室内相对湿度高于70%时，加湿器的工作效率就非常低了。另外，当水分蒸发时，其中的盐类物质并未蒸发，仍留在机器中。因此，进入空气中的水分是纯净的。当然由此带来的问题是，盐类物质会留在用以蒸发水的海绵介质上。故而要经常清洗机器，尤其是海绵介质。

无论使用何种加湿或除湿设备对空气进行调节，对设备的日常维护都必须定期进行，以保证其正常运行。此外，由于这些设备对于整个博物馆或文物储存空间的环境而言均为点调控，因此，如何保证整个室内空间空气环境的混合均匀将是必须要解决的问题。在设备设置并运行一段时间后，应该对博物馆或文物储存空间各个角落进行环境检测，以保证没有因空气缺乏流动或在仪器控制范围之外而造成的死角。如果出现这类死角，应采用重新安置、增设设备或在适当位置安装风扇来解决。此外，还应确保从这类设备中流出的空气在和室内空气充分混合前，不能直接吹到任何文物的表面。

任何加湿器都具有冷却效应，相应的除湿器也都具有加热效应。它们的效应数值相同，即每小时每升水蒸发或冷凝所吸收或排出的都是 700W 的热。因此，不论是加湿或除湿，都必须将环境中的这部分热量的转化考虑进去。

3. 利用喷水室对空气湿度进行调节

喷水室是综合调节环境温湿度的设备，它是许多空气调节系统必备的装置。喷水室由喷嘴、喷水管路、挡水板、集水池和外壳等组成。空气进入喷水室内，喷嘴向空气喷淋大量的雾状水滴，空气与水滴接触，二者产生热、湿交换，达到所要求的温、湿度。喷水室的优点是可以实现空气处理的各种过程，主要缺点是耗水量大、占地面积大、水系统复杂、水易受污染等。

在喷水室中空气和水滴接触时，如果空气和水温度不一样，热量就会从高温一方传至低温一方；如果水滴表面水蒸气分压力 P_s 与空气主流的水蒸气分压力 P_s' 不同，就会有湿交换发生。当 $P_s > P_s'$ 时，水蒸发成水蒸气进入空气中。当 $P_s < P_s'$ 时，空气中的水蒸气凝结成水。当 $P_s = P_s'$ 时，空气和水滴没有湿交换。水滴表面的水蒸气分压力与水滴的温度有关，与水滴温度下的饱和水蒸气分压力 P_{sb} 基本相等。只要调节喷水温度，就可以使水滴表面水蒸气分压力改变，使之按要求大于、小于或等于空气主流的水蒸气分压力 P_s'，从而对空气进行 7 种不同的处理过程。

当水温 t_s 与空气温度 t 相等时，水与空气没有显热交换，空气状态的变化为等温过程。空气初状态时相对湿度通常小于 100%，所以空气的水蒸气分压力 P_s' 小于空气温度下的饱和水蒸气分压力。因为空气与水温度相等，水滴表面的水蒸气分压力与该水温时的饱和水蒸气分压力相等，即与空气温度下的饱和水蒸气分压力相等，所以空气的水蒸气分压力 P_s' 小于水滴表面的水蒸气分压力 P_s，部分水滴蒸发成水蒸气使空气加湿，空气状态的变化为等温加湿过程。

当水温 t_s 与空气湿球温度 $t_{湿}$（用通风干湿表测定的湿球温度）相等时，水温低于空气温度 t，空气有显热传给水滴而使空气温度下降。又由于水滴表面的水蒸气分压力高于空气的水蒸气分压力，使一部分水蒸发成水蒸气造成空气含湿量增加，潜热增加。水温为湿球温度时，水蒸发所需要的气化潜热来自空气，水蒸气又把从空气中得到的气化潜热带给空气，水温并不变化，空气温度降低但总含热量不变。因此，空气状态的变化为等焓降温加湿过程。

当水温 t_s 等于空气的露点温度 T_l 时，空气有显热传给水而使气温下降，同时因为水蒸气分压力高于水滴表面的水蒸气分压力，空气中一部分水蒸气凝结，使空气含湿量降低，空气状态的变化为降温减湿过程。

当水温 t_s 高于空气的露点温度 T_l 而低于空气的湿球温度 $t_{湿}$ 时，空气温度和焓均降低，含湿量增加。

当水温 t_s 高于空气的湿球温度 $t_{湿}$ 而低于空气的干球温度 t 时，空气状态变化过程为降温加湿增焓过程。

当水温 t_s 高于空气温度 t 时，水与空气不但有湿交换，还有显热交换，空气状态的变化为增温加湿过程。

喷水室对空气所进行的 7 种热湿处理过程见表 3-3。

表 3-3　喷水室水温不同时空气状态的变化情况

水温特点	空气温度的变化	含湿量的变化	焓的变化
$t_s > t$	升高	升高	升高
$t_s = t$	不变	升高	升高
$t > t_s > t_{湿}$	降低	升高	升高
$t_s = t_{湿}$	降低	升高	不变
$t_{湿} > t_s > T_l$	降低	升高	降低
$t_s = T_l$	降低	不变	降低
$t_s < T_l$	降低	降低	降低

4. 利用外界气候环境合理组织通风调节温湿度

对密闭环境内空气进行热湿处理，需要一定的设备并要消耗能量。这种消耗单独看似乎不是很大，但累积起来将是一个庞大的数字。因此，出于节约的目的，可以适当利用室外自然气候，合理组织通风，以改善密闭空间内温湿度环境。

通风是根据空气流动规律，有计划地交换密闭环境内外空气，来调节密闭空间内温湿度的一种措施。通风的基本方式有两种，即自然通风和机械通风。

自然通风是利用室内外空气自然压力差进行的通风。这种压力差形成的原因有风和室内外温差引起的空气密度差，或称为风压和热压。这两种因素可以单独起作用，也可以共同起作用。风是由于大气压力差所形成的一种自然现象。风吹向建筑时，空气受到阻挡向上方和两侧偏转，迎风侧气压高于大气压，背风侧气压低于大气压，使两侧产生压力差。将房间风压力不同处的窗洞打开，室外空气从压力较高处进入，从压力较低处流出，即可实现通风。室外风力较大时，室外空气亦可通过窗缝等孔隙进出室内。在房屋外墙某一高度设一开口，不论开口两侧最初气压差如何，由于空气的流动，最终室内外气压相等，此时开口处空气停止流动。开口上方气压等于开口处的气压与上方单位面积空气柱重量之差。空气密度小,同样高度的空气柱重量轻;反之,空气柱重量重。若室内平均气温高于室外,则室内空气密度小于室外,空气柱重量轻于室外,而使开口上方室内气压高于室外;同理可知,开口下方室内气压低于室外。若在开口上下方各设一个窗口,室外空气将从下方窗口进入室内,而从上方窗口流出。若室内气温低于室外,室外空气将从上方窗口流入室内,而从下方窗口流出。若在房屋外墙设有较大高差的窗孔,窗孔上下方也会因室内外温差而有空气流入或流出。这种现象就是温差或热压引起的自然通风。若室内外没有温差,或窗洞高差太小,就不会产生这种自然通风。室内外温差越大,窗洞高差越大,这种自然通风速率就越快。房间实际的自然通风大多是在风和温差的联合作用下形成的。这种联合作用可以增强通风效果,也可能减弱通风效果。当采用自然通风散热散湿时,应当打开迎风面下部的窗洞和背风面上部的窗洞,以增强风和温差的联合作用。

典型的机械通风是利用通风机通过管道进行的强制通风。在房间适当位置设进风口和出风口,进风口通过风管与强制送风机的出口相连,在房间进风口可以设置净化空气的过滤装置,空气经风管通过格栅或散流器分布到室内。出风口通过管道与单设的排风机相连,将室内空气引出,排至室外。室内通风可以只设排风系统和进风窗洞,有的只在出风口设排风扇而不设通风管道。进风口和出风口应合理布置,一般采用下送上排,亦有采用上送下排的。机械通风不受室外风力和室内外温差的限制,通风速率快,节省人力,是调节室内温湿度的一种简便易行的方法。

虽然利用通风调节温湿度节约、便捷,但并不是任何情况下都可以通风。通风受室内外空气温湿度的限制,只有当通风有利于使室内空气温湿度状况得到改善的情况下才可进行。合理掌握通风时机进行适时通风能使室内增温、降温、加湿、减湿。

在温度方面,为了降低室内温度,只要室外气温低于室内就可以通风,否则不能通风;为了提高室内温度,只要室外气温高于室内就可以通风,否则不能通风。通风调节温度必然引起室内相对湿度的变化,因此必须兼顾相对湿度,若相对湿度超出规定标准,则应停止通风。

在湿度方面,通风调节室内相对湿度的重点是降低室内相对湿度。采用通风降低室内相对湿度的情况比较复杂,通风中温度和相对湿度都可能发生变化。有时通风过程中室内相对湿度下降,但停止通风密闭一段时间后,相对湿度反而比原来升高。有时通风过程中室内相对湿度升高,但密闭后,相对湿度反而比原来下降。为简化问题,一般要求通风后当室内温度恢复正常时(即排除了因通风引起的室内温度变化），室内相对湿度应当降低。为了达到这一要求必须使通风后室内绝对湿度（或含湿量、水蒸气分压力）降低。因为相对湿度等于绝对湿度与当时温度下的饱和绝对湿度之比，温度不变，只有降低绝对湿度才能使相对湿度降低。因此，判断能否通风降湿，应比较室内外的绝对湿度，当室外绝对湿度低于室内时，一般可以通风，否则一般不能通风，这就是通风降湿的一般原则。

具体可分为以下5种情况：

第一，室外温度和相对湿度都低于室内时，可以通风；反之，不能通风。

第二，室外温度低于室内，室内外相对湿度相等时，可以通风；反之，不能通风。

第三，室内外温度相等，室外相对湿度低于室内时，可以通风；反之，不能通风。

第四，室外温度低于室内，相对湿度高于室内，若绝对湿度明显低于室内时，可以缓慢通风，若通风速率过快，会造成室内相对湿度升高。只有缓慢通风，不使室内温度明显下降时，室内相对湿度才能降低；当室外温度低于室内，相对湿度高于室内，绝对湿度高于或接近室内时，不能通风降湿。

第五，室外温度高于室内，相对湿度低于室内，绝对湿度低于室内时，可以通风降湿，但应注意室内温度不要超过规定标准；当室外温度高于室内时，相对湿度低于室内，绝对湿度等于或高于室内时，一般不宜通风。

通风降湿时，室内温度一般也要变化，因此应兼顾室内温度，当室内温度超过规定标准时，应停止通风。

判断能否通风降湿的一般步骤如下：

首先测定室内外的温度和相对湿度，再根据温湿度判断属于上述前三种情况中的哪一种，若符合前三种情况之一或完全相反，则可以判断能或不能通风；若与前三种情况既不完全相同，又不完全相反时，则需计算室内外的绝对湿度，绝对湿度的计算公式如下：

$$Z=\varphi \times Z_b \tag{3-23}$$

式中 Z_b 为当时温度下的饱和绝对湿度，可以根据温度查饱和空气状态参数表求得。亦可编制不同温度和相对湿度下的绝对湿度表，直接从所测温度和相对湿度查出绝对湿度。

分别求出室内外的绝对湿度后，即可判断是否符合第四种情况或第五种情况，从而确定能否通风降湿。

在干燥季节或干燥地区，有时需要利用通风增加室内相对湿度。通风增湿的一般原则与通风降湿相反，即当室外绝对湿度高于室内时，一般可以通风增湿，否则一般不能通风增湿。

通风除了应符合以上原则外,还应注意以下若干问题:首先,通风中应注意防尘、防有害气体。当室外灰尘过多或有害气体浓度超过规定标准时,若没有过滤和净化空气的装置,则不宜通风,否则会使灰尘和有害气体进入室内,危害文物。其次,通风中应注意防虫、防鼠。自然通风时要开启门窗,此时应有纱门、纱窗,防止虫鼠进入室内。机械通风的孔洞亦应考虑防虫、防鼠。再次,通风中应防止室内温湿度剧烈波动。当室内外温湿度相差过大时,应注意通风要缓慢,或停止通风,不宜剧烈通风,以免造成室内温湿度波动幅度过大。再次,通风中应严防室内结露。当室内任一点温度低于空气露点温度时,就会发生结露现象。结露可能性较大的是诸如窗玻璃、地面、金属文物等具有冷表面且吸水量小的物体。当室内温度低于室外空气露点温度时,应严禁通风,否则必然结露。当室内温度与室外空气露点温度接近时,一般也不应通风,以免温度低于室温的室内物体结露。若室外温度低于室内空气的露点温度,房屋窗玻璃就可能结露,可以采用双层玻璃窗等增加窗户隔热性能的措施来防止这种现象发生。再次,通风时应注意室内不留"死区",组织穿越式通风。通风时应通过合理开设窗洞组织穿越式通风。一般应在迎风面和背风面均设窗洞,位置适当,使室外空气从迎风面进入,穿越室内,从背风面流出,不留通风"死区"。室内框架的布置要有利于通风,框架底层隔板距地面以及靠墙柜架距墙面都应留有适当距离,以利于通风。要尽量防止室外空气只从房屋一侧忽进忽出,而不能深入房间内部的局部通风。开启窗距室内地面高度以及窗户本身的高度都应有利于通风。最后,通风中应随时监测室内外温湿度的变化。通风过程中室内外温湿度都处于变化中,应经常注意监测,一旦室外温湿度不符合通风一般原则,或室内温湿度发生不正常变化,则应立即停止通风。

5. 焓湿图在温湿度调控中的应用

在温度一章里已经介绍过显热与潜热。其实在焓湿图上表示空气状态的变化中也会有两个运动方向。第一个是显热变化,即运动一定是沿着一条恒定水汽含量的直线进行。在这个运动中,体系内不存在任何潜热的变化。空气所吸收的热量都用于提高其温度。第二个运动方向是在没有温度变化时增加或减少水汽含量,即运动是沿着恒定温度的直线进行的。事实上这个变化运行起来是困难的,因为通过水分蒸发增加水汽含量,涉及从某处减去显热。比如使用一个蒸发型加湿器可以产生这种变化,空气先通过湿的海绵,海绵中的水从空气吸收足够显热后蒸发到空气中,因此使空气冷却。若要保证空气温度不变,就必须采取某种方式将这部分转化为潜热的显热定量补充进空气。

事实上自然情况下的变化是绝热变化，它是指空气和外部环境（包括加热器或冷却管）之间没有任何能量交换。上述通过蒸发增湿的例子在不使用加热器的情况下就是这样的绝热变化。在这种情况下，空气和从海绵中产生的水蒸气必须使用它们自己储存的能量，这由显热转化为潜热来完成，转变中没有净的能量增减，即气体的总能量不变。

但测量一定体积气体的总能量非常困难，因为其中一些能量被锁定在分子和原子层面上，而且也不必这样做。在实际操作中，只需要考虑温湿度调节过程可交换的能量尺度：潜热和显热。适合考察这个尺度的是被称为焓的状态参数。为了进一步简化，正如一般测量高度时都以平均海平面为基准一样，干空气的焓在0℃时被定义为0，这就是前面所介绍的质量焓的概念。在焓湿图上可以看到质量焓的刻度。值得一提的一个巧合是湿球温度线和等焓线几乎平行，差异非常小。因此，在一般测定中可用等焓线代替湿球温度线。利用这种巧合可以使用焓湿图粗略地查找干湿球湿度计所测量空气的相对湿度值。具体的做法是测得一团空气的干湿球温度后，在焓湿图上找到该空气的等温线（即干球温度线），同时在饱和湿度曲线上寻找到相应的湿球温度数值，利用湿球温度等温线与等焓线的巧合，过该数值引等焓线作为湿球等温线，其与干球温度线的交点即为此时的空气状态点，记作 A。过 A 点的等相对湿度线的数值即为该空气的相对湿度值。当然，同时还可以通过 A 点查到空气的其他状态参数。

再回到焓变的问题上，沿恒定湿球温度线的运动几乎没有焓变，虽然能量和焓使用的是不同的刻度，但是焓的增加或损失，就完全等于能量的增加或损失。这一点很重要，因为能量变化直接联系着相关费用的支出。

在此基础上，用焓湿图可以更加直观地确定上一小节"利用外界气候环境合理组织通风调节温湿度"中谈到的通风时机。具体的做法是，首先在焓湿图中找出此时室内的空气状态参数点 A，与 A 对应的焓是 i_A，标出等焓线；与 A 对应的含湿量 d_A，标出等含湿量线；与 A 对应的室内气温 t_A，标出等温线；与 A 对应的室内相对湿度 Φ_A，标出等相对湿度线。将代表一年中所有正常外界空气状态点的封闭区域标上阴影，然后再通过 A 点的等焓线、等含湿量线、等温线及等相对湿度线划分该区域（图3-26）。上节中通风的五种情况就可以在焓湿图中直观地看到。其中，第一种情况是室外温度和相对湿度都低于室内时，就是图3-26中标识的"1"区域，由上节可知此时可通风；而第二种情况其实就是室外空气状态点落在"1"区的等相对湿度边线上，即 Φ_A 构成的"1"区边线上，此时也可以通风；第三种情况其实也是室外空气状态点落在"1"区的等温线上，即 t_A

构成的"1"区边线上，此时亦可以通风。因此，上节的前三种可以通风的情况在焓湿图中可以简化为一种情况，即外界空气环境状态参数点落在焓湿图"1"区及其边线上时，可以通风降湿。第四种情况即室外温度低于室内、相对湿度高于室内、绝对湿度低于室内时，就是图3-26中标识的"2"区域，也可以缓慢通风降湿。而第四种情况也同时阐述了图中"3"、"4"区域的环境条件即室外温度低于室内、相对湿度高于室内、绝对湿度高于或接近室内时，不能通风降湿。第五情况即室外温度高于室内、相对湿度低于室内、绝对湿度低于室内时，就是图中"7"、"8"区域，也可以通风降湿。而第五种情况也同时阐述了图中"6"区域的外界条件即室外温度低于室内、相对湿度高于室内、绝对湿度高于或接近室内时，不能通风降湿。当然，最后剩下的未提及的"5"区因为温度也较室内高、相对湿度也较高、绝对湿度也高，因此，此时通风只能导致室内湿度的升高，自然无法取得通风降湿的效果。总之，对于采取通风手段对室内环境进行降湿处理而言，当外界环境参数状态点落在图3-26的"1"区域及其边线上、"2"、"7"、"8"区域中时，便可以采取通风降湿。

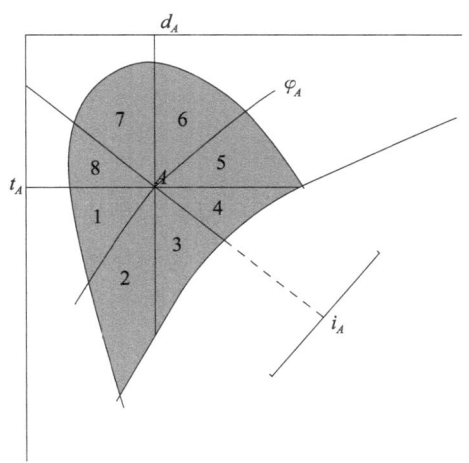

图3-26 用焓湿图确定通风时机

在环境湿度调控的最后需要说明的是，在博物馆中的人会通过散发热量和水汽对室内的温湿度产生影响。这种影响，在文物的其他保存环境中几乎可以忽略。但对博物馆而言，人是一个不容忽视的因素。而且，博物馆建筑的通风条件越差，人对环境温湿度的影响就越大。但矛盾的是，人散发的热量会降低相对湿度，而同时散发的水分又会使相对湿度升高。一个站立的人的显热输出在20℃时为105W，在26℃时为72W。在正常舒适的环境条件下，人每天从皮肤和肺部输出的水分为 1000mL 左右（这个数值根据人所处环境而存在较大变化）。相关研究表明，在一个隔热且不通风的房间内，人群对温湿度作用的瞬间效应是提高温度并降低相对湿度。通风会减缓这个效应，但不会改变它的趋势，因为不论是否有换气，都有相同比例的热量和水汽进入到空气中。如果博物馆建筑通风不足且墙壁的隔热性很差，那么人产生的水汽就会保留在博物馆内部，但人所散发的热量会丧失。当展馆关闭以后，随着环境温度的降低，相对湿度会升高。此时，在一些较冷物体，如墙壁、玻璃甚至一些文物的表面，水汽就有可能产生凝结。

3.4.6　环境湿度的缓冲

相关研究表明，即使对博物馆或文物储存空间的室内大环境采取了有效的湿度调控，仍无法完全保证一些湿度敏感型文物的安全。对于纺织品、漆木器、皮革、骨角质等湿度敏感型文物，需要在环境湿度的调控基础上进行湿度缓冲处理。在文物保存的实践中，对室内大环境进行湿度缓冲的代价过高。因此，一般环境湿度的缓冲都是针对文物保存的局域微环境而进行的，最典型的局域微环境就是文物的展柜。因此，本节主要针对展柜等可密闭或部分密闭的文物保存微环境中湿度的缓冲方法进行介绍。

1. 文物保存环境湿度缓冲的前提条件

文物保存微环境湿度缓冲的前提条件是，文物的展柜或其他储存容器必须尽可能密闭。展柜的密闭程度对其内部存放文物的环境安全至关重要。在一个完全封闭的普通展柜中，假如没有被阳光及聚光灯加热，其相对湿度的波动比在房间里的波动要小得多，比建筑物外面的湿度变化更小。把文物放入密闭展柜，相对湿度的日波动基本上可以消除，周波动也大大减小，但仍无法防止相对湿度的季节性变化。更何况在当前的技术条件下，除非是一体式全密封展柜，其他的只要是可以开启的展柜，其密封效果往往都难以达到要求。

为了提高文物展柜的密闭性，金属和玻璃成为了当前展柜的理想构造材料，当然聚碳酸酯板或聚丙烯酸板也是不错的选择。如果使用木材制作展柜，为提高密闭性则必须使用铝箔等材质的水汽封条，同时拐角处应当密封，开口处也应该增加密封垫。

密封性能欠佳的展柜因为存在缝隙，外界环境的空气和水分将会通过缝隙的空气对流、水分扩散以及由于每日的温度波动或空气压力变化而产生的抽吸作用等方式进入展柜内部，这种交流在展柜内外存在温度差异时还将被加剧。此外，内外水分的交流还可以通过木质等展柜材质本身的水分扩散进行。

相关研究表明，一个密封性能欠佳的展柜，每 2 小时就会换气一次。当然这里所谓的一次换气并不意味着展柜中的所有空气都通过缝隙泄露，从而被室内空气全部替换，而是通过空气流过展柜缝隙的速率和柜子容积计算得到的，即：

$$N = V / C \qquad (3\text{-}24)$$

式中 N 为换气频率，单位次 / 天；

V 为空气流过展柜缝隙的速率，单位 m^3/d，即立方米 / 天；

C 为柜子的容积，单位 m^3。

如果展柜密封性能较好，没有明显的缝隙或材质的扭曲变形，而且柜门密闭严实，这种展柜的换气频率一般是 1 次 / 天。密闭性能非常好的展柜，其换气频率是 0.3～0.5 次 / 天。达到这种密闭程度的展柜，其控制的重点就应主要放在透过柜子材质扩散的水蒸气上。

2. 湿度半衰期

如果保持室内相对湿度不变，以一个与室内湿度不同的展柜内湿度环境为研究对象，监测柜内外湿度差异随时间的变化。实验表明，这种差值会随时间呈指数衰减。但测量整个衰减周期的时间将非常困难，因为差值的变化速率会越来越慢，最终趋于无限小。而计算这个指数衰减过程的半衰期却可以由过程中的任意时间点开始测量，并且可以只测量我们所关心的变量减到开始值的一半所需要的时间。

可用湿度半衰期来评价装有缓冲材料的展柜特性。所谓湿度半衰期就是展柜和室内相对湿度的差值降到开始值一半的时间。例如，一个处于相对湿度为 40% 的博物馆展室内的相对湿度为 60% 的展柜，由于密闭不严等原因，使得展柜内的相对湿度不断减小，当展柜内湿度衰减到内外湿度和的一半时，即（40%+60%）/2=50% 时需要的时间为 80 天。如前所述，因为半衰期可以由过程中的任何时间点开始测量，故为了对其进行验证，可以从结束的地方再开始，即展柜内相对湿度为 50% 时开始，现在需要测出相对湿度达到（50%+60%）/2=55% 所需要的时间，结果这个时间仍大约是 80 天。

之所以要引入湿度半衰期的概念，是因为当湿度缓冲材料与展柜的种类确定之后，缓冲材料的用量就直接取决于该数值。对装有展品的展柜，可以简便地计算出其湿度半衰期与缓冲剂用量的关系：

$$T = \frac{4MB}{N} \qquad (3\text{-}25)$$

式中 T 为湿度半衰期，单位天；

N 为换气频率，单位次/天；

B 为单位体积展柜容积中缓冲剂的量，单位 kg/m³；

M 为缓冲剂单位水汽储量，即相对湿度增加 1%，1kg 的缓冲剂吸收的水汽质量，单位 g/kg%RH。

值得说明的是，式 3-25 只适用于恒定的温度条件。另外，从式 3-25 可知，加倍缓冲剂的用量、增加展柜气密性以将泄露速率减到一半或者加倍缓冲剂的单位水汽储量，都可以得到加倍的湿度半衰期，即使得展柜内的湿度稳定性加倍。

3. 对湿度缓冲材料的要求

展柜内部相对湿度的稳定常常使用湿度缓冲剂来维持。不论展柜内部的湿度变化是由于不同相对湿度空气的渗入引起的还是由于温度变化引起的，湿度缓冲材料都可以起到缓解湿度变化的作用。湿度缓冲材料的调湿原理可从图 3-27 所示的调湿材料的吸放湿曲线来说明。当空气相对湿度超过某一值 Φ_2 时，平衡含湿量急剧增加，材料吸收空气中水分，阻止空气相对湿度增加；当空气相对湿度低于某一值 Φ_1 时，平衡含湿量迅速降低，材料放出水分加湿空气，阻止空气相对湿度下降。因此，只要材料的含湿量处于 $U_1 \sim U_2$ 之间，密闭环境中空气相对湿度就自动维持在 $\Phi_1 \sim \Phi_2$ 范围内。若吸放湿曲线间滞后环宽度足够小，在 $\Phi_1 \sim \Phi_2$ 之间斜率足够大，则材料可使密闭环境内相对湿度稳定在相当窄的范围内，实现缓冲相对湿度变化的效果。但需要说明的是，所有的吸水材料都具有湿度缓冲的功能，如木材、纸张、棉花等。因此，很多文物本身就具有湿度缓冲的能力，但是文物的湿度缓冲是以其含水率的变化为代价的。文物的含水率变化就可能意味着损害的发生，故而需要选择一种比文物材质更敏感的材料作为湿度缓冲剂，在文物对湿度发生反应前就消除掉湿度的变化，从而保证文物的含水率不变。

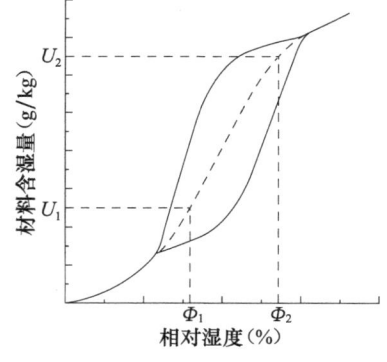

图 3-27 湿度缓冲材料的吸放湿曲线

性能优良的湿度缓冲剂应该能够在相对湿度有微小变化时就释放或吸收大量的水分。这意味着这种材料应该有一个高斜率的吸放湿曲线（图 3-27），即材料不仅要有很大的水汽储量，还应该对相对湿度的变化有很快的响应速率。缓冲材料的单位水汽储量 M 其实就是图 3-27 曲线的斜率。对于所有缓冲材料而言，这个值会随相对湿度的变化而变化。

对于现阶段的所有缓冲材料而言，其吸放湿曲线都会存在滞后的现象，这就使得随着相对湿度递增所绘制的曲线到达某一湿度点，此时从该点开始递减相对湿度，但曲线不会原路径返回，而是沿一个较为平缓些的路线返回。产生这一现象的原因是缓冲剂与其吸附的水分结合紧密，所以在相对湿度递减时无法释放本该释放的水分数量。结果使得缓冲剂在干燥空气中的 M 值比它从周围潮湿空气中吸收水分时要小。

4.饱和盐溶液的湿度固定

水是常用的一种性价比极高的极性溶剂。可溶性盐、酸、碱溶于水后会发生两种作用：首先是电离作用，即盐在水中电离变为带正电荷的金属离子和带负电荷的酸根离子；其次是溶剂化作用，即由于离子带有电荷，水又是极性分子，正离子就会吸引水分子负极一端，而负离子会吸引水分子正极一端，也就是离子进行了溶剂化，形成溶剂电离子，即水化离子。盐溶于水中形成溶液后，在溶液的表面，溶剂化的离子占据了一定的表面积，溶剂化又牵引住了一定量的水分子，使水的蒸发受到了阻碍，即单位时间内蒸发出的水分子量减少。如果盐溶液是在密闭容器内，当溶液的蒸发与气相水分子的凝聚建立平衡后，水蒸气分压就没有原来只是纯水的情况下高，这就是所谓的溶液蒸汽压下降。溶液蒸汽压的下降绝不仅仅限于盐或酸碱类溶液，难挥发物质的水溶液（如甘油水溶液）也存在蒸汽压下降，这类物质的分子只是占据了蒸发的有效面积，但没有溶剂化作用。溶液的蒸汽压下降导致了溶液的沸点上升和凝固点下降，冬季在积雪上撒盐促使其融化就是利用了这种现象。

由道尔顿分压定律可知，溶液的蒸汽压下降就意味着相对湿度的降低。在纯水上方的密闭空间内，当水分子的蒸发与凝聚达到平衡后，其相对湿度为100%，而蒸汽压降低后相对湿度的数值就会低于100%。降低的量与盐的种类、溶液的浓度、环境温度等因素有关。选择饱和溶液之后，则只与盐的种类及环境温度两个因素有关。若再固定温度，就只与盐的种类有关了。因此，可以配制特定种类的饱和盐溶液在一定温度下稳定空气环境中的相对湿度。

在配制饱和溶液之前，应根据湿度的实际需要及温度条件，选择合适的盐的种类。不同种类的饱和盐溶液 0～100℃ 的相对湿度固定点见附表二。在选择饱和盐溶液种类时应注意如下几点：首先，由于温度的小幅波动在所难免，选取的饱和盐溶液必须是在博物馆或文物存储空间日常温度范围内能够固定所需湿度的，同时湿度固定点随温度的改变波动尽可能小；其次，选择的饱和盐溶液在能够符合要求的前提下，其酸、碱度应尽可能接近中性；再次，选择的盐溶液最好不要含有对调节环境中文物有害的离子；最后，选择的盐溶液的溶质应尽可能经济、易得。

在根据需要选定盐溶液种类后，就可进行溶液的配制。配制固定相对湿度的饱和溶液要使用分析纯及以上纯度的可溶盐和蒸馏水或去离子水。其目的是尽可能降低溶液的杂质含量，使固定的湿度点更加准确。使用的无机盐形态往往是固体结晶，溶于水中达到溶解平衡后，溶液中如果仍有固体盐存留，就说明溶液已达到饱和状态。在实际配制时，为了尽快使溶液达到饱和，往往将溶液略微加热，同时不断搅拌以促进盐的溶解。为防止在使用过程中由于环境温度的升高，溶解度增大而导致的溶液由饱和再变为不饱和，进而造成湿度固定点的偏离。在实际操作中，向溶液中加入的可溶盐固体应过量，以保证溶液的饱和状态。通常状况下，配制完成的饱和溶液中固体盐颗粒的含量应约占溶液总高度的三分之一。

一般来说，饱和盐溶液（包括过量的固态盐）的体积占需固定湿度密闭空间的20%左右较为合适，它可以有效保证剩余80%体积的空气相对湿度固定在需要的范围内。此外，饱和盐溶液与空气接触的表面积越大，其间建立平衡的时间就越短，当温度及其他因素变化时，其内部的相对湿度也就越稳定。

在文物保存的实践中最早使用盐保持湿度稳定的方法和今天的略有不同。当时使用的并非是饱和溶液，而是一种含有结晶水的干燥盐——硫酸锌。硫酸锌的晶体结构里带有一定数量的水分子。这些水分子是晶体结构的一部分，而不是液态水。在相对湿度较低的情况下，硫酸锌晶体中一些键合较弱的水分子会离开晶体形成水汽。如果相对湿度升高到一定水平，它们又会冷凝进入晶体结构，因此具备稳定相对湿度的条件。实验表明，在15℃的环境温度下，当相对湿度在55%上下波动时，硫酸锌会有6个结晶水分子与7个结晶水分子之间的转变。如果相对湿度升高到55%以上，所有含6个水分子的硫酸锌将吸收1个水分子，如果相对湿度降低到55%以下，就会出现相反的情况。但硫酸锌缓冲湿度的水容量非常有限，如果相对湿度较高，硫酸锌会吸收足够量的水从而全部转变为含7个水分子的晶体，此后它将对减少该环境的相对湿度再也无能为力了。因此，该方法的水容量比饱和盐溶液小得多，同时还具有盐侵蚀的风险。

在当前的文物保存环境湿度控制中，硝酸镁和溴化钠的饱和溶液常常被用于展柜相对湿度的控制。20℃下硝酸镁饱和盐溶液大约提供54%的相对湿度，溴化钠大约是59%。虽然饱和盐提供的湿度会随着温度的变化而变化，但这种方法的最大优点就是缓冲容量大，即水的储量大，且维护简单。但这种方法的缺点也是明显的，即溶入和析出的盐晶体会趋于蔓延到容器的边缘并进入到展柜里。虽然有研究表明不锈钢容器中的硝酸镁不会发生严重的蔓延,但这种趋势依然存在。可溶盐的蔓延对金属文物而言是严重的隐患,在这一点上饱和盐溶液的威胁比硫酸锌晶体更大。

5. 多孔硅胶颗粒的湿度缓冲

除作为干燥剂以外,多孔硅胶还是一种湿度缓冲材料。多孔硅胶等无机调湿材料的调湿性能是由孔结构以及水蒸气分子在孔中的扩散情况决定的(图3-28)。对于一定孔径(r)的该类调湿材料,当空气中的水蒸气分压高于其孔内凹液面上水的饱和蒸气压时,水蒸气被吸附,反之则脱附。因此,在一定的相对湿度下,达到吸附平衡的调湿材料就具有控制和调节湿度的作用。这类调湿材料的湿容量可通过表面改性、扩孔、优化孔径分布等手段得到改善。

从硅胶等无机调湿材料的吸放湿机理来看,硅胶调湿实质上是材料细孔中水蒸气的凝聚化与其液体汽化的过程,这个过程取决于材料细孔半径的大小。根据开尔文毛细管凝聚理论,可计算出此半径,定义为开尔文半径,见下式:

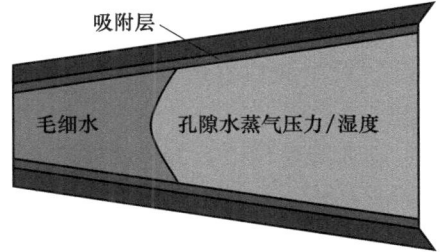

图3-28 毛细孔中水状态示意图

$$r_k = \frac{-2\sigma M\cos\theta}{\rho RT\ln h} \quad (3-26)$$

式中 r_k 为开尔文半径,即细孔充水的最大半径;

σ 为因气体凝聚而液态化的水表面张力;

M 为液态水的分子量;

θ 为接触角;

ρ 为气体比重;

h 为孔中相对湿度;

R 为理想气体常数;

T 为绝对温度。

细孔内气体凝聚主要因为细孔内部吸附的气体覆盖整个孔壁而形成吸附层引起。有研究表明,要使毛细管在40%～70%内产生水分凝结,孔直径应为1.16～2.96nm;要使毛细管在40%～70%内产生放湿,孔直径应为2.32～5.92nm,考虑水分在吸放湿前毛细管表面已有1层或多层分子吸附,最后得出孔径在3.0～7.4nm之间且分布均匀的材料在相对湿度40%～70%之间具有最佳的调湿性能。而在文物保存环境中需要硅胶缓冲的湿度区间一般也就在这个范围内，因此平均孔径为 4～7nm 的 B 型硅胶最适合作为文物保存环境的湿度缓冲材料。使用前，只需将 B 型硅胶置于调温调湿箱中，于稳定温湿度条件下把其含湿量调整到 U_1～U_2 之间即可（图 3-27）。

可以通过规定展柜内湿度半衰期，计算出展柜内部需要的缓冲剂用量。例如，对于一个密封良好的展柜，经测定发现其换气频率为 1 次/天，且需要 150 天的湿度半衰期。普通 B 型硅胶在中等湿度环境中的 M 值为 2g/kg%RH。将上述数值代入式 3-25 中，该展柜中的硅胶缓冲剂用量应为：

$$B = \frac{TN}{4M} = \frac{150 \times 1}{4 \times 2} = 18.75 \text{ (kg/m}^3\text{)}$$

为了确保缓冲效果及易于操作，一般会将缓冲剂用量的计算值向上取整。因此，对密封良好的展柜，建议每立方米柜内容积放置 20kg 普通 B 型硅胶缓冲剂。

在实际应用中，多孔硅胶是湿度缓冲剂的首选材料之一。这是因为：首先硅胶对水的吸收与脱附的速率要明显高于木质、纸张等材质；其次，它的水分容量虽小于可溶盐饱和溶液，但要远大于其他材质；最后，硅胶颗粒为固体，易于控制，且其化学惰性强、不易燃。

在使用硅胶作为缓冲剂前，应将硅胶颗粒平铺并放置在需要缓冲的目标相对湿度及温度环境下平衡至少 2 周。之后，它们会依据目标相对湿度得到一个平衡含水量，然后就可以作为这个相对湿度下的缓冲剂。评判硅胶是否调节到预设相对湿度的办法是将其和湿度计一起密封于一个容器中，使容器处于相应温度下，30 分钟后读取湿度计示数，如果达到预设相对湿度就说明硅胶已平衡好。而展柜内部的木材或展柜结构中使用的木材，则必须在目标相对湿度环境下平衡 2 个月以上。

对于一个密闭环境，缓冲硅胶的用量 1m³ 空间中 1kg 就足够了。而正如前面计算的结果，对于密闭性能一般的展柜，虽没有任何缝隙且为金属和玻璃制成，其 1m³ 空间则需要 20kg 硅胶进行缓冲。当然，在博物馆室内环境调控较好的情况下，这个用量足以维持该展柜 1 年的空气相对湿度稳定。但前提是展柜不能有任何裂缝，这里指的并不是密不透气的展柜，只是要求无裂缝。此外，展柜设计还必须考虑到便于空气在硅胶和展柜空间中的流动、循环。同时还应监测展柜内的相对湿度变化，如果发现一段时间的平均相对湿度与柜内要求的相对湿度相差很大，就必须用新调节的硅胶替换原有的硅胶。

为了保证硅胶的缓冲效果，不论硅胶采用何种包装方式，在使用时都应该将硅胶尽可能地平铺开，硅胶层的厚度最好控制在 2～3cm。

如果向展柜内加入了足够量的、平衡好的硅胶，还是发现展柜内相对湿度的日波动虽然被消除，但月波动仍继续存在。这时，应立即检查展柜的密闭性，很可能展柜的某些部位出现了泄露问题。

3.5 文物保存的环境湿度标准

文物保存的环境湿度不同于温度因素，没有统一的标准。因为不同材质的文物对保存的环境湿度要求不同，如铁器要求保存在尽可能干燥的环境中，而漆器则应保存在相对湿度较高的环境中。甚至有时同一种材质的文物也有可能对环境湿度的要求不同，如干燥地区出土的已经完全干燥的木器应保存在湿度尽可能低的环境中，而潮湿环境出土的木器则应保存在相对湿度较高的环境中。

考虑到避免微生物滋生的因素，大多数文物都应保存在相对湿度低于65%的环境。根据《博物馆建筑设计规范》及其他相关文献，总结出常见文物保存的适宜相对湿度范围：金属类文物应保存在相对湿度低于35%的环境中；陶瓷、玉石质、玻璃质文物应保存在相对湿度40%左右的环境中；墓葬壁画等文物应保存在45%～55%的相对湿度环境中；纸质书画、纺织品等应保存在相对湿度为50%～60%的环境中；竹器、木器、藤器、漆器、骨器、象牙、古生物化石等应保存在55%～65%的相对湿度环境中。需要说明的是，以上只是相应文物种类保存湿度的一般性推荐标准。在实践操作中，要根据特定文物的保存状况、组成及周围环境条件确定其具体的保存湿度范围。

为安全保存文物，不仅要将其置于适宜的湿度环境中，在某种意义上，维持湿度环境的稳定更加重要。因此，在博物馆及其他文物存放空间内，应控制昼夜间相对湿度的变化幅度。对于那些无法实现夜间温度调控的环境，应贯彻恒湿变温的原则。但需要说明的是，恒湿变温原则是建立在如果让空气的相对湿度保持恒定不变，即使温度在合理的限度内发生变化，也不会因为膨胀或收缩而对吸水性材料产生损害的假设之上。存在这种假设的原因一方面是对吸湿性材质而言，相对湿度引起的尺寸变化要远大于温度引起的；另一个原因则是忽略了研究相对湿度的本质。其实在本章开始时，就强调了文物保存科学研究的是吸湿性材质的含水率，或者说是在特定相对湿度下的平衡水汽含量，即平衡含水率。实际上，在合理的温度限度内，恒定的相对湿度意味着稳定不变的平衡含水率。一般木材的平衡含水率在20℃、55%相对湿度环境下为12%。如果想要在变化的温度下保持含水率不变，必须对相对湿度进行适当的调整，而不是使其保持不变。例如对于从20℃到10℃这样大的温度降幅，就需要将相对湿度从55%降低到51%。

因此，即使相对湿度不变，在温度出现一定幅度的变化后，湿度敏感型文物还是有可能发生一定的变化。也就是说，恒湿变温原则并不能完全避免该类文物的损害。但就实际操作而言，当前使用的大部分空气调节设备均无法进行如此精细的湿度调整，多数设备运行中都会有5%的湿度偏差。因此，在实践中这种幅度空气湿度的调整常常被忽略，即恒湿变温是一个妥协后的原则。

最后值得一提的是，除相对湿度外，绝对湿度、比湿等直接表征空气中水分含量的概念也很重要。空气中的水分含量能够提供室内是否有隐藏水汽源的重要线索。在测定温度和相对湿度的条件下，空气的水分含量可以很方便地从焓湿图中读出。对于一个与外界通风的房间而言，室内的空气水分含量与外部环境应大致相等。如果室内的空气水分含量持续高于室外空气中的，那就说明室内可能有潜在的水汽源，需要对其进行排查。

第四章 光 辐 射

光辐射与空气温湿度一样,也是文物保存过程中的基本环境因素。该因素虽然与人类的日常生活密不可分,但对文物的保存而言却往往是有害的。相关研究表明光辐射对所有有机材质文物都具有破坏性,会引起或加速其降解。因此,如何控制文物保存环境中的光辐射对文物尤其是有机质文物的安全保存至关重要。

4.1 光辐射的概念

光辐射是由发光体辐射出的电磁波,它具有波粒二象性。

4.1.1 光的波动性

光是一种频率很高的电磁波,不同光波间的差别只是在于频率或波长的不同。如果将自然界中的所有电磁波按波长或频率的大小进行排列,就可以组成一条很宽的谱带,这条谱带称为光谱(图 4-1)。

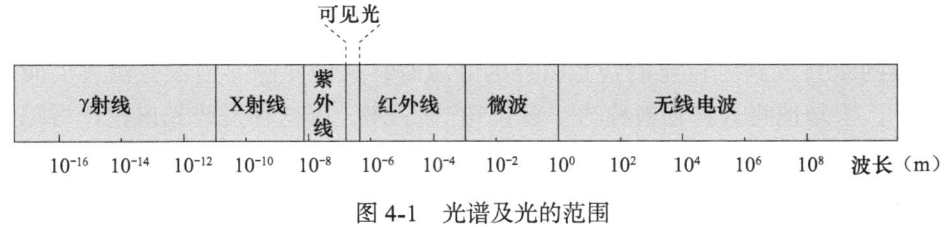

图 4-1　光谱及光的范围

由图 4-1 可以看出,可见光只是光谱中很少的一部分。但它却是光谱中唯一能刺激人眼从而引起视觉效应的部分。要严格确定可见光的波长范围是比较困难的,它取决于光的强度。一般强度的光波长在 400～760nm 可见。而当光很强时,人眼所能感受到的波长范围会被拓宽,可以达到 350～900nm。

人类眼睛日常感受到的自然可见光——日光一般为白色,但其实这是多种单色光混合的结果。1666 年初,英国物理学家 Isaac Newton 用一个著名的实验证明了这个现象。他首先在漆黑房间里的窗户上打一个小孔,让适量的日光照射进来。然后在光的入射处和一面墙壁之间的合适位置放置了一个三角形的玻璃棱镜，使射入房间的日光通过棱镜发生折射，同时使被折射后的光照射到对面的墙壁上。这时，在墙上便得到了一个彩色的光带，颜色的排列是红、橙、黄、绿、青、蓝、紫。这个实验证明了日光是由7种不同颜色的光组成，玻璃对各种色光的折射率不同。当日光通过棱镜时，各色光以不同角度折射，结果就被分开成不同颜色的谱带。由光折射率的相关知识可知，光的折射率因波长的不同而有所差别，日光通过棱镜时，向棱镜的底边偏折，波长最短的紫光偏折最大，波长最长的红光偏折最小。棱镜使日光分开成各种波长色光的现象叫做色散，这个实验就是著名的光的色散实验。

1800年英国天文学家Frederick William Herschel用一支温度计测量经过棱镜分光后各色光线的温度，发现温度由紫到红逐渐增加。可是当温度计放到红光以外的部分，温度仍持续上升，因而断定在可见光谱的长波末端还有一种波长更长但肉眼无法观察到的辐射存在。由于这种辐射只产生热效应，因此当时被命名为"热射线"。之后，因这种射线光谱位于可见光谱中红光的外侧，故改称红外线（一般用IR表示）。国际标准化组织将红外线分为三段，分别是波长范围在0.76～3um的近红外线（简称NIR），波长范围在3～50um的中红外线（简称MIR）和波长范围在50～1000um的远红外线（简称FIR）。

1801，德国化学家Johann Wilhelm Ritter计划在Frederick William Herschel的基础上在可见光的另一端寻找与"热射线"相对的具有所谓制冷效果的射线。但他并没有成功找到能够产生制冷作用的射线，而是意外地发现了一种能够产生氧化的、肉眼无法感知的辐射。他发现氯化银遇到光后颜色会变深，当他把涂有氯化银的纸张放到可见光谱紫光以外的区域时，这种变深非但没有消失反而更严重了。于是他将这种辐射称为"氧化光"。后来，因这种射线光谱位于可见光谱中紫光的外侧，故改称紫外线（一般用UV表示）。紫外线的光谱波长范围为10～400nm。其中波长在315～400nm的称为长波紫外线（简称UVA），波长在280～315nm的称为中波紫外线（简称UVB），波长在100～280nm的称为短波紫外线（简称UVC）。更短波长的紫外线在文物保存环境中几乎很少遇到，其分类这里就不赘述了。太阳光通过大气层时，波长290nm以下的射线几乎全部被臭氧层所吸收，通常只有UVA和部分UVB能够到达地球表面。

4.1.2 光的粒子性

除波动性外，光和原子、电子一样也具有粒子性。光是由特殊粒子——光子（又称光量子）组成的粒子流。光子是不连续地、一份一份地以极大速率传播能量的一种形式，它是光吸收和辐射的最小能量单位。同普朗克的能量子一样，每个光量子的能量也服从普朗克公式：

$$E=h\times v=h\times c/\lambda \tag{4-1}$$

每摩尔光子的能量为：

$$E=N\times h\times c/\lambda \tag{4-2}$$

式中 N 为阿佛伽德罗常数，6.02×10^{23}/mol；

h 为普郎克常数，6.62×10^{-34} J·s；

c 为光速，2.998×10^{8}m/s；

λ 为波长，单位纳米（nm）。

由式 4-2 可以看出，光的能量与波长成反比。波长越短，能量越大；波长越长，能量越小。不同波长光的能量见表 4-1。

表 4-1 不同波长光的能量

波长（nm）	光能	
	kcal/mol	kJ/mol
200	142.5	598.5
300	95.0	399.0
400	71.3	299.3
500	57.0	239.4
600	47.5	199.5
760	37.5	157.5

4.2 颜色的本质

可见光虽然在光谱中只占有很少的一部分，但它却非常重要。因为它是人类视觉产生的基础。可见光波长的不同会引起人眼颜色感觉的差异。波长由长到短，对应着颜色的感觉由红到紫。

实际上，单色光的色彩感觉会随着光的强度变化而变化。光谱上除了 572nm、503nm、478nm 三点波长的光给人的色彩视觉感受不受光强的变化影响外，其他波长光的颜色都会随光强变化而改变。例如 660nm 的红色光，当照度由 2000lx 减少到 1000lx 时，就必须减少波长 34nm 才能保持原来的颜色。再加上在光谱中单色光的颜色是连续渐变的，不存在严格的界限。因此，对单色光波长范围的划分只能是一个大致的概念（表 4-2）。

表 4-2　人眼的色彩感受与对应的可见光波长

人眼的色彩感觉	对应的光波长	人眼的色彩感觉	对应的光波长
红色	760～620nm	绿色	530～500nm
橙色	620～590nm	青色	500～470nm
黄色	590～560nm	蓝色	470～430nm
黄绿色	560～530nm	紫色	430～380nm

由牛顿的色散实验可知，白色的日光就是由上述不同波长的各色色光混合而成的。物体表面的颜色其实取决于这些波长不同的色光的混合比例。图 4-2 是绿色矿物颜料石绿在白色可见光（波长范围为 400～700nm）下的反射光谱曲线。从图中可以看出石绿的反射曲线上没有一处的反射率为零，也就是说入射到石绿表面的可见光均发生了一定程度的反射。但是反射率曲线并不平直，而是呈钟形。这说明石绿并不是把所有入射到其表面的可见光均匀反射回来，而是有选择性地更多地反射了一部分可见光，或者更恰当地说是选择性地吸收了另一部分可见光。由图可知，钟形曲线的峰值位于 525nm 处，也就是说对白色的入射光石绿选择性地更多反射了波长位于 525nm 左右的部分。由表 4-2 可知，该部分正是可见光中的绿光部分。换言之，石绿之所以呈现绿色是因为它在白色可见光入射时更多地反射出绿色的光。实际上对石绿表面而言所有颜色的光都会被反射，只是反射的绿光量比其他的要多些。其他颜色的光则更多地被物体表面吸收，从而将颜料稍稍加热。绿光位于光谱的中间位置，因此在光谱两端的蓝光和红光则反射得少些。紫色和绿色相反，它主要反射光谱两端的蓝光和红光，而在中间波

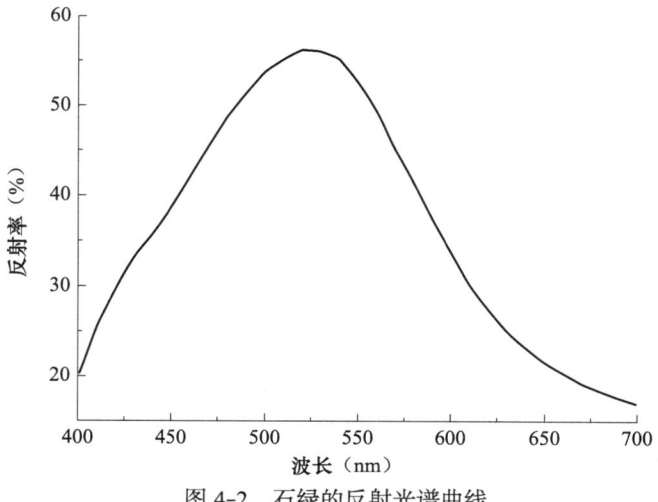

图 4-2　石绿的反射光谱曲线

段则反射得相对较少。如果将绿色和紫色这两种颜色混合在一起,光谱中所有波段的光都将被部分反射、部分吸收,因此可以得到一个相当中性的灰色。由于这个原因,绿色和紫色被认为是互补色。这种选择性的反射与吸收,投射到人的眼中就形成了颜色的感觉。人类肉眼感觉到的所有物体的颜色都是由可见光的选择性反射或吸收决定的。

4.3 光的能量

能量的最终本质至今尚未完全探究清楚,一般认为热、光以及运动都是能量的表现形式。能量是守恒的,那些看似濒于消失的能量实际上只是转化为其他形式的潜能。

对文物保存而言,大多数形式的损害都可以归结为化学反应,这个过程可能会吸收能量或释放分子内蕴藏的一部分潜能。但无论是哪一种反应形式,其发生都需要一定量的能量"启动",这就是所谓的反应"活化能"。在文物保存的环境因素中"活化能"最常见的来源就是光辐射。

从宏观的角度看,文物遭受侵蚀的化学变化似乎是一个渐变的过程。但实际上产生这种渐变"假象"的原因是参加这一反应的分子数目十分巨大。对每一个分子而言,其实发生的是跳跃性变化而非渐变。一个分子要发生变化,所需能量必须一次性给足。由光的能量与波长的关系可知,在紫外光、可见光、红外光三种光中,紫外光的能量最大,可见光的能量次之,红外光的能量最小。因此,紫外辐射提供的"活化能"最大,也就更易于激发文物侵蚀的发生。

如前所述,在总辐射剂量相等的前提下,紫外、可见、红外三种辐射中紫外线对文物的破坏最大。从表4-3中可以看出,波长为315～400nm UVA的能量就已经达到或超过了脂肪族C—C键、C—N键及过氧化物O—O键的键能。这说明单纯从能量的角度而言,UVA就足以使这三种键断裂。再加上UVB和UVC,其能量几乎可以破坏所有有机材料常见的化学键。因此,紫外线对文物尤其是有机质文物的破坏不容忽视。

表4-3 有机化合物键能与光谱能量的对应关系

化学键	键能		能量相应波长(nm)
	kcal/mol	kJ/mol	
C—C(芳香族)	124.0	519.6	230
O—H	110.6	463.4	259

续表

化学键	键能		能量相应波长（nm）
	kcal/mol	kJ/mol	
C—H	98.8	414.0	290
N—H	93.4	391.3	306
C—O	84.0	352.0	340
C—C（脂肪族）	83.1	348.2	342
C—N	69.5	291.2	410
O—O（过氧化物）	64	268.2	446

4.4 光辐射对文物造成的损害

文物材料尤其是有机质文物材料在保存过程中，因受到光、热、氧、水分等因素的综合作用，使材料的各方面性能逐渐劣化，以致减损或丧失文物的各方面价值，这种现象称为老化。光是文物材料老化的最主要外因之一。由光引起的文物材料性能的劣化称作文物的光老化。

光之所以能引起文物材料老化，是因为文物材料中含有能吸收能量较高的短波辐射的发色团。即使组成文物本身的材质分子链中并不含有这种发色团，但材料中存在的杂质（有时候某些杂质作为组成单元结合在高分子链上）也会吸收短波辐射而诱发光化学反应。

光引起文物材料的光化学反应主要有光降解与光交联两类。光降解的结果是产生自由基（又称游离基），进而发生链断裂或交联。因此，降解和交联反应往往可以在某一种文物材料的老化过程中同时存在。不同结构的文物材料，其可能的不同之处仅是以哪一类反应为主而已。另一方面，由于在文物的存放或展陈过程中几乎都不可避免地要接触空气。因此，当光化学反应产生出自由基后，还可能引发材料的光氧化反应，在高分子链上引入羰基、羧基、过氧基或不饱和键，它们又可能进一步引起有机物链断裂。这类光氧化过程大多是按自由基链式反应机理进行，有时光氧化反应可能成为文物材料光老化的主要因素。

对文物材料光老化过程的精确描述是十分困难的。因为在光老化过程中，同时存在热、氧、大气污染物的影响，同时文物材料及其中所包含的杂质也千差万别。再加上文物材料的光老化机理也并非本书的重点所在。因此，这里只简单介绍一般情况下的反应过程。

4.4.1 光老化反应的一般特点

1. 光化学反应是激发态分子的反应

这是光老化反应的重要特点之一。物质的分子在各种运动状态中,能量所处的最低运动状态称为基态。分子吸收光能后,能量高于基态时所处的运动状态称为激发态。处于激发态的分子的能量较基态高,故很不稳定,它将会通过各种理化过程消耗所积累的能量。光化学反应就是消散这种能量的一种形式。文物发生光化学反应致使其材质出现各种光老化现象都是激发态分子的反应。因此,为防止光化学反应的发生,重点应放在有效阻断光对文物的辐射作用以及对分子激发态能的猝灭或消散上。

2. 物质对光的吸收具有选择性

物质受光辐射发生光化学反应的前提是必须有一个对光的吸收过程。物质对光的吸收服从光化学第一定律,即只有被物质吸收的光,才能有效地引发光化学反应。也就是说,当物质受到光辐射时,并不是任何波长的光都能引发光化学反应,但如果发生了光化学反应,则一定是被其所吸收的那部分光作用的结果。

物质对光的吸收是以光子为单位进行的。有机物对光吸收的选择性取决于其分子初态与终态之间的能量差,只有当某种波长的光子的能量正好等于两能级之差时,光才能被物质吸收,即:

$$E_0 = h\nu = E_2 - E_1 \tag{4-3}$$

式中,E_0 为被吸收的光子能量,E_2、E_1 分别为物质分子在终态(高能态)与初态(低能态)的能量。由于每种物质的结构各不相同,其分子终态与初态的能级差也不相同,因而对光的吸收便产生了选择性。

3. 光的波长越短,其光化学效应越大

有机化合物分子链的断裂,往往发生在分子的弱键上;而只有当弱键上积累了相当数量的能量时,才能发生链的断裂,并进而引发新的光化学反应。有机物大多是由碳、氢、氧、氮等元素组成的,这些元素间的键能大多在紫外线与部分可见光的能量范围内,故对光的吸取多选择在紫外光区。理论上,当文物材料吸收并累积了与键能相当的光能时,就有可能造成某些化学键的断裂。但实际上光化学反应要比这复杂得多。

到达地表的紫外线辐射量约占太阳总辐射能的 5% 以下,它在数量上虽然比较小,但它的光子具有两个显著的特点:一是波长短,能量较可见光大;二是穿透能力较可见光弱,易被辐射表面吸收并转变成物质的内能。所以紫外线较可见光具有更大的破坏性,即光的波长越短,致害文物的光化学效应越大。因此,在相同辐射剂量的前提下,波长较短的紫外光对文物的破坏更大。

4. 光化学反应具有光敏性

在光化学反应中光敏剂起着十分重要的作用。在有机质文物中存在的重金属元素、游离氯、染料甚至其他杂质都是重要的光敏剂。由于光敏作用,光敏剂可以把激态能转给基态氧,而使之成为激态氧,由激态氧与文物材料发生光氧化反应,并生成过氧化物;它也可以把能量转移给文物材料分子,自身生成游离基并再与基态氧生成过氧自由基,过氧自由基再与材料分子反应生成过氧化物,然后光敏剂自身再被还原。从表面上看,某些可见光的光能小于化合物的键能,受这些可见光辐射时不足以引发光化学反应,但由于光敏剂的作用,能使物质对光的敏感范围向长波方向扩散,并进而引发光化学反应,这也是光致害文物材料的一个重要特征。由此可见,除紫外线外,可见光亦能导致文物材料的光老化。

5. 光化学反应具有后效性

光化学反应中最常见的反应是裂解成游离基、分解成小分子、光敏反应、光氧化反应等。这些反应通常都伴有游离基的链式反应。文物受到光的辐射后,一旦有游离基产生,即使将其移至黑暗处,使其不再受到光的直接辐射,某些类型的光化学反应仍会继续进行,如激发态材料分子与空气氧的反应或激态氧与材料分子游离基的反应等,这就是光化学反应致害文物的后效性。紫外线对纤维素的氧化降解就具有明显的后效性,该反应主要表现在纤维素长链分子的断裂,最终导致纤维素脆化和强度的大幅降低。反应的强度和紫外线的辐射通量密度以及环境中氧的浓度直接相关。这种光氧化过程会在纤维素停止光照后继续进行。相关实验先将测试样品暴露在紫外辐射下,而后将其转移到环境温度为 80℃ 的黑暗环境中,结果发现在黑暗环境中曾经被紫外线辐照过的纤维素样品的降解速率远高于同样条件但未照射过紫外线的样品。这表明,如果一件由纤维素构成的文物在其保存的某段时间被较高辐射通量的紫外线照射后,其老化过程在正常温湿度环境中可能会持续很长时间。

4.4.2 光老化的一般引发机理

分子吸收了光量子被活化成为电子激发状态后,可发生各种不同的变化过程。分子所吸收的能量大小取决于光的波长。从表 4-3 可以看出,太阳光的光量子能量足以切断有机物中许多类型的单键。因此，化学反应可以是一种消散吸收能的方式，这些反应包括自由基的形成、光致电离、环化、分子内重排及分子碎裂。除了光化学过程外，还有一些辐射性的和非辐射性的光物理过程，它们不引起化学反应，却是消散吸收能的又一种方式。由于防止紫外线对文物造成伤害的主要方法是使所有的激发能都在光物理过程中消散，所以大概了解一下这些光物理过程是很有必要的。

1. 光物理过程

一个受激分子 A^* 发生衰减的光物理过程有以下三种：

$$A^* \xrightarrow{发射} A_0 + h\nu$$

$$A^* \xrightarrow{作辐射转换} A_0 + 热$$

$$A^* + B_0 \xrightarrow{能量转移} A_0 + B^*$$

图 4-3 表示有机分子吸收了光量子后可能发生的光物理过程。据已有的研究表明，最低激发的单线态（S_1）和三线态（T_1）是大多数有机光化学过程的起点。

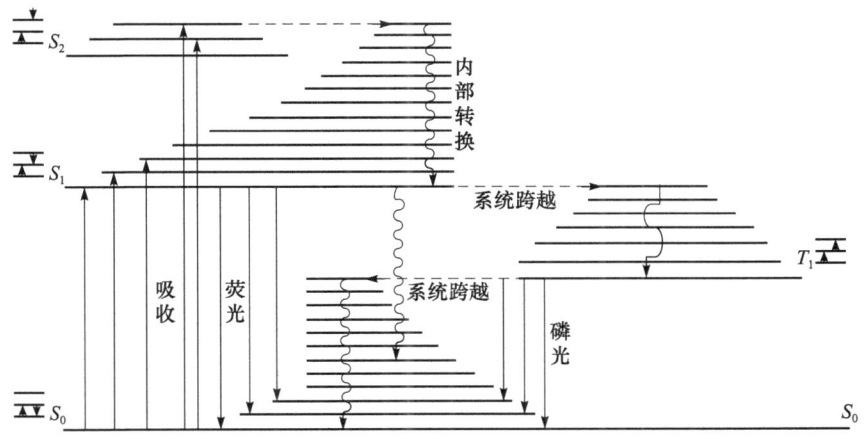

图 4-3　分子的光物理过程

分子通过光吸收从基态（S_0）上升到第一激发单线态（S_1）之后，可由不同途径返回 S_0 态。它可以发射光子（荧光）或转变激发能为振动能（内部转换）。还可以改变在半填满轨道上的一个电子自旋方向，从而成为三线态 T_1（系统跨越）。该三线态又可通过发射光子（磷光）返回基态，或通过系统跨越（$T_1 \sim\sim\sim\to S_0$）成为振动受激能级的 S_0。另一个重要的光物理过程是从 S_1 或（通常是）T_1 将能量转移给另一分子。

各光物理过程有一个"寿命"问题，它可看作是一级衰减的过程。多数有机分子的 S_1 荧光的寿命为 $10^{-5} \sim 10^{-9}$ 秒，磷光寿命为 $10^{-4} \sim 20$ 秒。磷光寿命较长是电子自旋反换较慢的结果。

2. 光化学过程

表 4-3 的数据表明，太阳光短波紫外线光量子所含的能量足以打断许多有机物的化学键。但是实际上有机物在这些紫外辐射的照射下并没有以极大的速率发生灾难性的光降解。这主要是因为：首先，有机物对辐射的吸收速率低；其次，量子产率低，即每吸收一个光量子引起反应的分子数比较低。光物理过程消除了大部分激发能，但尽管如此，还是有一些化学反应能够发生，而且这些反应会引起一系列变化，造成文物的破坏。

前面已经指出，虽然最低的三线态 T_1 是能量最小的激发态，但是通常也只有这一能态能将电子激发态的寿命维持到足以发生双分子化学反应的长度。因此，有机光化学的很大一部分是 T_1 态化学。当然，我们也绝不能忽视 S_1 态的化学，它在某些有机物的劣化中起到重要作用。

前已述及，能量转移过程是激发分子 A^* 不经化学反应，消除其激发能的光物理过程。但接受其能量的 B^* 却很可能发生化学反应，这就是光敏化反应。

$$A \xrightarrow{h\nu} A^*$$
$$A^* + B \longrightarrow A + B^*$$
$$B^* \longrightarrow 产物$$

一般来说，激发态的寿命越长，能量转移的可能性就越大。为此，三线态比单线态更有可能发生能量转移。

3. "热"基态反应

内部转换是前述光物理过程之一。借此，激发态分子 S_1 在返回基态 S_0 时将激发能转换为振动能。然而这种振动激发基态能够发生与热激发基态同样类型的化学反应。因此，某些反应看上去好像是光化学反应（反应由电子激发态开始），实际上是光诱发的热反应（反应从振动激发基态或热基态开始）。

4. 光氧化降解的一般机理

当分子吸收一个光子时，它可被活化为电子激发态，随之可以发生一系列不同过程。化学反应是耗散所吸收光子能的一种方式。这样的光化学过程可能包括生成自由基、光离子化、环化、分子内重排及断裂等反应。然而除了光化学过程，还有许多种辐射及非辐射光物理过程，它们不引起净化学反应，而是将大部分被吸收的能量转变为对有机物无害的热能和长波长的光。因此，有机物分子光化学过程的量子效率小于 1。

迄今为止，人们所研究的大多数有机物光化学反应的引发过程主要是生成自由基活性中间体。生成自由基的光化学引发反应一般可分为初级光化学过程及次级光化学过程。初级光化学引发是受激分子本身被解离为自由基，

$$M^* \longrightarrow \cdot R_1 + \cdot R_2$$

典型例子是酮的 α-断裂（也称 Norrish I 型过程）。

$$R_1-\underset{\underset{O}{\|}}{C}-R_2 \xrightarrow{h\nu} R_1-\underset{\underset{O}{\|}}{C}\cdot + \cdot R_2$$

次级光化学过程是通过受激分子与另一个分子发生某种反应生成自由基，典型例子如下反应式：

$$^3[\text{Ph}-\underset{\underset{O}{\|}}{C}-\text{Ph}]^* + H-\underset{\underset{CH_3}{|}}{\overset{\overset{CH_3}{|}}{C}}-OH \longrightarrow \text{Ph}-\underset{\underset{OH}{|}}{\overset{\cdot}{C}}-\text{Ph} + \cdot\underset{\underset{CH_3}{|}}{\overset{\overset{CH_3}{|}}{C}}-OH$$

这里，具有较长寿命的激发三线态酮（二苯甲酮）与氢给体（异丙醇）反应生成了羰基自由基和 2-羟基-2-丙基自由基。

活性中间体也可以是可反应的基团或离子。例如：

①有机物可能与基态氧分子形成一种弱吸收络合物，该络合物在紫外光照射下可产生过氧化氢基团，如下式：

$$P-H+O_2 \longrightarrow [P-H\cdots O_2] \xrightarrow{h\nu} P-H^+\cdots O_2^-$$
$$POOH \longleftarrow P\cdot + \cdot O_2H$$

②某些有机物在受到短波长光辐射时，有光电流产生。在某些条件下，容易产生离子。若激发三线态 $^3M_1^*$ 与第二种化合物的基态化合物 $^1M_2$ 生成了激基复合物，后者可能解离产生离子对。

$$^3M_1^* + ^1M_2 \rightleftharpoons \text{激基复合物} \longrightarrow \begin{array}{l} R_1^* + R_2^* \\ A^{(-)} + K^{(+)} \end{array}$$

③电荷转移，复合物在受到能量比复合物离子化能小得多的光子辐照时，也

可能产生瞬间离子对。

$$DA \xrightleftharpoons{h\nu} D_\cdot^+ + A_\cdot^-$$

总之,光化学反应是光辐射危害文物材料的最主要反应类型。这种反应机理复杂多变,和环境中的其他因素息息相关,很难用一个统一的模式进行描述。

4.4.3 光辐射对纤维类文物的影响

纸张是纤维类文物的典型代表,其强度的主要承载组分为纤维素。相关研究表明,光辐射会导致纤维素聚合度的下降,并随之出现变脆、泛黄等明显的老化现象。在光辐射作用下,纤维素的初始反应以光降解为主,这个过程伴随产生多种化合物。纤维素分子上的羟基受光辐射的作用,产生反应性自由基,或先形成过氧化物后再分解成自由基,同时伴随着 β-1,4 糖苷键的断裂。糖苷键断裂后得到一个 C_1 自由基和一个烷氧自由基,它们分别再与羟基自由基结合生成羟基和烷基超氧化合物,烷基超氧化合物和水分子反应也得到羟基,即生成葡萄糖和部分被降解的纤维素片段。此外,在纸的生产过程中残留的多种杂质,在纤维素的光老化反应中也会作为光敏剂加剧光降解反应的发生,导致纤维素强度的进一步降低。

除了纤维素外,纸张的另一个主要组分是木质素。木质素的变化可能是纸张受光辐射后变黄的主要原因。木质素分子容易氧化,仅在光和氧气存在的条件下,以二三十个苯丙烷为单元的三维空间网状结构高分子化合物中的活泼基团就容易发生脱氢、位移、重排等反应,较短时间内即可形成新的碳碳双键和碳氧双键发色基团和 π 电子共轭体系,共轭链形成和加长过程便使木质素氧化。最典型的就是木质素中的酚羟基通过吸收紫外光或自由基作用均裂产生酚氧自由基,进而在过氧自由基的作用下氧化成为有色的邻醌结构。纸张的光老化泛黄就主要是木质素邻醌结构所导致的。最新的研究表明,纸张的光老化泛黄对纸张纤维素的光老化降解有一定的抑制作用。这是因为木质素可以捕捉纤维素产生的各种自由基。紫外线照射含木质素的纸张,导致酚氧自由基的形成。这些酚氧自由基进一步被烷氧或过氧自由基氧化,最终生成发色但无自由基的醌类化合物和羧酸。从而减少了光辐射产生的攻击纤维素分子的自由基数量,抑制了纤维素自由基氧化反应的进行。综上所述,酚类化合物捕捉自由基产生醌类化合物的反应对于纤维素光降解自由基链反应终止至关重要,纸张在周围环境下自由基反应的数量决定了纸张强度的下降程度,而纸张泛黄是木质素抗氧化性能带来的必然后果。因此,在手工纸制作过程中,保留一定比例的木质素成分,对于成纸的耐光老化性能有一定的帮助。

需要说明的是，纸张的光老化变黄除了木质素的变化外，还和纤维素有关。纤维素分子在光、漂白剂和金属离子三者同时存在的条件下，葡萄糖基 C_6 上的自由氢氧基氧化成羧基或 C_2 和 C_6 上的自由氢氧基同时氧化成二羧基，这类羧基一旦与纸面上残留的金属离子 Fe、Cu 等结合成络合物也会使纸张呈现黄色。

4.4.4　光辐射导致染料的褪色

染料是能使纤维和其他材料着色的物质，分天然和合成两大类。古代文物（主要是纺织品、皮革等）表面使用的染料均为天然染料，一般来源于植物或动物，以植物染料为主。植物染料是从植物的根、茎、叶及果实中提取出来的，如藤黄、花青等。动物染料数目较少，主要取自贝壳类动物和胭脂虫体内，如虫（紫）胶、胭脂虫红等。古代染料种类丰富、来源广泛，且均为天然有机化合物，故其成分复杂、显色物质各不相同。因此，具体的光老化降解机理难以用统一的方式进行精确的描述。但可以肯定的是，光氧化过程是导致染料褪色的主要反应。与常见有机材料的光老化相似，所有染料分子吸收辐射能后都被激发到单线态，然后再转移为三线态，染料的光褪色主要也是三线态的化学反应。处于三线态的染料分子可以与基态氧发生光氧化反应，生成活泼的中间产物，也可以敏化基态氧，使激发态的氧与基态染料分子间发生光氧化反应，导致染料分子中某些化学键的断裂，进而引起染料分子结构的变化，造成染料分子的消光系数减小，宏观上就表现为染料的褪色。

4.4.5　光辐射导致丝织品的降解

丝织品也是对光较敏感的一类文物。它的光敏性不只表现在其表面染料易于受光辐射褪色，还表现在丝织物本身也易受光辐射而产生变黄、变脆等老化现象。中国古代丝织品主要使用蚕的茧丝编织而成，茧丝主要由丝素蛋白和丝胶两部分组成，丝胶包在丝素蛋白的外部，约占总重量的 25%，丝素蛋白是蚕丝中主要的组成部分，约占总重量的 70%，另外还有 5% 左右的杂质。丝织品受光辐射的老化降解（尤其是紫外辐射）主要发生在丝素蛋白上。丝素蛋白是一种坚韧而有弹性的蛋白质，它是由常见的 18 种氨基酸通过氨基与羧基的缩合形成肽键连接在一起的。丝素蛋白的光降解首先发生在非结晶区，随着非结晶区的降解，结晶区结构变得疏松，随即发生部分降解。氧气和水在丝织物的光降解过程中扮演着重要的角色。水有很强的形成氢键的能力，它进入丝素蛋白的肽链间，以水分子与肽链间的氢键代替了部分肽链与肽链之间的氢键，从而削弱了丝素中肽链之间的氢键，活化了肽链，使其吸收光量子后易于发生光解反应。当然，光对丝织品的作用不仅是断裂丝纤维中的氢键,更重要的是促进丝纤维的氧化。特别是当肽链上存在叔碳时,更易发生光敏反应,生成自由基,造成链的解离,使丝绸泛黄、发脆。脆化是由于光氧化使肽链断裂所致,泛黄则是蚕丝蛋白中带芳香环的氨基酸残基酪氨酸与色氨酸发生光氧化作用而变成有色物质的结果。

4.4.6 光辐射导致颜料的褪色、变色

颜料和染料一样,在光辐射作用下也会发生褪色现象。但一般情况下,褪色程度远不及染料严重。这是因为,颜料的褪色并非由于矿物分子结构发生了某种改变,而仅仅是光辐射使固着颜料于文物表面的胶料(如皮胶、桃胶等)发生了老化,进而使其黏接固着能力进一步降低,造成部分颜料颗粒的脱落。从宏观上看,就表现为颜料的褪色。

但光辐射引起的颜料变色却非常明显。受光辐射影响变色的典型例子就是红色颜料铅丹(Pb_3O_4)的变黑。在湿度一章中已经介绍过,铅丹在光辐射和高湿度的综合作用下会发生光化学反应,最终转化为黑色的二氧化铅。光辐射为实现这一反应提供了活化能,而颜料层所吸收的能量仅能维持基本的反应,即使 Pb 外层电子被激发到高能不稳定状态,而要使铅丹直接转变为二氧化铅,必须提供足够的能量将铅丹中 Pb 的两个外层电子全部激发到高能态。此反应必须有水的参与,所以必须在高湿度环境下才能实现。另一类红色颜料朱砂的变色是受到光辐射后改变了其晶体结构,由 α-HgS(红色)向 β-HgS(黑色)转变而产生的。颜色从朱红色逐渐转变为暗红色,最终变为黑色。因此,光辐射对无机矿物颜料的变色机理同有机染料一样,都是为材料提供了反应的活化能,导致材料的化学成分或晶体结构发生了变化,从而引起材料对可见光波的反应发生改变,呈现出与原材料相异的颜色。

4.4.7 与光辐射相关的热问题

除光老化外,光辐射给文物带来的另一个主要问题就是热。基本上展品吸收的所有辐射,包括可见的和不可见的,不论是自然光源还是人工光源发出的,都会转化成热。其实就是前面谈到的光物理过程消散掉的能量。照射在展品上的强光会将其加热至高于通常室内的温度,其结果是引起文物的破裂或卷曲变形。所有光源发射出的光都具有加热作用,但程度不同。发射出高比例红外辐射的光源(如白炽灯),比那些释放少量红外辐射的光源(如荧光灯)加热效果明显得多。相关研究表明,500lx 的白炽灯光照射到文物上,依据表面颜色的差异,会造成其温度出现 2~3℃的升高,黑色表面比白色表面温度升高的幅度多 50%。从灯

光的加热效果而言,在常用光源中白炽灯最高、卤钨灯次之、日光再次、荧光灯最小。当然,加热的幅度还直接取决于照度水平。照度降低到200lx的白炽灯光,其加热作用就只有1~1.5℃,而相应的日光和荧光灯光的加热作用更小。

除了辐射热外,光源自身也会产生大量的热,并且将其传递到周围空气中,引起环境温度的升高。对大多数光源而言,这种热量较辐射热更高。也正是因为这个原因,光源往往被置于展柜外面,同时在光源所在处应保持通风且不让空气直接流经文物表面。

当然,光辐射产生的热量对文物保存而言也并非全是坏事。相关研究表明,纺织品表面的染料在相对湿度较高时比在相对湿度较低时的褪色速率更快。同时,纺织品本身受光照损害的速率也更快。正是因为这个原因,博物馆对织物的照明更倾向于使用白炽灯或卤钨灯而不是荧光灯。因为钨丝灯有丰富的辐射热,在室内会使灯下纺织品的有效相对湿度降低。

4.5 表征光辐射的相关参数

4.5.1 色温

色温是表示光源光色的尺度,单位为K(开尔文)。假定某一纯黑物体能够将落在其上的所有热量吸收而没有损失,同时又能够将热量生成的能量全部以"光"的形式释放出来,那么它释放光辐射的最大强度波长会随温度变化而变化,也就是说光源的颜色与该黑体的温度相对应。因此,光源的色温就定义为:当某一光源所发出光的光谱分布与不反光、不透光完全吸收光的黑体在某一温度时辐射出的光谱分布相同时,就把绝对黑体的温度称为这一光源的色温。在黑体辐射中,随着温度不同,光的颜色各不相同,黑体呈现由红—橙红—黄—黄白—白—蓝白的渐变过程。黑体的温度越高,光谱中蓝色的成分就越多,而红色的成分则越少。也就是说低色温光源的特征是能量分布中红色辐射相对多些。色温提高后,能量分布中蓝色辐射的比例增加。有意思的是,火光和雪地的反光给人的冷暖感受使人们习惯于看到红色成分较多的光时会感到暖意,而看到蓝色成分较多的光时则会感到寒意。这一点恰恰和光的色温相反,于是就形成了人们把高色温称为冷色调,却把低色温叫做暖色调的现状。另外,值得指出的是色温是指发出同等色彩光时的黑体温度,而并不是光源温度。也就是说光的色温并不一定和光源的温度一致。例如白炽灯的光源温度较高,但其发射光的色温一般仅为2760K~2900K;而荧光灯的光源温度较低,但它发射光的色温为3000K甚至更高;某些卤钨灯的色温甚至可达4100K以上。

4.5.2 显 色 性

如前所述，可见光是由红、澄、黄、绿、青、蓝、紫七色光混合而成的，一般为白色。当它照射物体时，物体会选择性地吸收一部分光同时反射一部分光。如果该物体将其他颜色的光吸收只反射绿色的光，那么人眼看到的物体就是绿色的。同样如果该物体将所有光都反射回来，人眼看到的物体就是白色的，都吸收自然就是黑色的。但是如果照射到物体表面的入射光中缺失某一种色彩的光，或者色光的分布不均匀，例如某种色光的比例过高，那么发射出该辐射的光源显色性就较差。光源显色性一个典型的反面例子就是，贩卖肉类的一些不法商贩经常在其店铺的光源上罩有红色的灯罩，从而增加了光源出射光中红色色光的比例，使得肉质反射出的光中红光比在自然光下更多，以欺骗消费者误以为肉质鲜美。

光源显色性的评价是通过与同色温的参考或基准光源下物体外观颜色的比较，判断光源对物体颜色的呈现程度，即颜色的逼真程度。将物体放在测试光源下所反映出的颜色与其在参考光源下反映出的颜色越接近，光源的显色性就越好。一般使用显色指数定量描述光源的显色性，它是指对象在某光源照射下显示的颜色与其在参照光源照射下的颜色之间的相对差异。将白炽灯的显色指数定义为100，视为理想的基准光源。以8种彩度中等的标准色样来检验，比较在测试光源下与在同色温的基准下，此8色的偏离程度，用以确定该光源的显色指数。显色指数越低，所呈现的颜色越失真。该指数以100为最高，显色指数为100的光源可以让各种颜色呈现出如同被参照光源所照射的颜色。数值90以上，能够真实地映射出物体原有的色彩。显色指数低于20的光源通常不适于一般用途。在文物展陈的过程中，如无特殊要求，光源的显色性最少应达到良以上，即显色指数在80以上。在对显色性要求较高的文物修复、保护、研究等场合，显色性最好能够达到优，即显色指数90以上。具体的显色指数及显色性指标见表4-4及表4-5。

表 4-4 不同显色指数对应的显色性及应用场合

显色指数	等级	显色性	应用
90～100	1A	优	需要精确对比色彩的场合
80～89	1B	良	需要正确判断色彩的场合
60～79	2	普通	需要中等显色性的场合
40～59	3	较差	对显色性的要求较低，色差小的场合
20～39	4	差	对显色性无具体要求的场合

表 4-5 不同光源对应的显色指数

光源	显色指数	光源	显色指数
白炽灯	97～100	卤钨灯	95～99
日光色荧光灯	80～94	暖白色荧光灯	80～90
白色荧光灯	75～85	白光 LED 灯	80 左右
金属卤化物灯	60～65	高压汞灯	22～51

需要说明的是，光源的显色性和光源的光色之间并没有直接的关系。光源发射的光谱分布决定了光源的显色性，但同样的光色却可以由许多、少数甚至仅仅两种单色光混合而成。因此，即使具有同种光色的光源对各种颜色的显色性也会有所不同，相同光色的光源可能会有相异的光谱组成。

另外，即使显色性都非常好的两种不同光源，一些情况下有些颜色在这两种光源的照射下看起来也不一样，产生这个现象的原因是条件等色。一般来说，具有相同光谱反射率特征的颜色，即颜色在每个波长上反射相同的光量，会在任何情况下都相同。但是在一种光下相同的两种颜色，却并不一定具有相同的光谱反射率，特别是当其中一种颜料是混合而成的时候，它们可能在另一种光源下就会出现差异，这就是条件等色。

4.5.3 辐射通量及辐射通量密度

光的传播本质上是能量的传递过程，光源在发光时要失去能量，而吸收光的物体就会增加能量。从能量受体的角度而言，由于某一瞬间物体接收的能量小到使人难以察觉，所以必须测量某个标准时间段内接收的能量，该标准时间段一般以秒为单位。因此，光源的辐射通量定义为发光体在单位时间内辐射出的光（包括红外线、可见光和紫外线）的总能量。能量单位为焦耳，焦耳每秒称为瓦特。故而辐射通量用功率 P 表示，单位为 W（瓦特）。但光照的能量不会落在某一个单一的点上，而是遍布整个区域，因此要对其进行评价就必须指定测量的区域。辐射通量密度指单位时间内、单位面积上所接收的辐射通量，又称辐照通量密度，用符号 E_p 表示，单位为 W/m^2（瓦特/平方米）。

辐射通量及辐射通量密度虽然是反映光辐射强弱程度的客观物理量，但它并不能完整地反映出由光的能量所引起的人们的主观感觉——视觉的强度（即明亮程度）。因为人的眼睛对于不同波长的光具有不同的敏感度，波长不同且辐射通量不同的光可能引起相等的视觉强度，而相等的辐射通量的不同波长的光，却不能引起相同的视觉强度。例如，一个红色光源和一个绿色光源，若它们的辐射通量相同，则绿光看上去要比红光更亮些。这是因为人眼对黄绿光最敏感，对红光和紫光较不敏感，而对红外光和紫外光，则无视觉反应。

4.5.4 人眼的视敏特性与视敏函数

人眼的视敏特性是指人眼对不同波长的光具有不同的灵敏度的特性。视敏特性常用视敏函数来表示。人眼对不同波长光的敏感程度的确定方法是，使用不同光谱的单色光源发光，由"标准观察者"的眼睛观看，当观察者对所有单色光源发出的光获得相同的亮度感觉时，测量此时各不同单色光源的辐射通量 $P(\lambda)$。显然 $P(\lambda)$ 越大，说明人眼对该波长的光越不敏感；相反，$P(\lambda)$ 越小，说明人眼对该波长的光越敏感。通常用辐射通量的倒数来衡量人眼对波长 λ 光的敏感程度，把辐射通量的倒数称为视敏函数 $K(\lambda)$，即：

$$K(\lambda) = 1/P(\lambda) \tag{4-4}$$

式中 $P(\lambda)$ 为辐射通量，单位 W。

相关研究表明，在明亮条件下人眼对波长为 555nm 的黄绿光最敏感，即 555nm 的视敏函数 $K(555)$ 最大，称为亮视场下的最大视敏函数。而在暗视场下，人眼对波长为 507nm 的青偏绿色光最敏感，因此 $K(507)$ 被称为暗视场下的最大视敏函数。之所以在明暗两种视场下会存在两个不同的最大视敏函数，是因为在人眼的视网膜上有两种不同的光敏细胞——视杆细胞和视锥细胞。视杆细胞对可见光的灵敏度高，但对颜色不敏感。人眼在暗视场条件下主要是由视杆细胞起作用，故在低照度的夜晚，人眼对颜色的辨别能力会下降。视锥细胞对可见光的灵敏度较低，但对颜色较敏感，在亮视场条件下人眼主要由视锥细胞起作用。正是由于两种光敏细胞在外界亮度不同的环境下主导地位的不同，导致了明暗视场下两种最大视敏函数的差异。通常把任意波长光的视敏函数与最大视敏函数的比值称为相对视敏函数 $V(\lambda)$。

$$V(\lambda) = K(\lambda)/K(555) = P(555)/P(\lambda) \text{（亮视场）} \tag{4-5}$$

$$V(\lambda) = K(\lambda)/K(507) = P(507)/P(\lambda) \text{（暗视场）} \tag{4-6}$$

4.5.5 光通量

光通量是按人眼的光感觉度量光辐射通量的物理量，即辐射通量能够被人眼视觉系统所感受到的那部分有效当量。表征的符号为 Φ，国际通用的光通量单位为流明（lm）。

假设单色光的波长为 λ_i，则该波长的光通量 $F(\lambda_i)$ 就等于它的辐射通量 $P(\lambda_i)$ 与相对视敏函数 $V(\lambda_i)$ 的乘积，即：

$$F(\lambda_i) = P(\lambda_i) \times V(\lambda_i) \tag{4-7}$$

一般光源的总光通量为各个波长分量光通量的总和。

因为一般情况下，人眼对波长为555nm的黄绿光最敏感，故常把它作为标准，并把这个波长的相对视敏函数 $V(\lambda)$ 定为1。这样，对于"黄绿色光"而言，其辐射通量就等于光通量，其他波长的相对视敏函数都小于1，于是，光通量也就小于相应的辐射通量。但依据式4-7求得的光通量的单位为光瓦，并非流明。

以流明为单位的光通量与辐射通量有着一定的对应关系，即流明和瓦有一定的对应关系。经实验测定，当光波长为555nm时，1瓦特相当于683流明，当光波长为600nm时，1瓦特相当于391流明。由此可见，同样发出1流明的光通量，波长为600nm光所需的辐射通量约为波长为555nm光的1.75倍左右。

综上所述，辐射通量是一个辐射学概念，是一个描述光源辐射强弱程度的客观物理量。而光通量是一个光度学概念，是一个属于把辐射通量与人眼的视觉特性联系起来评价的主观物理量，或者说光通量是按光对人眼所激起的明亮感觉程度而估计的辐射通量。总之，光通量与辐射通量是两个不同的光学概念，不能混为一谈。

4.5.6 照　　度

照度指物体被照亮的程度，采用物体表面得到的光通量与被照射面积之比来表示，它是光学中的一个基本物理量。

$$E_v = \Phi/S \tag{4-8}$$

式中 E_v 为光照度，单位勒克斯（lx）；

S 为被照射物体的表面积，单位 m^2；

Φ 为物体得到的光通量，单位流明（lm）。

照度是以垂直面所接受的光通量为标准，若倾斜照射则照度下降。

除了标准照度外，在一些英制国家以前还使用一种非标准的描述照度的方式，即英尺烛光，1英尺烛光也称1流明/平方英尺（lm/ft^2）= 10.76 lx。

照度只是人眼所见光的能量流的一个量度标准，并不是构成光的总能量流的量度标准，即不是能量通量的量度标准，而是光通量的量度标准。

4.5.7 辐　照　量

辐照量是光电接收器接收辐射能量的重要度量参数，它是指在一定时间内单位面积接收到的辐射能，用符号 H_e 表示，单位为 J/m^2（焦耳/平方米）。辐照量 H_e 采用辐射到物体表面的辐射通量密度 E_p 在时间 t 内的积分计算而来，即

$$H_e = \int E_p \mathrm{d}t \tag{4-9}$$

如果物体单位面积上的辐射通量与时间无关,则式 4-9 可化简为

$$H_e = E_p \times t \tag{4-10}$$

式 4-10 的意义是在定常辐射通量密度的情况下,辐照量是辐射通量密度与其持续时间的乘积。

4.5.8 曝 光 量

曝光量是辐照量对应的光度学参数,它是指在一定时间内单位面积接收到的光通量,用符号 H_v 表示,单位是 $lx \cdot s$(勒克司秒)或 $lx \cdot h$(勒克司小时),曝光量 H_v 采用照射到物体表面的光照度 E_v 在时间 t 内的积分计算而来,即:

$$H_v = \int E_v \mathrm{d}t \tag{4-11}$$

如果物体单位面积上的光通量与时间无关,则式 4-11 可化简为:

$$H_v = E_v \times t \tag{4-12}$$

式 4-12 的意义是在定常照度的情况下,曝光量是光照度与其持续时间的乘积。

4.5.9 发 光 效 率

光源所发出的总光通量与该光源所消耗的电功率(瓦)的比值,称为光源的发光效率,简称光效,单位为流明/瓦特,即 lm/W。

$$\eta = \varphi/E = \varphi/(\varphi + P) \tag{4-13}$$

式中 η 为光效,φ 为光源辐射出的光通量,E 为光源的功率,P 为光源损耗的能量,主要是发热量。

4.6 光　　源

光源依照其来源可分为自然光源和人工光源二类。

4.6.1 自 然 光 源

地球上唯一的自然光源就是太阳。太阳内核的温度高达 $1.5 \times 10^7 ℃$,在那里发生着氢氦核聚变反应,核聚变反应及高温产生的能量以光的形式释放出来,到达地球就是所谓的日光。太阳的温度非常高,因此它所发射出的电磁波波长覆盖范围非常广:既包含有大量长波辐射,也包含有大量短波辐射。虽然经过了

1.5亿千米的传播与消耗，到达地球的太阳光中除可见光外，仍包含有大量的紫外光、红外光及其他辐射。地球所接收到的太阳辐射能量仅为太阳总辐射能量的二十二亿分之一，但这些能量却是地球上大气运动、植物生长、季节变化等一系列自然现象或生命活动的主要源泉。此外，太阳辐射还是地球上最主要的光源，因此它也就成为了文物材质发生光老化的主要诱因之一。

地球大气上界太阳辐射光谱的99%以上在波长150～4000nm之间，其中大约50%的太阳辐射能量在可见光谱区（波长400～760nm），7%在紫外光谱区（波长<400nm），43%在红外光谱区（波长>760nm），最大能量在波长475nm处。太阳光到达地球外层大气层时，能量通量密度约为1350W/m^2。大气层会对太阳的能量进行吸收和散射，从而使其产生能量结构和强度的显著变化。综合考虑各种气候现象，太阳辐射对地球表面没有净加热效应，所有到达地面的能量将被再次送回太空，但只有一部分是直接反射回太空的。大约40%的到达地球表面的辐射被大气层、云层、地面和海洋反射而未被吸收，大约15%的辐射被大气层吸收，到达海平面时只剩余45%。所有被吸收的辐射，包括生物生存过程中所使用的辐射，最终都会以红外辐射的形式被重新释放出去。据相关估算，如果地球辐射的总能量比到达地球的总能量少0.1%，一年中地球大气温度将上升6℃。地球上二氧化碳含量上升是大量燃烧化石燃料和木材引起的，大气中的二氧化碳吸收了一些从地球辐射的红外线能量，所以二氧化碳含量的上升导致了气温升高。

太阳辐射通过大气，一部分到达地面，称为直接太阳辐射；另一部分被大气的分子，大气中的微尘、水汽等吸收、散射和反射。被散射的太阳辐射一部分返回宇宙空间，另一部分到达地面，到达地面的这部分称为散射太阳辐射。到达地面的散射太阳辐射和直接太阳辐射之和称为总辐射。距离地球表面20km处以外的臭氧层有效阻挡了波长不足290nm的所有射线，使之无法到达地面，这对于维持地球上的生命起到了至关重要的作用。

一般来说，太阳辐射的紫外线强度与所在地区的海拔、纬度以及季节和气候条件均有关。海拔越高，紫外线与大气层的作用就越少，相应紫外线的强度就越高。空气越干燥，紫外线的强度越大。一年中夏季的紫外线辐射最强；一天中的紫外光强度直接随太阳的高度而变，在早上和下午低于313nm的紫外线强度比中午小得多。此外，到达地球表面的紫外光除了太阳直射以外，还有相当一部分来自天空的散射。因此，如果存在着大量的散射太阳辐射，即使不直接受太阳的照射，文物也会遭受紫外线的损害。散射太阳辐射的紫外线量和直接太阳辐射的紫外线量比例随季节而变，在冬天两种紫外光强度都最低时，该比值较大。地区条件如薄云和雾也能增加散射太阳辐射紫外线的比例。

4.6.2 人工光源

人工光源曾经只能靠燃烧获得。但是随着人类对世界认识的深入,人们发现非易燃物质加热到足够高的温度时也可发光,最常见的人工光源之一——白炽灯就是基于该原理制成的。

1. 白炽灯

白炽灯又称钨丝灯,是将卷状钨丝通上电流,并被加热到白炽状态时,利用热辐射发出可见光而进行照明的。白炽灯的种类繁多,有透明泡白炽灯、乳浊泡白炽灯、内置反射镜白炽灯等。

普通的白炽灯泡主要由玻壳、灯丝、导线、感柱、灯头等组成(图4-4)。

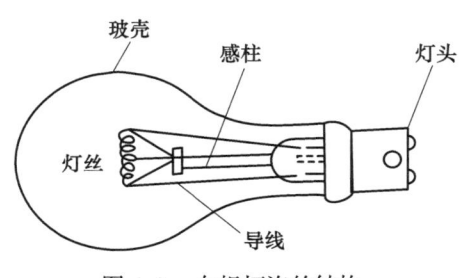

图4-4 白炽灯泡的结构

玻壳做成圆球形,制作材料是耐热玻璃,它把灯丝和空气隔离,既能透光,又起保护作用。白炽灯工作的时候,玻壳的温度最高可达100℃左右。之所以白炽灯的玻壳都被造成大腹便便的外形,是因为在高温下一些钨原子会升华变为气体,并在灯泡的玻壳内表面上沉积,使白炽灯变黑。为了使沉积下来的钨原子能在一个比较大的表面上分散开,故而将玻壳造成圆球形,否则玻壳在很短的时间内就会被熏黑,无法保证良好的透光性。

灯丝是用细钨丝做成螺旋形。看起来灯丝很短,其实若将这种极细的螺旋形钨丝拉成直线,其长度可达1米左右。灯丝在点亮后会不断地升华,因而逐渐变细,直至最后断开,这时一只白炽灯的寿命也就结束了。如果灯丝附近饱含空气,那么通电后,钨丝温度升高到2000K以上,空气中的氧气就会很快使灯丝被烧断,同时生成一种黄白色的三氧化钨,附着在玻壳内壁和灯内部件上。若灯泡轻微漏气,玻壳内残留的空气比较少,那么这个过程就会进行得较为缓慢,钨跟空气中的氧化合生成一薄层蓝色的三氧化二钨和氧化钨的混合物。

两条导线表面上看似简单,实际上是由内导线、杜美丝和外导线三部分组成的。内导线用来导电和固定灯丝,用铜丝或镀镍铁丝制成。中间一段很短的红色金属丝叫杜美丝,主要起到和玻璃密切结合从而不漏气的效果。外导线是铜丝,任务是连接灯头用以通电。

白炽灯泡内部喇叭形的玻璃零件称为感柱,它连着玻壳,起着固定金属部件的作用。其中的排气管用以把玻壳里的空气抽走，然后将下端烧焊密封，以保证灯泡的气密性。有时为了防止气泵未彻底将玻壳内的空气抽净，会事先在灯泡的感柱上涂抹红磷。在白炽灯点亮后，红磷受热会变成白磷，白磷很容易同氧气反应，生成固态的五氧化二磷，从而把玻壳内残留的氧气消耗掉。

灯头是连接灯座和接通电源的金属件，用焊泥把它同玻壳黏结在一起。

如前所述，白炽灯的发光原理是将卷状钨丝通上电流，并被加热到白炽状态 2700～3050K 时，利用热辐射发出可见光而进行照明。理论上，如果降低白炽灯点亮时的钨丝温度，就可以减缓金属钨的升华速率，从而延长白炽灯的使用寿命。有研究表明，如果将钨丝的点亮温度从 2700K 降低至 1700K，白炽灯的使用寿命将延长约 1000 倍。但是，降低钨丝的工作温度就意味着降低它的白炽程度，会使白炽灯发出的光远不如温度高时那么明亮。更重要的是，即使是加热到 2700K 的普通钨丝灯泡，大多数通过它的电能都会被转化为热能（100W 灯的转换率为 94%）而不是转换为光。而如果将钨丝的工作温度降低，会使得其发光效率进一步减低。也就是说，更多的电能转化为了热能而不是光能。从理论上的光效分析，在钨的熔点时，最大光效可达 52lm/W，这是白炽钨丝灯光效的极限，实际上灯丝不可能在这样高的温度下工作。再加上由于引线热损失，钨丝末端的温度比中央部分还要再低一些，并且必须考虑气体的热损耗等因素，所以白炽灯实际能达到的最大光效约为 40lm/W。用于照明的钨丝白炽灯，钨丝的工作温度一般为 2400～2600K（真空泡），相应光效为 8～10lm/W；2700～3050K（充气泡），相应光效为 12～14lm/W。

实际工作需要的是既有高的发光效率，又能减少钨丝蒸发的白炽灯。经过多年的研究人们发现，当灯泡里充有空气时，虽然灯丝很快会被氧化，但是钨的升华却被减缓了。这是因为空气是由多种成分组成的，使钨氧化的是只占空气总量 1/5 的氧气，而其余的大约占总量 4/5 的氮气不仅没有参与对钨的破坏作用，相反它还阻碍了钨分子的运动，降低钨的升华速率。因此，过去为了保证白炽灯的寿命，人们必须尽可能干净地将玻壳内的空气抽出。而现在为了同样的目的，人们却要做相反的工作，即把气体——当然是不会与钨发生化学反应的气体充入到玻壳内部。当前家用的白炽灯灯泡内部通常充有 90% 的氩气和 10% 的氮气。也有少数高质量的白炽灯充入氪气或氙气的，只有少数小功率白炽灯是真空型的。

在正常情况下，钨丝白炽灯的使用寿命大约是 1000 小时。白炽灯寿命的终结往往由于灯丝的熔断。因此导致灯丝熔断的因素是决定白炽灯寿命的关键因素。灯丝的升华现象是造成其熔断的最主要原因之一。在常温下钨丝原子之间相互作用，各原子在各自的平衡位置附近振动，几乎不产生升华。当钨丝温度增加到一定数值时，由于钨原子的振动随温度的增加而加强到一定的程度，致使钨丝表面上的一部分能量较大的钨原子能够克服周围钨原子的引力而脱离钨丝，就产生了升华。钨丝温度越高，单位时间内从钨丝上升华掉的钨原子数目就越多。灯丝的不断升华将使灯丝直径逐渐变细直至烧断。因此，钨丝的熔点虽高达 3410℃，但白炽灯的钨丝并不能在接近钨丝熔点的温度下工作，否则灯丝将很快被烧断。

另外，实验表明，当灯丝通电后，由于灯丝支架的导热作用，灯丝两端的温度较中央部分低，因此灯丝中央部分的升华速率较高。再则，灯丝直径不可能处处都绝对相等，于是在灯丝直径较小的某些点，电阻较大，功耗也大，这些点上流过的电流密度、温度和升华速率都比灯丝的其他部分高，因此称之为"热点"。灯丝在其中央部分的某个热点往往首先烧断，这种现象叫做"热点效应"。

相关研究还表明，钨丝从常温升至高温的过程中晶粒结构会发生变化。当钨丝升温至某一温度范围时，将发生再结晶现象。首先形成许多微小晶粒，随温度的进一步增加，晶粒逐渐加大，同时钨丝变脆。温度继续升高，晶粒之间发生横向错移，并在晶界上出现许多微小的空洞，形成缺陷。钨丝的这种金相变化是在通电的一刹那完成的。以后每通电一次，晶粒横向错移一次。尤其对于灯丝温度较高的放映白炽灯，这种现象比灯丝温度较低的照明白炽灯更为严重。此外，同一根白炽灯钨丝的电阻值，在常温下和高温下变化较大。如一根常温下的钨丝电阻为 0.1 欧姆左右。而在灯的工作温度下的电阻值会上升到 2 欧姆，相差达 20 倍。这说明白炽灯在通电瞬时，将受到比其额定工作电流大十余倍的冲击电流，因此白炽灯的烧毁常常是在打开开关的一瞬间。这说明增加通电次数对白炽灯的寿命是有影响的，即对白炽灯而言，连续工作比间歇工作有利。为了避免在开灯时冲击电流过大而影响灯的寿命，在许多博物馆的展厅中照明光源的开启采用类似滑动变阻的方式进行缓慢开启，这种方式在放映机和幻灯机上相当于设置灯的"预热"挡或"半亮"挡，实际使用证明其延长白炽灯寿命的效果是显著的。

自从白炽灯诞生开始，就不断有人对其进行改进。但时至今日，在所有电光源中，白炽灯的发光效率仍是最低的。虽然如此，在常见的各种光源中，白炽灯的紫外线含量却是最低的。因此，从减少紫外线对文物的破坏作用而言，白炽灯是文物照明的理想光源。但使用白炽灯时，应注意减小其热效应，如可采取加乳白色灯罩、使白炽灯与文物距离不小于 50cm 等措施。另一个减少白炽灯热效应的做法是某些制造商所称的"冷光灯"，它装有分色反射镜，其特性是让红外辐射穿过灯的背部，只向前方反射出可见光。

2. 荧光灯

荧光是指一种光致发光的冷发光现象。当某种物质经某种波长的入射光照射后进入激发态，从激发态分子返回基态或低激发态时发出比入射光的波长长的出射光，具有这种性质的出射光就被称之为荧光。

荧光灯又称日光灯、低压汞灯，它是利用低气压的汞蒸气在放电过程中辐射紫外线，从而激发荧光粉发出可见光的原理发光的，它属于低气压弧光放电光源。

荧光灯主要由电感镇流器、启辉器和灯管三部分构成。

电感镇流器位于荧光灯架的上部，该部件是一个铁芯电感线圈，电感的性质是当线圈中的电流发生变化时，在线圈中将引起磁场的变化，从而产生感应电动势，其方向与电流的方向相反，因而阻碍电流变化。在正常发光过程中，镇流器的自感起着稳定电路中电流的作用。

同时，在荧光灯架上方还有一个圆柱形的启辉器，启辉器在电路中起开关作用，它由一个氖气放电管与一个电容并联而成，电容的作用是为了消除对电源的电磁干扰并与镇流器形成振荡回路，增加启动脉冲电压幅度。放电管中一个电极由双金属片制成，利用氖泡放电加热，使双金属片变形并形成闭合回路，引起电感镇流器电流突变并产生高压脉冲加到灯管两端。

灯管是荧光灯的发光部件，灯管两端各有一灯丝，灯丝上涂有电子发射材料三元碳酸盐（碳酸钡、碳酸锶和碳酸钙），俗称电子粉。在交流电压作用下，灯丝交替地作为阴极和阳极。灯管内充有微量的氩和稀薄的汞蒸气，压力为400Pa～500Pa，灯管内壁上涂有荧光粉（图4-5）。

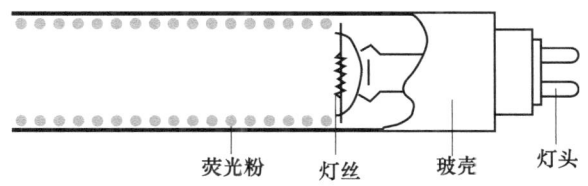

图4-5 荧光灯管的结构

当荧光灯接入电路后，220V电压不足以使其启动，全部电压都加在起辉器的两个电极上。起辉器的起辉电压比电源电压低得多，大约只有130V左右。因此，在电源电压的作用下，起辉器发生辉光放电。辉光放电产生的热量加热双金属片，使双金属片变形并和固定电极接通，此时电源、镇流器和启辉器构成一个回路，流动的电流使阴极灯丝预热。这个时间一般为 0.5～2s，太长了会缩短灯丝的寿命，太短了又会预热不足，而使阴极发射物质损耗增大。预热结束于启辉器两个电极接触，启辉器电极接触后会导致辉光放电熄灭，小玻璃泡慢慢冷却，双金属片恢复形变，从而与另一个电极重新断开。此时，灯丝回路中电流被切断，于是在镇流器两端产生一个很大的自感应电动势。因为被预热的阴极显示较高的内阻抗，它还要借助于脉冲才能启动。所以当这个脉冲电势加在已被预热的阴极间，阴极灯丝发射的电子将击穿灯管内的惰性气体，引起弧光放电，即电离形成气体导电电流。运动的气体离子在与汞原子碰撞作用中不断地将能量传递给汞原子，使其核外电子从低轨道跃迁到高轨道，继而自发跃迁回基态，并辐射出波长 253.7nm 和 185nm 的紫外线（主峰值波长为 253.7nm，约占全部紫外辐射能的 90%；次峰值波长为 185nm，约占全部辐射能的 10%），以释放多余的能量。荧光粉吸收紫外线的辐射能后发出可见光，这就是荧光灯的发光原理。

　　从荧光灯的发光原理可知，荧光粉对荧光灯的质量起关键作用。20 世纪 50 年代以后的荧光灯大都采用卤磷酸钙，俗称卤粉作为荧光粉。卤粉价格便宜，但发光效率不高（约 45lm/W），热稳定性差，光衰较大，光通维持率低，因此不适用于细管径紧凑型荧光灯。1974 年，荷兰的飞利浦公司首先研制成功了将能够发出人眼敏感的红、绿、蓝三色光的荧光粉氧化钇（发红光，峰值波长为 611nm）、多铝酸镁（发绿光，峰值波长为 541nm）和多铝酸镁钡（发蓝光，峰值波长为 450nm）按一定比例混合成的三基色荧光粉（完整名称是稀土元素三基色荧光粉）。这种荧光粉的发光效率高（平均光效在 80lm/W 以上，约为白炽灯的 5 倍多），色温为 2500K～6500K，显色指数在 85 左右，用这种荧光粉的荧光灯可将更多的电能转化为光能，因此，又称为高效节能荧光灯。稀土元素三基色荧光粉的开发与应用是荧光灯发展史上的一个重要里程碑，没有三基色荧光粉，就不可能有新一代细管径紧凑型高效节能荧光灯的今天。

　　由于大多数荧光灯发射出的白光都是少数几种单色光混合的产物，其发射光谱一般为非连续光谱，在部分波长处存在缺失，因此多数荧光灯的显色性较差，只有某些特定荧光灯具有良好的显色性。

　　此外，荧光灯管内部弧光放电所产生的其实是紫外光，它是依靠紫外光激发内壁荧光粉发射荧光而将紫外线转变为可见光的。但紫外线在激发荧光粉时，不可能每一份紫外光子都能作用于荧光粉而产生一份可见光子，当荧光粉层太薄或荧光粉粒径太大时会因荧光粉间不能相互作用而使部分紫外线溢出管外。因此，荧光灯发出的可见光中紫外线的含量较高。

　　由于荧光灯是依靠激发荧光发光，其发光方式完全不同于白炽灯，整个发光过程产热小，所消耗的电能大部分用于产生可见光，因此，荧光灯的发光效率远比白炽灯和卤钨灯高，是目前最节能的光源之一。

荧光灯点亮时的温度较低，即使用手触摸灯管的中部也没有任何危险。当然，其两端高温的灯丝位置则不可徒手触摸。荧光灯点亮过程中大量的热主要来自于镇流设备。

荧光灯也是文物常用的照明冷光源之一。但在使用荧光灯对文物进行照明时，常常将灯管封装在光的出射面安装有一层较厚玻璃的灯箱中。这样做可以利用玻璃对紫外线的吸收作用，过滤掉荧光灯灯光中的部分紫外线。此外，如果在较密闭环境中使用荧光灯照明时，应将镇流设备和灯管分开，并将其放置到其他地方，以避免密闭空间中额外热量的产生。值得注意的是，为了开发荧光灯在诸如文物保存等特殊场合的应用价值，飞利浦、东芝等公司已经推出了无紫外线系列及高显色性系列的荧光灯。这类荧光灯是较理想的文物照明光源。

3. 卤钨灯

事实上，物体在大于绝对零度的任何温度下都在向外辐射着电磁波，不同波长电磁辐射的能量分布与发射物体的温度相对应。温度越高，波长短的电磁波所占比例越大；反之，温度越低，波长较长的电磁波所占比例越大。例如，当温度介于室温～500℃时，物体主要发射红外光；当温度升高到500～550℃时，物体将发射出一部分暗红色的可见光来；当温度升高到1050～1150℃时，物体将发射出黄色的可见光来；如果温度继续升高，物体发射的各种波长的可见光就丰富起来。也就是说物体向外发射电磁波的波长会随着物体温度的升高而出现紫移（向短波方向移动），这就是著名的维恩位移定律。

在前面介绍的光源中，虽然白炽灯的紫外线含量较低，但发光效率和光源寿命是它的主要缺点。为了改进白炽灯的发光效率、增加其寿命，人们在白炽灯的基础上制造出了一种功率更高、发射光色略微偏白的光源——卤钨灯。白炽灯是靠加热灯丝到2700～3050K而发光的，其释放出的光中主要包含波长较长的红外光和可见光。由于发射的光中包含有大量红外光，因此其发光效率较低。由维恩位移定律可知，如果提高发光体的温度，其发射电磁波的波长会向短波方向移动。如果将白炽灯的灯丝加热到更高的温度，那么白炽灯发射出的光中红外光的相对含量就会降低，而可见光的相对含量将会增加，这样便可以提高白炽灯的发光效率。但是，如此一来又会带来两个新的问题。

首先，当钨丝加热到更高温度后，钨的升华速率将变得更快，从而使得该类光源的寿命更加短暂。为了解决这个问题，人们在白炽灯的玻壳内充入了卤族元素（Br、I 等，一般是碘）。当灯丝发热时，钨原子被蒸发（升华）向玻璃管壁方向移动。在它们接近玻璃管时，钨蒸气被"冷却"到大约 800℃并和卤素原子通过化学反应结合在一起，形成卤化钨（碘化钨、溴化钨等）。卤化钨在扩散作用下向玻壳的中心部位移动，由于卤化钨不稳定，遇热后会分解成卤素蒸气和金属钨，这样钨又在灯丝上沉积下来，弥补了升华的部分。如此循环，灯丝的使用寿命就会延长很多（照明用卤钨灯的寿命最高可达 4000h）。因此，卤钨灯的灯丝就可以做得相对较小，玻壳也可以很小巧（图 4-6、图 4-7）。这也就是卤钨灯名称的由来。

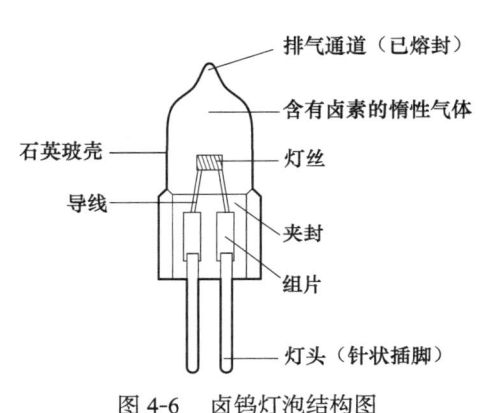 

图 4-6　卤钨灯泡结构图　　　　　图 4-7　一种常见的卤钨灯泡

此外，出现的另外一个问题是，当钨丝被加热到更高温度时，灯泡的玻壳温度也会相应升高。这时，普通玻璃就无法胜任其原本作为玻壳的角色了，因为玻璃加热到 600℃就会软化。需要更加耐高温的透明材料代替原本的玻璃。由于石英具有较好的透光性，加之 1750℃的较高熔点，成为了首选替代材料。但由此又引申出的一个问题是，当钨丝被加热到更高温度时，其发射光谱中随着可见光含量的增加，位于可见光另一侧的波长更短的紫外线含量也相应增加了。玻璃具有一定的吸收紫外线的能力，而石英则完全没有这种功能。因此，随着钨丝温度的升高以及外壳材料的更换，钨丝发射出的紫外光会毫无阻碍地透射出来，造成光源的紫外线含量增高。为了避免这个问题，文物照明中在卤钨灯灯罩的前面往往覆盖有一层玻璃，利用玻璃对紫外线一定的吸收能力，降低出射光的紫外线含量，但是同时必须保证空气流通，从而防止过热的情况发生。

卤钨灯由于其发光效率较白炽灯高（室内照明用卤钨灯光效可达 22lm/W）、紫外线含量较荧光灯低、灯管体积小易于安放等特点已广泛应用于文物照明，是现阶段较为理想的文物照明光源之一。

4. 发光二极管

发光二极管（Light Emitting Diode）简称 LED，是一种能发光的半导体电子元件。LED 可以直接把电能转化为光能。它的发光核心是一个半导体晶片，晶片由两部分组成。一部分是 P 型半导体，在其内部空穴占主导地位，另一部分是 N 型半导体，其内部主要是电子。当将这两种半导体连接起来时，它们之间就形成一个 P-N 结。当电流通过导线作用于该晶片时，电子会被推向 P 区，在 P 区里电子跟空穴复合，然后以光子的形式发出能量，称作电致发光效应。而光线的波长、颜色跟其所采用的半导体物料即形成 P-N 结的材料种类与故意掺入的元素杂质有关，这就是 LED 的发光原理（图 4-8）。最初，由于 LED 仅能发出几种特殊颜色的单色光，因此其主要用作仪器仪表的指示光源。而对于一般照明而言，人们更需要的是能够发射出白色光线的光源。经过

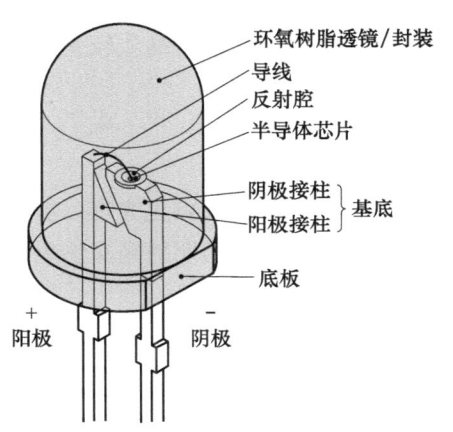

图 4-8　发光二极管结构图

研究者不断的努力，1998 年白光 LED 开发成功，这种 LED 是将氮化镓（GaN）芯片和钇铝石榴石（YAG）封装在一起做成的。氮化镓芯片发蓝色光（波长峰值为 465nm），高温烧结制成的含 Ce^{3+} 的 YAG 荧光粉受此蓝光激发后发出黄色光（波长峰值为 550nm）。蓝光 LED 基片安装在碗形反射腔中，覆盖已混有 YAG 的树脂薄层。LED 基片发出的蓝光部分被荧光粉吸收，另一部分蓝光与荧光粉发出的黄光混合，就可以得到得白光。这种通过蓝光得到白光的 LED 具有体积小、光电转化率高、使用寿命长、环保无污染等特点，现已广泛应用于日常照明中。2014 年凭借"发明高亮度蓝色发光二极管，带来了节能明亮的白色光源"，天野浩与赤崎勇、中村修二共同获得诺贝尔物理学奖。另一种白光发光二极管的发光原理跟荧光灯是一样的，发光单元是紫外光发光二极管，外面包着两种磷光剂混合物，一种是发红光和蓝光的铕，另一种是发绿光的掺杂有硫化锌的铜和铝。内里的紫外光发光二极管发出的紫外光被外层的磷光剂转换成红、蓝、绿三色光，混合后就成了白光。

LED 由于光效高（一般可达 50～200lm/W）、寿命长（可高达 30000h），在

文物照明中也有使用。但是白光 LED 和普通荧光灯类似，也是通过少数几种单色光混合产生白光的，其发射光谱一般为非连续光谱，因此该光源的显色性较差。另外，发光二极管在高照度下光效较低，在一般照明用途上光效率虽比钨丝灯泡高但仍比荧光灯低。因此，现在常用的设计是使用多枚发光二极管，在保持整体照度下让每枚发光二极管可以保持较低照度，从而增加光效，但这样做也使成本大为提高。由于 LED 的驱动电压较低，我国一般民用电压为 220V，需要将 LED 及变压器包装为灯泡或灯管才能应用于文物照明中。而在降低成本的考量下，许多市售产品搭配品质较差的变压器，造成光源寿命的大幅缩短。

4.7 光辐射的测量

因为紫外辐射和可见光都是能量的不同形式，所以不论是何种辐射，测量的最直接方式就是测出照射到文物表面单位区域内的能量。

4.7.1 照 度 计

照度计（又称测光表或勒克斯表）是用于测量被照面上光照度的仪器。它和人类的眼睛一样，对红外光区域和紫外光区域没有任何反应。此外，如前所述人眼对黄绿色光最敏感，照度计也是如此。这是因为照度计就是用来测量视觉中的照明状况的仪器，越好的照度计其反应的灵敏性就越接近于人眼。

当前文物保存环境监控中最常使用的照度计是光电池照度计，它主要由光探头（包括硒光电池或硅光电池、相对视敏函数滤光器、余弦修正器）和微安表（又称读数显示器）两部分组成。光电池能把光能直接转换成电能，当入射光透过金属薄膜到达半导体硒或硅层和金属薄膜的分界面上时，在界面上发生光电效应，产生光电流。光电流的大小取决于入射光的强弱和回路中的电阻，因此在电阻值确定的情况下就可以从微安表上读出不同的照度值。有些照度计有变挡装置，因此可以测量较宽幅度的照度变化。

市场上照度计的种类繁多，质量良莠不齐。适合文物保存环境监控使用的照度计一般应具备以下特点：首先，要求照度计耐用性强、准确度高。有些照度计的准确度会随着使用时间的延长出现明显的下降，文物保存环境的监控不能选用这类产品，否则极易造成使用初期和末期同一照度计采集数据的严重偏差，从而误导保护工作者。要避免照度计准确度的降低，其探头的光电池应选用线性较好的硒或硅光电池。同时，测量高照度时应选用高内阻的光电池，其灵敏度低但线性好，受强光照射不易损坏。其次，照度计的光视效率曲线应该尽可能接近人眼的视力，这就要求探头中有内置的相对视敏函数滤光片。用光电池等光电接收器测量光照度时，为使接收器的视敏函数与人眼的视敏函数相一致，必须用该滤光片进行修正。再次，照度计探头必须像坦露表面一样能够接收各个方向的光线。这个看似简单，但事实上劣质照度计上的防护玻璃，会因为反射而阻挡低角度的光线射入探头。因此，照度计必须根据所谓的余弦修正法则来调整测量角度。实际上，常见的有两种余弦修正法：第一种方法是用丙烯酸球壳代替防护玻璃（图 4-9），第二种方法是在防护玻璃表面使用一层漫射材料（图 4-10）。最后，照度计最好有较宽的测量范围，以便在博物馆内外部都能测量照度值。

图 4-9　丙烯酸球壳余弦修正照度计

图 4-10　漫射材料余弦修正照度计

在使用照度计时应注意：首先，测量照度时应在被测区域表面选取若干个点，分别测量后取平均值。对于没有确定表面的空间照度的测量，一般选取距地表 0.8m 高的水平面测量照度。将测量区域划分成大小相等的方格，测量每个方格中心的照度，然后求其平均值。其次，只有在测量时才打开照度计的电源和探头的保护盖，不使用时应确保电源处于关闭状态，探头保护盖覆盖在探头表面。再次，在测量时照度计探头应放置于靠近文物表面的位置并与文物同向放置，即如文物一样朝向光线，如照度计有挡位选择，应根据实际情况估测并试选挡位，一般依从高向低的原则依次试选，直至确定合适挡位。再次，照度计开始工作后，其显示数据会出现波动，应待数据稳定后再读取。有些照度计带有"读值锁定"功能，在数值稳定后应锁定数值再读数；不带挡位选择的照度计直接记录读数即可，带有挡位选择的则应将读数乘以相应挡位的系数后再记录。最后，测量结束后应解除"读值锁定"功能，盖上探头保护盖并关闭照度计电源。

4.7.2　紫外线辐照度计

紫外线辐射量的测量与可见光完全不同。可见光的测量是建立在人眼视觉基础上的，而紫外辐射是人眼无法感知的，它与人眼的视觉感受无关，只与光电接收器的响应度有关。因此，紫外辐射的测量是一个纯物理量的测量。

紫外线辐照度计是测量紫外辐射在单位面积上辐射通量大小的仪器。它与照度计的主要区别在于光谱响应度不同，在结构上表现为接收器和滤光片不同。紫外线辐照度计必须用对紫外线灵敏的光电探测器（如紫敏光电池、光电管、光二极管等）作为接收器。一台紫外线辐照度计主要是由通带滤光片、紫外探测器、光电倍增管、电流表等组成（图 4-11）。

紫外线辐照度计的定标单位为 W/m^2（瓦特/平方米）或 $\mu W/cm^2$（微瓦/平方厘米）。在使用紫外线辐照度计时，应避免强光照射，以消除仪器的疲劳现象。同时光电紫外线辐照度计的工作温度低时，可减少热电流，提高极限灵敏度。另外，紫外线辐照度计测量

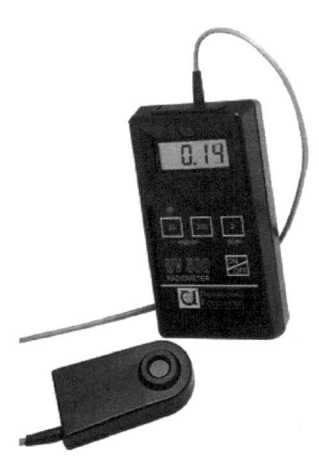

图 4-11　一种常用的紫外线辐照度计

的波长范围受通带滤光片的透射波长范围限制，因此测量几种不同最大波长的紫外线辐照度时，需要更换不同的探头。

几乎所有光源在产生可见光的同时都会或多或少辐射出紫外线。因此，在测

量紫外线密度和光源照度的基础上计算光源的紫外线辐射比例对文物保存中光源的选择具有指导意义（表 4-6）。光源的紫外线辐射比例是指光源发射出的紫外线密度占可见光照度的比例，其表达式为：

$$Q = 1 \times 10^4 \times \frac{U}{E_v} \tag{4-14}$$

式中 Q 为紫外线辐射比例，单位 $\mu W/lm$；
　　U 为紫外线辐照度，单位 $\mu W/cm^2$；
　　E_v 为可见光照度，单位 lx。

表 4-6　一些常见光源的紫外线辐射比例

常见光源	紫外线辐射比例（$\mu W/lm$）
晴天（色温 15000K）	1600
多云至阴天	800
阳光直射	400
荧光灯	40～250
带玻璃罩的钨碘灯	≥130
普通钨丝灯泡	60～80

4.8　光辐射的控制

单纯从文物保存的角度而言，无论紫外线、可见光或者红外线都是不安全的。因此，在文物的保存环境中应尽可能隔绝一切光辐射，但实际上问题却并没有这么简单。文物需要展现给大众、需要为人们所欣赏，就必须被照亮。因此，在库房中的文物虽可以隔绝一切光辐射，但在博物馆中则必须对文物进行照明以满足人们的视觉需求。本节主要讨论在博物馆文物展陈过程中对光辐射的控制。

只从能量的角度而言，紫外光对文物的破坏要比可见光及红外光强。但实际情况是在所有光源辐射出的光中紫外辐射的量要比可见辐射少得多，即使日光也是如此。因此，从破坏能力的角度而言，紫外线显然具有较大的破坏力，但它的数量却很少，而可见光虽然破坏力较小，但其数量众多。因此，对实际文物的保存而言，很难权衡破坏力和数量这两个因素，进而就很难确定到底是可见光还是紫外线会对文物造成更多的损害。也正是因为这种原因，针对不同种类的文物，其防光的重点也应不同。对于对光敏感的文物而言（如纺织品、纸张等），由于它的光敏性，因此会同时受到紫外光和可见光的破坏，这时因为可见辐射的量更多，可以认为大多数损害是由可见辐射造成的。这种情况下尽管防止紫外辐射也非常重要，但仅防紫外辐射并不能解决其遭受光老化的主要问题，因此更重要的还是减少可见辐射。而另一种情况是对光较敏感的文物（如漆器、象牙等），长期的存放过程中可见光对它的作用相对不显著，因而大部分的损害都是由紫外辐射引起的。在这种情况下，尽管可见辐射也应被控制在合理的范围内，但去除紫外线才是更重要的。而对于那些无色的材料（如清漆、颜料胶料等），由于没有颜色故几乎不吸收任何可见辐射，但却可能吸收大量的紫外辐射。在这种情况下损害可能主要由紫外辐射导致，因此紫外辐射的控制也是重点。

另外需要说明的是：首先，虽然可见光的能量较紫外光略低，但紫外光和可见光对文物的破坏并没有本质区别，只是能量大小的问题。从光的能量方程可以看出，光谱从紫外光向可见光红移的过程中，能量是逐渐增加的。因此，紫外光和可见光对大多数文物的破坏仅是一个量变的过程，并不存在质变。其次，由于紫外线对文物的破坏作用已经众所周知，在文物的保存过程中，人们花费了大量精力用以减少紫外线对文物表面的照射。而可见光在文物的展陈中是不可或缺的，加之早期人们对文物光老化过程中可见光的作用并没有清晰的认识，不像对待紫外线那样对可见光进行严格控制，从而使得可见光在文物表面的总辐射剂量远远大于紫外线。相对较高的总辐射剂量以及与长波紫外线能量不存在本质差别两大特点使得在一些情况下可见光成为了文物光老化的真正元凶。因此，传统的紫外线对文物有害而可见光危害较小的认识是不准确的。应该说可见光与紫外光一样对文物有害，只是紫外光的能量更大一些。

红外光的波长较可见光更长，因此其能量更小。相关研究表明红外光由于能量较小，不能诱导光化学反应，仅具有热效应，会导致物质温度的升高。虽然可见光也具有一定的热效应，但红外光的热效应更强，因此红外辐射又称"热辐射"。但是据最近的研究表明，红外辐射所产生的热效应有加速光老化反应速率的作用。人们发现，同一种聚合物虽然接收了同样剂量的紫外线辐射，但在赤道地区进行试验所测定的老化速率要高于在北回归线地区测定的值。研究者将这种差异归结为红外辐射对光老化反应的促进作用。此外，红外光的热效应会导致文物表面温度的升高，如不加控制，"温度对文物的影响"一节中所述的部分损害将会因红外辐射而产生。

4.8.1 可见光的控制

1. 限制可见光的照度值

受日光直接照射的表面，其照度值非常大。夏季被日光直接照射的表面的照

度值可高达 10^5lx，室内照度值也在 10^2lx～10^4lx。对博物馆内日光照度的限制应主要从相关遮阳措施及建筑的角度着手。理论上讲，如果把博物馆建成无窗建筑就能从根本上解决文物展陈中的防日光辐射的问题。但考虑到通风、节能及参观者心理等实际因素，当前的博物馆建筑往往还保留有窗户。对于这类建筑，窗户是日光进入室内的主要通道，为减少日光对文物的损害，应注意以下两点：首先，应适当减小窗户的面积；其次，应注意改进窗户的结构，如把单层窗改为双层窗，选用毛玻璃、花纹玻璃、吸热玻璃或茶色玻璃代替普通玻璃等，均能在一定程度上减少进入室内的光通量。此外，还可以在窗户上增加一些遮阳设施用以阻止光辐射。常用的遮阳措施可分为外遮阳（如遮棚、百叶窗、水平悬板等）、内遮阳（如百叶窗、帘幕等）和双层玻璃间遮阳（如软百叶窗、褶片及可卷式遮阳帘等），其具体形式又有固定式、活动式和可调节式。就隔热防光效果而言，外遮阳优于内遮阳，因为外遮阳是在太阳辐射到达窗户之前就将其遮断，而内遮阳是通过吸收进入窗户后的辐射以遮断光。相关研究表明，外百叶窗遮阳可消除 90% 以上的太阳辐射热，有效外遮阳可使室内照度减少 53%～73%。而采用暗色内遮阳虽也可以有效减少室内照度，但有 75%～80% 的太阳辐射热可进入室内。因此，考虑光和热的综合因素，博物馆展厅的窗户最好在其外部添加遮阳措施。

对日光的遮挡仅是博物馆中照度控制的一小部分。实际上，在博物馆中对照度值的限制归根结底是限制到达文物表面的照度。文物展陈过程中的照度标准既要能满足人们观察的需要，同时又要最大限度地减少光对文物材料的损害。人的肉眼所能分辨的最小尺寸直接和工作面上的照度相关，同时也和前景与背景光照度的差别直接相关。

在文物展陈过程中限制光的照度值并不意味着照度越低越好。如前所述，人类视网膜上有两种感光细胞——视锥细胞和视杆细胞。其中视锥细胞对亮光敏感，而且可以分辨颜色。有的人缺乏红色、蓝色或绿色的视锥细胞，导致不同的色盲。视杆细胞可以感觉暗淡的光，其分辨率比较低，而且不能分辨颜色。人的视网膜上共约有 1.1～1.3 亿个视杆细胞，约有 600～700 万个视锥细胞。当周围光线非常弱即照度值很低时，人类起正常视觉作用的视锥细胞会变得不敏感，此时视杆细胞开始发挥作用。视杆细胞对光的敏感性是视锥细胞的 1000 倍。正常照射的环境中，照度低于 30lx 时，视杆细胞开始和视锥细胞协同运作。低于这个水平，人眼会开始逐渐失去色彩感知能力，直到大约在 0.1lx 时，视杆细胞成为主导，此时人眼对不同颜色已经难以区分。不过即使如此，眼睛依然能够分辨物体，人眼最低可以看见 1×10^{-5}lx 光照下的物体。也就是说，在文物展陈过程中，如果照度值低于 30lx，则参观者将无法准确获得文物表面的色彩信息。因此，30lx 是文物展陈中可见光照度值的最低标准。

在避免眩光等因素影响的前提下，人眼在30lx 照度下就能辨识直径 2～5mm 的纹饰。这个识别度已经能够满足参观者对大多数文物的一般性观察需求。但考虑到个体视力水平的差异，一般会选择在最低照度水平的基础上上浮20lx 左右作为文物展陈过程中的基础照度水平，即50lx。在这个水平下，正常人眼可以识别对象的最小尺寸为1～2mm。文物中有些材质对光是敏感的，如纸张、纺织品等。对这类文物的展陈，为了在保证观察需求的同时避免可见光对文物造成过量的损害，应采用基础照度水平进行照明。此外，有些文物对光较敏感，如象牙、漆器等。对于这些文物的展陈，为了保证最佳的视觉效果，可以适当提高可见光的照度值。一般照明环境下，人眼在200lx 的照度水平下识别对象的最小尺寸可达0.15～0.3mm，这个识别度足以满足参观者对大多数文物细节信息的观察需求。因此，对于对光较敏感的文物，其表面的最大照度应控制在200lx 以下。此外，尽管有些对光不敏感的文物（如金属、陶器等）可以以更高的标准照射，但是极少有需要超过300lx 的情况。这一方面是因为，对于普通观察而言，0.15mm 左右的分辨度已经足够；另一方面是因为，博物馆不同房间在照度上的较大差异会导致参观者的眼睛难以适应。

在博物馆中50lx 的照度水平一般只通过人工光源来营造，因为如果将外界的日光引入并控制其一直维持在50lx 的成本将相当高。再加上日光的色温较高，当照度被减少到50lx 时，会产生一种昏暗的感觉，尤其当使用散射光时这种感觉将非常明显。产生这种现象的原因是，从最早的篝火到之后的油灯、蜡烛，人类已经习惯了在夜幕降临之后有"温暖"的光线存在（其实是色温较低的光线）。其结果是从钨丝灯泡中发射出的"温暖"的50lx 灯光比阴暗的50lx 漫射日光令人感觉更愉快、舒适，因此，在博物馆营造50lx 照度环境时，应使用白炽灯、卤钨灯或暖色荧光灯。

此外，在低照度时要取得满意的展陈效果还需防止眩光的产生。博物馆中的眩光是指与总体环境相比视觉区域过分明亮的部分。眩光将引发视觉的不适，同时降低人眼在低照度环境下对文物的辨识度。在博物馆中，眩光最常来自于玻璃的反光或展柜背后的窗户。现在有些博物馆在完善室内空气调节设备的基础上，去除掉隔离在参观者与文物之间的玻璃，其目的之一就是为了防止眩光。当然对于大多数博物馆而言，防止眩光还得从调整照明的角度、改变文物的摆放位置等方面着手。眩光之所以会对人的视觉产生影响，是因为在昏暗的光线中，人眼的瞳孔会放大，使更多光线达到视网膜；而在明亮光线中，人眼的瞳孔会变小，从而减少到达视网膜的光。眼睛可以自动调节以适应很大范围的照度变化，但这并不是只靠瞳孔变化就可以实现的，适应性的一个重要部分在于将视网膜接受的信号传递到大脑某个部位进行处理。不论是哪种适应机制，这种适应最基本的一个特点是需要一定的时间。在一般环境下，眼睛适应一个新的照明环境大约只需几秒钟时间。但是，当从反差较大的明亮环境进入昏暗环境时，眼睛则需要近1分钟的适应时间，反之亦然。参观者进入博物馆在看到第一件展品之前就应当已经完成眼部对照明环境的适应。这就意味着对陈列厅光线的适应，最好使其发生在博物馆入口区域附近，而不是陈列厅内。当参观者适应了展厅光线后，照度反差较大的光不论是从窗户进入还是经由玻璃反射，眼睛的适应性都会因看到这些明亮的区域而被扰乱，进而造成原本足够的50lx照明环境在参观者眼中显得过于昏暗，无法看清文物。也正是因为这个原因，在照射文物藏品时，整个文物藏品表面最亮与最暗区域的照度比值应小于2:1。此外，从心理学的角度而言，如果让参观者处于黑暗环境，博物馆内所有的光线都投射到展品上，展品会由于明暗对比看起来更加明亮，而且这还是一个减少玻璃反光的有效办法。但实际的情况是，这种照明方式看似明亮，但由于参观者在观看展品的过程中不可能所有时间都将目光集中在展品上，因此当目光投向其他区域时，同样由于照度反差过大的视觉适应将会产生不适。原本适当的50lx照明，此时看上去却可能显得过于明亮。因此，在低照度环境下，要保证文物的展陈效果，必须将文物展陈的背景和文物以相同的照度照亮。同时，最好还能够以不超过展品表面的照度照亮房间的墙壁和顶棚。

在博物馆中，对200lx的照度水平仍然最好采用人工光源营造。因为，在这个照度下采用日光会出现与50lx照度下相同的问题。

由此可见，其实日光在现代博物馆中很少被用于文物的直接照明，即便是滤除掉了紫外线的日光一般也不允许直接照射到文物表面。当然，不可否认的是日光会使参观者感到愉悦，而且日光具有无穷的变化，有时在几缕日光照射下的一件艺术作品能展现出出乎意料的陈列效果，这种效果往往是人工设计所无法呈现的。但也正是因为日光的这种可变性，当前的技术条件仍无法将其稳定在某一辐照水平下，再加上散射日光的"阴冷"感，故而在博物馆中，日光一般只用作展厅以外区域的辅助照明。碍于条件的限制，如果有些博物馆无法完全隔离日光对展品的照射，那也应该严格禁止日光直射展品。

另外，在布置和调整光源时，需要注意灯和反射镜上的灰尘与污垢会减少其实际出射的照度值。而且在荧光灯的整个使用寿命中，光输出会降低大约25%。因此，为了保证荧光灯使用中后期的照度能够达到要求，在新装荧光灯时，应使其照射到文物表面的实际照度比标准值高30%～50%。

2. 减少照射时间

相关研究表明，从宏观角度而言文物遭受光辐射的破坏程度直接和其所接受光辐照的累积量有关。如前所述，光的辐照量可以简化为辐射通量密度和时间的乘积。因此，在辐射通量密度相同的条件下，光对文物的破坏程度随照射时间的延长而增加。在实际操作中，为了测量和研究的方便，往往忽略不同波长光的视敏函数间的差异，近似地将可见光曝光量等同于辐照量。这样，曝光量就成为了一个简化的衡量光对文物破坏程度的度量值。例如，某件文物表面接受100lx的照度，并持续了5小时，则该文物表面的曝光量为500lx·h。用50lx的光照射10小时也会产生同样的曝光量。由此可见，除降低照度外，减少照射时间也可以控制光对文物的损害。但需要说明的是这个等式并不是指两倍的曝光量一定会导致两倍的病变。病变的速率通常是随着时间的推移而减少，直到当没有更多的未病变物质剩下时到达极点，即零点。

在博物馆的实际操作中，减少光源对文物照射时间的方法很多。主要有如下几种：

首先是限制博物馆中某些藏品的陈列或者进行藏品的交替陈列。即限制那些对光敏感的文物的展陈，将它们更多地保存在没有光照的库房，只在特殊时间将它们取出并在陈列室展陈。或者制定光敏感文物的交替展陈方案，定期将展厅中对光敏感的文物撤回到没有光照的库房，同时将在库房中存放的其他展品填补到展厅中。如此往复循环，便可将光照累积的曝光量均分到多件文物上，从而减少了单件文物在特定时间段内的曝光量。

其次是只在文物需要观看时采取照明，在不需要观看时将灯光关闭。最常使用的方法就是对文物展陈的光源安装电子延时开关。当参观者到达展柜前并稍作停留后，延时开关将该文物照明光源点亮，而当参观者离开展柜后，开关将照明光源熄灭。通过这种方式，在参观者较少的情况下，可以大大减少文物接受的曝光量。但其实更加实用的做法是用电子延时开关只控制展柜中的主照明光源，而辅助照明光源则保持常亮状态。辅助照明光源的照度值非常低，其作用只是辅助参观者对文物大概状态的了解。当参观者对该件文物不感兴趣很快离开展柜时，电子延时开关控制的主照明光源甚至都不用开启；而只有当参观者想要观看文物细节，在展柜前稍作逗留时，延时开关才会点亮主照明光源，为参观者提供适当的额外照明。这种方式不仅可以大大减少文物表面接收的光辐射剂量，对于博物馆人工光源使用寿命的延长也很有效。

3. 光的照射方式及角度

人类的视觉是在太阳直射光和天空漫射光的混合照明环境下进化而来的。因此，在文物的照明中，只有当光从上方以部分直射和部分漫射的形式投射下来时，眼睛所接受的视觉信息才最清晰，感觉也最舒适。也就是说，要在低照度的环境条件下保证观众的参观体验，就必须从光的投射方式和角度两方面进行调整。

当表面光泽物体被光源直射时，会在某个特定方向上产生镜面反射，而无光泽物体则只能产生漫反射。眼睛会通过有无镜面反射的现象告知大脑物体的表面情况。但如果入射光中只有漫射光，则无法产生镜面反射，因此也就无法区分粗糙和光滑的表面。另外，人对物体表面的理解主要依赖于物体产生的阴影。没有阴影，我们将无法判断物体表面的凸凹。但阴影过重，又无法看清阴影遮盖部分物体表面的情况。由直射光照射的物体会投射出强烈且黑暗的阴影。而受漫射光（均衡来自各个方向的光）照射的物体不会投下明显的阴影。因此在博物馆中，文物的照明应采用直射加漫射的方式才能取得最佳的展陈效果。

由于人眼的视觉习惯，文物在45°角的顶部聚光灯照射下，将会显得更自然、清晰。同时还应保持屋顶和墙壁被光线照亮且为浅色，这些部位散射的可见光将模拟自然环境中的天空漫射光，使文物看上去更加真实。这种照明方式当然是博物馆中的首选，但它在照亮挂毯、壁画、陈列柜等有垂直表面的物品时可能会带来眩光，这和使用闪光灯拍摄位于展柜中的文物照片时常常遇到的问题是一样的。有学者认为将光源与垂直面夹角降低到30°就可以避免这种眩光，但实际情况并非如此。如果照射文物的光源所发射的光为平行光，降低夹角的确可以起到作用。但实际情况是，文物的常用照明光源均为点光源，其发射出的光是以一点为中心向四面发散的，即使使用反光罩聚光后，也无法将其完全变成平行光。其实，日常生活中接触到的所有人工光源所发射出的光，除激光外，均不是平行光。因此，光源发射出的光是以各个方向照射到垂直表面上的，自然无法仅通过调整光源与垂直面夹角消除眩光。当然可以通过将光源放于凸透镜交点，使从凸透镜透射出的光变为平行光。利用这种光进行照明，就可以采取调节夹角的方式消除眩光，但在博物馆的实际工作中很少采用这种照明方式。值得一提的是，玻璃产生的眩光不仅在博物馆中会造成影响，在日常生活中它也常常是一个不容忽视的问题。因此，人们已研制出多种减少或消除玻璃眩光的方法。但至今的这些方法不是降低了玻璃的透光率就是使其偏色，尚无法应用于博物馆中。

其实博物馆中玻璃眩光的解决并不复杂，只要将照明光源放置在展柜内部即玻璃与文物之间，就可以避免这种眩光。但这样做将会带来较为严重的热问题，尤其是在使用白炽灯或卤钨灯进行照明时。此外，在一些进深较浅的展柜中，受空间的限制，光线照射文物的角度会很小，从而在文物上产生夸大的阴影，造成文物的失真。因此，眩光与展柜内的光源热量问题是文物展陈光照中的一对矛盾，至今尚没有两全其美的解决方式。

4.8.2 紫外光的控制

对文物保存而言，仅控制照射到其表面的可见光照度是不够的。因为在相同照度下，不同光源对文物材料产生的损伤度可能不同。这种差别主要取决于不同光源出射光谱的分布，有些光源的出射光中包含大量紫外线，而有些光源的出射光中紫外线含量较少。在照度相同的条件下，前者对文物的损伤度较高，而后者较低。因此，不仅要对光源的照度加以限定，还应采取一定的措施将紫外线过滤或吸收掉。需要说明的是，虽然短波可见光比长波可见光对文物的损伤度高，但在一般文物保存环境研究的范畴中，并不将其区别而加以限定。这是因为，限定短波可见光的射入会导致文物展陈过程中，光照射文物表面的显色性出现偏差，而对紫外线的滤除不会对光的显色性造成太大影响。

普通玻璃对紫外线就具有一定的过滤作用，如 1.5mm 厚度的玻璃几乎可以过滤掉所有波长小于 320nm 的紫外线，而波长为 350nm 的紫外线对其的透过率也仅为 8%，但是波长为 400nm 的紫外线对其的透过率可达 91%。但即便如此，通过玻璃的日光中紫外辐射所占的比例也比钨丝白炽灯辐射中的紫外线辐射比例高得多，前者大约是后者的 6 倍左右。也就是说，如果一件展品在白天由日光照明，天黑后由钨丝白炽灯以相同照度水平照明，那么它在日光下 1 小时内接收到的紫外辐射能量，相当于 1 小时内受钨丝白炽灯照射的 6 倍。此外，从表 4-6 中可以看出，几乎所有荧光灯和卤钨灯释放的紫外辐射都比钨丝白炽灯释放的多。而除了专门的紫外灯，所有荧光灯、卤钨灯所发射出的紫外辐射都比日光低。因此，对紫外光的防护，首先应当处理的是日光，其次是荧光灯、卤钨灯，最后才是钨丝白炽灯（大多数情况下钨丝白炽灯并不进行处理）。

当前最简单实用的紫外线滤除方法有两种，分别是透射法和反射法。透射法是在光到达文物表面之前，使其先通过一种可透过可见光而不通过紫外光的材料；反射法是让光在一种不吸收可见光而吸收紫外光的材料表面反射。不论透射法还是反射法，其理想状态都是既能阻止波长小于 400nm 的所有紫外辐射，又不会阻止任何可见辐射到达文物表面。

在博物馆中最常用的透射法是采用滤光片阻止紫外线的穿透。虽然玻璃能够滤除一部分紫外辐射，但普通玻璃并无法胜任紫外线滤光片的角色。当前常用的去除紫外线滤光片一般由特制树脂的透明或半透明板制成。常用的板材有丙烯酸树脂紫外线滤光片和聚碳酸酯紫外线滤光片。需要说明的是，这两种纯树脂的板材并不具备紫外线吸收功能，它们阻隔紫外线的能力甚至比普通玻璃还差。但是在聚合过程中，给其分子内部接枝了紫外线吸收材料或者共混入了紫外线吸收剂而制成的滤光片则对紫外线具有很好的吸收作用。在博物馆中常常使用这两种紫外线滤光片替换窗户的玻璃或者作为荧光灯、卤钨灯的散射板（或漫射塑料），从而滤除日光及普通荧光灯、卤钨灯出射光线中的紫外线。在这两种板材中，丙烯酸树脂板易于产生静电，会吸附空气中的灰尘以及文物表面的细小脱落物（如颜料等），因此使用前必须在其表面涂覆抗静电薄膜。而聚碳酸酯材料则不易产生静电，而且其强度也比丙烯酸树脂高。因此，聚碳酸酯紫外线滤光片更适用于文物保存。

此外，也可以通过对玻璃的表面进行改进，使其适合紫外线滤光片的角色。这种改进最简单的做法就是把足量的紫外线吸收剂均匀共混于树脂溶液中，然后将树脂溶液采取特定工艺成膜于普通玻璃表面，从而使得普通玻璃成为紫外线滤光片（如在窗户玻璃表面、荧光灯管管壁等部位）。但这种改进的滤光片在使用前必须用紫外线辐照度计进行有效性的检测。另外一种更加持久的做法是用两片玻璃将一层具有紫外线吸收功能的树脂膜夹在中间，使其和外界环境隔离，从而增加紫外线吸收树脂薄膜的耐久性。

反射法在很多博物馆中也有使用。其主要做法是让含有紫外线的可见光经过一个反射表面的反射后，利用反射光对文物进行照明。这个反射表面一般涂覆有紫外线吸收材料，同时可反射大部分可见光。光源直接照射反射板，光经反射板反射后到达文物的表面。在这个过程中，光线照射到反射板表面时紫外线被涂覆的紫外线吸收材料吸收，而可见光则被反射，进而照亮文物。常用的反射板涂覆材料有钛白（TiO_2）、锌白（ZnO）等，这些材料都有明显的紫外线吸收作用。反射法的优点是：首先，由于通过反射过程吸收紫外线，因此不受吸收剂必须无色透明的限制；其次，由于吸收材料为颗粒状，因此光线在反射面上会发生漫反射，从而给被照射文物提供一个均匀的照明效果，不会在照射的中心部位和边缘间产生明显的照度差，这种方式非常适用于对大型文物的辅助照明。但这种方法也有不足，最大的缺点就是漫反射会大大降低光源的实际照度，使得利用同样光源无法达到与直射光相同的照度值。

无论是透射法还是反射法，对紫外线的控制都会涉及一种材料——光稳定剂。光稳定剂按其作用机理可分为四类，分别是光屏蔽剂（UV Screener）、紫外线吸收剂（UV Absorber）、猝灭剂（Excited-state Quencher）和受阻胺（Hindered Amine Light Stabilizer，简称 HALS）。其中光屏蔽剂又称屏蔽剂，是指能在文物与光辐射源之间起屏障作用的物质，通常作为光屏蔽剂的多是一些无机颜料和填料，常见的光屏蔽剂有炭黑、TiO_2、ZnO 等；紫外线吸收剂是光稳定剂中最早使用的一类。若根据屏蔽剂定义也可将其看作是紫外光区域的屏蔽剂。紫外线吸收剂按化学结构又可分为五类：分别是二苯甲酮类，如 UV-9、UV-214、UV-531、UV-1200 等；苯并三唑类，如 UV-P、UV-327、UV-326、UV-328 等；水杨酸酯类，如 BAD、TBS、OPS 等；三嗪类，如紫外线吸收剂三嗪 -5 等；取代丙烯腈类，如 UV 317 等。紫外线吸收剂可以有效地吸收紫外线，将其转化成无害的能量形式并释放掉；猝灭剂是有机质材料在降解引发阶段的能量转移剂，有机物在吸收紫外光后被激活，在没有产生自由基之前，多余的能量被转移给猝灭剂，本身回到基态，猝灭剂将这部分能量转化为无害的热能形式释放出去。目前使用的猝灭剂主要是二价镍螯合物，有机部分为取代酚或硫代双酚等。主要产品有二硫代氨基甲酸盐、膦酸单酯镍型和硫代双酚型等。受阻胺类光稳定剂是一类具有空间位阻效应的以 2,2,6,6- 四甲基哌啶为母体的化合物，同时也是一种新型高效光稳定剂。HALS 主要是哌啶系、哌啶系衍生物和咪唑烷酮类衍生物。

光氧化降解的引发，可以通过屏蔽紫外线、吸收紫外光、猝灭活性发色团等光物理过程转移紫外线能量而阻止。在光氧化降解的增殖阶段，可以通过受阻胺捕获自由基、分解氢过氧化物等光化学反应加以抑制。

在具体选用光稳定剂时，首先应注意光稳定剂自身的稳定性，应选择稳定、耐久的材料；其次应注意光稳定剂尤其是紫外线吸收剂吸收紫外线的范围，每种紫外线吸收剂都有其特定的最大吸收波长，如涂布在玻璃上的紫外线吸收剂应对波长为 350～400nm 的紫外线有强烈的吸收作用，而用在荧光灯管壁上的紫外线吸收剂则应对波长为 253.7nm 的紫外线有强烈的吸收作用；最后应注意光稳定剂的透光性，不要因涂布光稳定剂而影响光源的照度或造成光的偏色。

近年来，随着对纳米半导体材料的研究进展，人们发现纳米级的很多材料具有极佳的紫外线吸收、散射或屏蔽功能，同时紫外线辐射被一些纳米材料吸收后所产生的能量还具有一定的杀菌、抑菌作用。因此，有人尝试在普通玻璃表面涂覆纳米级的氧化物（如 TiO_2、SiO_2 等），进而使玻璃具有强的紫外线吸收功能。TiO_2、SiO_2 的尺度为纳米级，均匀涂覆后几乎不会影响玻璃对可见光的透射。但纳米材料的性质活泼、易于团聚，团聚后的材料空间尺度将会大幅增加，不再是纳米级，从而失去纳米材料的强紫外线吸收能力。因此，有研究者将纳米 TiO_2、

SiO$_2$均匀分布于玻璃表面,并在其团聚前对玻璃进行加热,至其表面达到黏流态,使涂覆的纳米颗粒黏附在玻璃表面,阻止其团聚。通过这种方法改进的纳米玻璃,对特定波段紫外线具有较普通紫外线吸收材料改性而得的玻璃滤光片更好的吸收效率。

4.9 文物保存的环境光辐射标准

单从文物保存的角度而言,当然光辐射越少越好。但实际情况是,大多数文物都不可能完全避免光对其表面的照射。能做的只是尽可能滤除紫外线,合理控制可见光照度。

对于博物馆等建筑物,其窗户玻璃厚度不应小于3mm,宜采用漫射玻璃或其他防止阳光直射的装置。展陈有对光特别敏感文物的展厅窗户应选用能过滤紫外线的功能玻璃或紫外线滤光片。

对光敏感的文物照明首选白炽灯,当然也可以选择滤除紫外线的卤钨灯、荧光灯。文物展陈过程中的照度标准见表4-7。

表4-7 不同材质文物的可见光辐射标准

文物类别		照度标准
对光不敏感	金属、石质、玻璃、陶瓷等	≤300lx(色温≤6500K)
对光较敏感	竹木漆器、骨角质、皮革、壁画、油画等	200lx(色温≤4000K)
对光敏感	纸质、纺织品、染色皮革、树胶彩画等	50lx(色温≤2900K)

文物在展陈中吸收的所有辐射,绝大部分会转换成热。如果光被控制在200lx或50lx,则由照度引发的加热也将被控制在合理的范围内。除了辐射热外,光源自身也会变热,而且将热传递到周围空气中。因此,从环境的角度而言,光源尤其是热光源最好布置在展柜外面,要保证通风,且不让空气直接流经展品。

总之,不论采取何种控制手段,照射到文物表面的光线中的紫外线辐射比例一般不应超过75μW/lm,这个数值是钨丝白炽灯紫外线辐射比例的平均值。

第五章 空气污染

5.1 空气污染物及其特性

空气是人类赖以生存的物质。在自然界的开放空间中,空气无所不在。文物在存放及展陈过程中,必然会接触到空气。因此,空气的洁净程度对文物的耐久性也有着重要的影响。相关研究表明,污染的空气不仅直接影响人体的健康,而且会对所有动植物的生长和生存造成危害,同时也会危及大多数文物。

5.1.1 空气的组成

大气和空气是经常遇到的两个词,这两个词从自然科学的角度来看,并没有实质性的差别。但在环境科学中根据所研究的范围不同,常对其分别使用。一般在研究某一特定场所的污染时使用空气一词,而在对大区域或全球性的气流研究中则常用大气一词。这两个词在文物保存科学中都会涉及,因为局部空气污染状况要受到大气污染的影响。虽然空气污染与大气污染的标准和评价方法有所不同,但是在研究特定区域的空气污染时,要借用大气的质量标准。鉴于本书的研究对象仅限于文物存放及展陈空间,故只使用"空气"一词。

自然状态的空气是一种无色、无臭、无味的混合气体,其组成包括恒定组分、可变组分和不定组分三部分。

恒定组分是指空气中氧、氮、氩及微量的氖、氦、氪、氙等稀有气体,这些组分在近地层空气中(人们的生活环境中)的含量是恒定不变的。

可变组分是指空气中的二氧化碳、水蒸气等。这些气体的含量受地区、季节、气象的变化以及人们生活和生产活动的影响而有所变化。在正常状态下,二氧化碳的含量约为 $0.02\% \sim 0.04\%$,水蒸气的含量约为 4% 以下。

由恒定组分及正常状态下的可变组分组成的空气,称为纯净空气或洁净空气。

不定组分是指空气中的有害气体及颗粒物质。空气污染就是由于空气中的不定组分增多而造成的。不定组分的来源较多,自然过程就会引起空气中不定组分的增加,如火山爆发,森林火灾,地震,海啸,土壤和岩石的风化以及大气层中空气运动等自然现象产生的尘埃、硫的化合物（主要是氧化物）及氮氧化物。这些物质进入空气中，会对空气造成一定的污染。但是，一般来说由于自然环境的自净机能，各种自然现象一般能自动协调生态系统的动态平衡关系。因此，空气中真正的不定组分主要来源于人类生活、生产活动以及环境管理不善等人为因素。具体的不定组分，因地区、居民集中程度、工业类别、有害气体、烟尘排放情况的不同而有所差别。当空气中的不定组分达到一定浓度时，就会对人群、动植物以及文物造成危害。

5.1.2 空气污染物

空气污染物按其状态可分为气溶胶态污染物和气态污染物两大类。

1. 气溶胶态污染物

气溶胶态污染物又称大气尘，是指沉降速率可以忽略的固体粒子、液体粒子或固体液体粒子在气体介质中的悬浮物。按照气溶胶的物理性质，可将其分为粉尘、烟、飞灰、黑烟、雾；根据粒径可分为降尘、飘尘、总悬浮微粒（T.S.P）。

2. 气态污染物

常见的气态污染物大体可分为五种，即以二氧化硫为主的含硫化合物、以氧化氮和二氧化氮为主的含氮化合物、碳的氧化物、碳氢化合物及卤素化合物。常见气态污染物的类别、组分及其常见的二次污染物见表5-1。

表5-1 气态污染物的类别

污染物	一次污染物	二次污染物
含硫化合物	SO_2，H_2S	SO_3，H_2SO_4，M_2SO_4
碳的氧化物	CO，CO_2	无
含氮氧化物	NO，NH_3	NO_2，HNO_3，MNO_3
卤素化合物	HF，HCl	醛、酮、过氧乙酰基硝酸酯
碳氢化合物	C_mH_n	

注：M代表一价金属离子。

直接从污染源排出的污染物，称为一次污染物。一次污染物与空气中的原有成分或几种污染物之间发生一系列化学或光化学反应而生成，与一次污染物性质不同的新污染物,称为二次污染物。在空气污染物中受到普遍重视的二次污染物主要有硫酸烟雾和光化学烟雾等。

硫酸烟雾是空气中的二氧化硫等含硫化合物在有雾、含有重金属飘尘或氮氧化物存在时发生一系列化学或光化学反应而生成的硫酸雾和硫酸盐气溶胶。光化学烟雾则是在阳光照射下,空气中的氮氧化物、碳氢化合物和氧化剂之间发生一系列光化学反应而生成的烟雾,其主要成分是臭氧、过氧乙酰基硝酸酯(PAN)、醛类及酮类等。

对空气污染物的研究必须将其量化,最简单的方式是采用一种对固体和气体都适用的测量体系。由于气体和固体都有重量,因此,可以通过测定一定体积的空气中污染物的质量来测量污染物的浓度。常用的单位是 mg/m^3 或 $\mu g/m^3$。

另外,气体的浓度还经常用百万分之一(ppm)或十亿分之一(ppb)来表示。如大气中 1ppm 的二氧化硫意味着如果把这个量的二氧化硫从空气中分离出来,其体积将是其所在空气体积的百万分之一。

把 $\mu g/m^3$ 转换成 ppm 或 ppb,必须知道气体污染物的分子质量,其基本公式为:

$$1ppb = 0.0409 M \mu g/m^3 \quad (5-1)$$

式中 M 是气体污染物的分子质量。

5.1.3 空气污染物的特性

1. 污染物的迁移

污染物进入大气中后,所发生的空间位置的移动及其所引起的富集、分散和消失的过程,称为污染物的迁移。正是由于空气污染物存在迁移的特性,一个地区的某种空气污染物可能由于迁移作用会连带与其相邻的区域也出现同样的污染物。如果博物馆及文物存放空间附近存在某些特定的空气污染源,那么由于迁移作用,基本上博物馆及文物存放空间建筑物外部空气环境中也应不可避免地存在该污染源排放的相应空气污染物。

2. 污染物的转化

污染物在大气中通过物理的、化学的或生物的作用,改变污染物的形态而转变为另一种物质的过程称之为污染物的转化。转化特性使得很多空气污染物在排入大气中时对文物是无害的,但经过一段时间的转化就变成了对文物有害的物质。污染物的转化大大增加了对文物有害的空气污染物的数量及种类。例如,一氧化氮对文物是无害的，但是在空气中经过氧化转化为二氧化氮就会对文物产生损害了。

3. 污染物的持久性

有些污染物在大气中很快就转化为其他物质或通过其他方式消散掉，而有些污染物则能够长时间存留在大气中，这些污染物具有持久性。长时间存留在大气中的污染物会持续对环境造成损害，治理难度较大。

5.1.4 空气污染在环境科学与文物保存科学中的差异

文物保存科学中空气污染的概念来源于环境科学，但是由于研究对象的不同（环境科学的研究对象是人、社会财富、生态平衡等，而文物保存科学的研究对象是文物本体），因此二者存在一定的差异，这种差异主要表现在如下两点。

1. 污染因素的不同

环境科学的污染因素非常多，凡是对人、社会财富、生态平衡会造成不利影响的因素都是环境科学检测、治理的对象。文物保存科学的污染因素比起环境科学的要少得多，主要是针对那些对文物有害的少数污染物，如二氧化硫、硫化氢、氮氧化物、氯及氯化物、臭氧等。但文物保存科学中的污染因素也并非是环境科学的子集，一些在环境科学中不属于污染因素的物质，在文物保存环境中可能就属于污染因素。如铁在环境科学中一般不是污染因素，但在文物保存过程中由于铁会造成纸质文物的脆化，从而加快纸张的变质速率，因此在纸质文物保存环境中，铁就是一类重要的污染因素；另外一类特殊的污染因素就是和人们日常生活息息相关的氧气，氧气在环境科学中并不是污染因素，但相关研究表明，在文物展陈及存放过程中，纤维类、蛋白类文物以及染料的老化降解尤其是光老化降解和氧的存在与否密切相关，因此，氧也是该类文物保存环境中的污染因素。

2. 污染标准的不同

环境科学的污染标准是依据各污染因素对人、社会财富、生态平衡造成影响的最低限度而制定的，而文物保存的要求一般较之更为严格。如环境科学中规定二氧化硫最高浓度为 $0.5mg/m^3$，超过这个标准就属于二氧化硫污染。但相关研究表明浓度为 $0.286\ mg/m^3$ 的二氧化硫就会对棉织品、纸张等纤维质文物产生损害，使其强度降低。因此，文物保存科学中对二氧化硫污染的标准就必须低于该值。

5.2 对文物有害的空气污染物

空气中的污染物多种多样，性质复杂。其中对文物会造成威胁、存在最为普遍的主要污染物有气溶胶态污染物（大气尘）、硫化物、氮氧化物、氯及氯化物、氧和臭氧以及其他污染物等。

5.2.1 大气尘

空气中所包含的除了气体以外的物质，称为空气的颗粒污染物。它们能以固体或液体的形式存在于空气中，统称大气尘或气溶胶态污染物，包括固体的粉尘、烟尘和雾尘以及液体的云雾和雾。随气流逸出的这些悬浮的颗粒物，其大小可以用颗粒直径表示，以微米（μm）为单位。空气中颗粒物的粒径差异非常大。有些颗粒物的粒径大于 $15\mu m$ 或 $20\mu m$，这些颗粒物由于粒径大、重量重，一般无法长期在空气中悬浮，因此在产生它们的污染源附近就能沉降。而粒径小于 $15\mu m$ 的颗粒物重量较轻，因而在空气中会一直保持悬浮状态，随着气流能漂浮到距离污染源非常远的地方，直至吸附或附着到一些物体的表面。现在人们关注的PM2.5其实就是指直径小于或等于 $2.5\mu m$ 的颗粒污染物。颗粒物尺寸的下限是 $0.01\mu m$，甚至比可见光波长 $0.5\mu m$（即500nm）还要小得多。由此可见，空气中颗粒物的尺寸在 $0.01\sim 20\mu m$，存在着三个数量级的差别。这些颗粒物悬浮在空气中，与空气形成不同分散度的气溶胶，对人类生活和文物保存都会构成较大的威胁。

大气尘的来源很广泛，可分为自然发生源和人为发生源两类。在自然发生源中，有因海水喷沫作用而带入空气中的海盐微粒（该微粒可深入陆地数百千米，但90%还是降在海上），有风吹起的土壤微粒，有森林火灾时放出的烟尘微粒，有火山喷发过程中产生的火山灰微粒，有来自宇宙间的流星尘，还有花粉。在人为发生源中，现代工业发展造成的空气污染占主要地位。但是，人们的生活造成的污染也不能忽视。空气中颗粒污染物的组成和发生量对某一地区而言，特别是对工业城市及其近郊来说，问题非常复杂，其成分和数量因季节、地点的不同而有很大差别。一般情况下，来自建筑物外部的颗粒物除自然因素外，大部分源自工业生产的燃料燃烧以及车辆和加热器。它们含有很多的炭黑色的焦油物质，这些焦油物质通常会因为吸附二氧化硫而呈酸性，并经常含有可以催化劣化作用的微量金属，如铁，对文物的安全保存危害较大。

空气中大气尘对文物的破坏作用主要表现在如下几方面。

第一，大气尘在文物表面的沉积会增加文物材料的机械磨损。空气中无机质微粒，如粉尘等都是固体，而且形状多不规则，大多带有棱角。它们落在文物表面，在文物保存、搬运、展陈的过程中，会造成尘粒与文物材料间的摩擦。这种摩擦会使文物材料遭到机械损伤。

第二，大气尘会给文物带来酸性或碱性的危害。大气尘中的飘尘（粒径在 $10\mu m$ 以下的大气尘）粒径小、表面积非常大。因此，它们的吸附能力很强，可以将空气中的有害物质（如硫化物、氮氧化物等）吸附在表面，而呈酸性或碱性。有些尘埃本身就具有酸性或碱性，如硫酸烟雾、光化学烟雾就具有酸性，金属氧化物等微粒则具有碱性，当它们覆盖在文物上时，就会增加文物的酸性或碱性（增加酸性的几率更大），从而对文物产生损害。

第三，大气尘会造成纺织品、纸张等有机质文物的"砖化"。空气中的大气尘是导致纸质、纺织品等有机文物黏结成"砖"的原因之一。大气尘的成分复杂，有些微粒吸收水分会形成胶状物，如黏土（$Al_2O_3 \cdot 2SiO_2 \cdot H_2O$）等物质。当它们落在文物上时，就会吸收空气中或文物材质本体中的水分，发生水解反应，分解出胶黏状物质，从而使纸张、纺织品等文物黏结在一起。

第四，大气尘还会污染文物表面，影响文物色彩。空气中的大气尘多数是带有颜色的微粒，它们落在文物表面会使文物表面逐渐变为灰色，污染严重的还会导致文物纹饰不清，影响研究及展陈。比较极端的一个例子是在一些西方国家的博物馆，其展厅有时会被用作其他用途。一段时间后，部分文物表面出现焦油状的棕色水溶性沉积物。相关研究表明，是展厅作为其他用途时，人员在展厅内吸烟产生的大气尘造成的。

第五，大气尘会向文物传播霉菌孢子。由于霉菌孢子体积小、重量轻，随着空气到处飘游，因而不可避免地附着于大气尘。当这些附着孢子的大气尘侵入到文物保存环境中后，在一定条件下霉菌就会在文物表面滋长。当然除此以外，在博物馆内部，室内陈设和人员常常会产生一定数量的织物纤维和皮屑。这些物质也往往会成为大气尘传播的霉菌孢子生长的营养源，进而给文物保存环境引入大量微生物。

除了室外产生进入室内的大气尘外，室内自身有时也会有大气尘产生。室内大气尘的主要来源一般为建筑物本身。相关研究表明新建的混凝土建筑会释放出直径约为 $0.01\mu m$ 的颗粒物。这个尺度的颗粒物能轻易穿过普通的空气过滤器，因此一般的空气过滤器对其无效。此外混凝土和水泥释放出的微粒呈碱性，其碱性足以对油画、丝织品、一些染料及颜料产生危害。因此，新建的混凝土建筑一般不能直接作为博物馆展厅或文物储存空间使用。正常情况下，需要将新建建筑放置两年以上的时间才能将这些碱性微粒的危害降低到安全水平。当然，还可以通过使用适当的涂料或清漆覆盖、封闭室内混凝土表面以防止该颗粒物进入空气中，以消除危害。

5.2.2 硫 化 物

1. 二氧化硫（SO_2）

二氧化硫又名亚硫酸酐，是一种无色、具有剧烈窒息性臭味的气体，比重为 2.26，易溶于水，每升水中能溶解约 40 升的二氧化硫，它是大气中分布广、危害极大的一种酸性气体，因此常用它的含量作为评价大气污染的重要指标。从全世界的平均水平而言，二氧化硫的自然本底值约为 $5\mu g/m^3$。这个自然本底值是由于腐烂物质产生的硫化氢和甲硫醚在大气中被氧化形成的。除了自然本底外，空气中的二氧化硫主要是人为产生的，人类产生的二氧化硫几乎全部来自于燃料的燃烧。所有化石燃料中都含有一定量的硫，因此在大气中燃烧任何化石燃料，如煤、汽油、柴油、天然气等都会产生二氧化硫气体。煤的含硫量为 0.5%～5%，在燃烧过程中除部分非燃烧性硫残留在灰分中外，绝大部分被氧化成二氧化硫排出。原油含硫量一般在 1% 左右，各种石油提炼制品在燃烧过程中，有 90% 以上的硫氧化成二氧化硫。

二氧化硫不仅直接危害文物，而且容易发生各种化学反应，生成危害性更大的二次污染物——三氧化硫（SO_3）和硫酸雾，这些污染物随着降雨降落到地面，就形成"酸雨"。对文物危害最大的是生成的硫酸以雾状飘浮在空气中，或者形成硫酸盐（如硫酸铵）悬浮在空气中，这种现象称为化学烟雾。

作为燃烧产物的二氧化硫在随空气飘散的过程中，一部分遇到碱性颗粒物发生中和，反应产物部分沉降，但大部分依然随空气飘散。空气中的水汽易集结在某些颗粒物上，如燃烧形成的含有微量铁、锰、钒或其他金属的颗粒物，而这些金属有催化二氧化硫氧化的功能。当二氧化硫接触到这些凝结有水的颗粒物，就会溶解在其中形成亚硫酸，在催化物存在的情况下，进一步被氧化成硫酸。或者二氧化硫先被氧化为三氧化硫，之后三氧化硫和水反应形成硫酸。紫外线辐射可以在无催化剂的情况下就完成这个反应。因此，日光的照射会加剧二氧化硫向硫酸的转化。

$$SO_2 + \frac{1}{2}O_2 \xrightarrow[\text{粉尘}]{hv} SO_3$$

$$SO_3 + H_2O \longrightarrow H_2SO_4 \text{（微粒）}$$

$$SO_2 + H_2O \longrightarrow H_2SO_3$$

$$H_2SO_3 + \frac{1}{2}O_2 \xrightarrow{\text{固体催化}} H_2SO_4$$

相关研究表明，在空气中二氧化硫转化为硫酸的比例为 5%～25%。转化成硫酸的氧化过程大部分发生在烟云形成后的第一个小时内。硫酸易吸湿，故易于从空气中吸收水分，使得含有硫酸的液滴尺寸增大，进而增加了其沉降的概率。对于那些没有沉降，仍悬浮于空气中的含有硫酸的液滴而言，它会继续吸收和转化空气中的二氧化硫，使其 pH 值高达 4。但是从化学反应平衡的原理可知，二氧化硫不可能无限地向硫酸转化，随着反应产物的聚集，反应将越来越难向着生成硫酸的方向进行，最终趋于停止。但空气中还常常存在另外一种易溶于水的化学物质——氨，氨会通过和空气中形成的硫酸反应生成硫酸铵而中和酸度，使原本已趋于停止的二氧化硫向硫酸的转化继续进行。

二氧化硫对文物的危害取决于文物对它的吸收量。有研究表明，二氧化硫被纸张吸收的量与空气中其浓度的平方根成正比。相较而言，二氧化硫的二次污染物——硫酸对文物的影响更为严重。硫酸是一种具有强腐蚀性、强酸性的物质，再加之硫酸难以挥发的特性，一旦它吸附在文物的表面，就很难仅仅采用洁净空气吹扫的方式将其去除。相关研究表明，室内 $50\mu g$ 的二氧化硫可以生成 $0.04\mu L$ 的硫酸，以此推算 1 个 $100m^3$ 的展厅，换气频率按照平均 1 小时 1 次计，那么 1 个月中该展厅将会有 3mL 的硫酸产生，其中一部分就会被吸附到文物上。在重度污染的室外环境下，这个数值将更高。

但幸运的是，由于二氧化硫能够被很多物体的表面（如墙壁上新涂抹的灰泥层）快速吸收，因此一般情况下室内的二氧化硫浓度总是低于室外。有研究表明，在无空气过滤装置的室内，二氧化硫的室内/室外浓度比基本保持在 15%～70% 范围内，这种比率的波动往往受到房屋屋顶状况、室内气体流动状况等因素的影响。而对室外二氧化硫而言，其浓度变化范围较大，主要受风速、降雨等因素的影响。在博物馆中大部分硫依然是以二氧化硫的形式存在的。相关研究表明，在一些地区仅有 2%～3% 的硫以硫酸形式进入博物馆。但是对于通常含有微量铁或其他催化剂的纸质、纺织品和石质文物表面，二氧化硫则很容易转化为硫酸。含有硫酸的液滴和颗粒物将形成腐蚀活性中心，这些腐蚀特别容易发生在一些突出部位。此外，在某些区域还会存在硫酸铵的白色结晶。这些硫酸铵是氨和硫酸在空气中反应而形成的微小颗粒，它们会沉降在一些有吸附力的物体表面，但由于粒径小，刚刚沉降时肉眼无法直接观察到。硫酸铵在湿度高于

80%时会吸收水分而溶解,当湿度低于80%时会再次结晶析出,但此时由于析出过程中晶体的生长而呈现出较大的颗粒。经过若干次循环,将在文物表面形成白色的类似霜的硫酸铵结晶。人的汗液会促使硫酸铵结霜特征的发生,这很有可能是由于人的汗液提供了额外的氨造成的。

二氧化硫及其二次污染物对文物的破坏作用具体表现在如下几个方面。

第一,二氧化硫会对所有碳酸钙类物质产生损害,属于这类物质的有石灰石、大理石、碱性砂岩、壁画等。要了解二氧化硫对壁画的损害方式,就需要先简单介绍一下壁画的制作工艺。壁画根据绘制方法的不同主要可分为湿壁画和普通壁画两类。湿壁画是一种较耐久的壁饰绘画。制作时先在墙壁上涂抹一层粗石灰灰泥,而后在其表面再涂上一层较细的石灰灰泥,并将草图描绘在该层石灰灰泥上。之后,使用更细的石灰灰泥涂抹在其上,形成壁画的表层。艺术家在这层潮湿的新石灰灰泥上,用以水调和的颜料作画。这样,画上去的色彩就容易渗入潮湿的墙皮里。此外,由于石灰水和石灰灰泥中都含有氢氧化钙,空气中的二氧化碳会慢慢将其转化成碳酸钙,从而形成固体的绘画介质,使其颜料颗粒固定,产生色彩与墙皮混在一起,不易脱落的状态。而普通壁画一般是在地仗层或墙体上涂抹一层石灰灰泥作为画面层,而后用与其他介质如胶料相混合的颜料在该层上绘制图案而成的,但其支撑体仍然是碳酸钙。由此可见,无论哪种壁画,碳酸钙对其画面层的稳定存在都是至关重要的。对石质文物而言,碳酸钙是很多石质文物的主要组分,因此二氧化硫也会对其产生损害。二氧化硫对碳酸钙类文物的损害主要发生在它转化为硫酸后。硫酸以任何形式接触到碳酸钙都会发生强烈的反应,将碳酸钙转化成粉末状的硫酸钙并释放出二氧化碳气体。在这个过程中,固体的碳酸钙被转化为了粉末状的硫酸钙(即石膏),其表面强度出现了明显的降低,极易发生脱落现象。此外,即使没有出现脱落,硫酸钙粉末在湿度较高的情况下,还会从空气中吸收水分将其转化为分子内部的结晶水,这个过程硫酸钙会从粉末状逐渐变为块状。通过这种变化,硫酸钙的强度会增加。但这个过程会伴随着硫酸钙层体积的明显膨胀并释放大量的热量,因此又极易导致从碳酸钙转化而来的硫酸钙的层状剥落。

$$CaCO_3 + SO_2 + O_2 + H_2O \longrightarrow CaSO_4 \cdot 2H_2O + CO_2$$

当然,对于碳酸钙材质的文物而言,除了二氧化硫以外,二氧化碳也会造成该类文物的侵蚀,但这种侵蚀主要发生在露天存放的文物表面。在大气中,二氧化碳的平均浓度是$6 \times 10^5 \mu g/m^3$。因此,即使是在重度污染的情况下,二氧化碳的含量也远远高于二氧化硫的含量。二氧化碳会和空气中的水结合转化为碳酸,生成的碳酸随着雨水降落下来,淋漓到碳酸钙材质的表面并将碳酸钙转化成为碳酸氢钙，碳酸氢钙是水溶性物质，因此转化的产物会溶解在雨水中被带走，从而造成碳酸钙材质文物表面的侵蚀。当然，带走碳酸氢钙的雨水可能会渗入地下并在某处汇聚，在溶有碳酸氢钙的水遇热或当压强突然变小时，碳酸氢钙会再转化成碳酸钙及二氧化碳，二氧化碳从水中挥发，转化出的碳酸钙沉积下来，从而形成石笋、石钟乳等。

虽然二氧化碳在空气中的浓度远高于二氧化硫，但从对碳酸钙材质文物的破坏程度而言，远不及二氧化硫普遍、严重。因为，二氧化碳的破坏一般发生在会被雨水淋漓或接触的文物表面，而二氧化硫的破坏则既会发生在这类文物表面，也会发生在那些没有接触到雨水文物的表面。此外，二氧化碳只能使雨水的pH值降低到5.6，但二氧化硫却能使雨水的pH值降低到4甚至更低。pH = 4时的氢离子浓度（酸度）是pH = 5.6时的25倍。因此，即使二氧化硫的浓度很低也会比二氧化碳具有更强的酸性，从而对文物的破坏更剧烈（图5-1）。

图 5-1 二氧化硫导致室外石雕像的损坏
（A 为 1908 年时雕像的状况；B 为 1969 年时雕像的状况）

第二，二氧化硫还会对纸张、棉制品、亚麻制品等纤维素材质的文物造成损害。

所有植物都是由纤维素构成的，纤维素是一种糖的聚合物。湿度一章中已经介绍过，纤维素会在酸性条件下发生水解。二氧化硫为这一反应提供了酸性环境。纤维素材质的文物会吸附空气中的二氧化硫，二氧化硫在该类文物表面转变为三氧化硫及硫酸。文物表面残留的微量铁和其他催化剂会对这个转变过程产生催化作用。这就是虽然所有的纤维素材质文物都会受到二氧化硫的侵蚀，但侵蚀速率却相差很大的原因，这主要取决于其他因素及催化剂存在与否。

这里的其他因素包括其他环境因素，如相对湿度就会影响二氧化硫对纤维素材质文物的侵蚀速率,非常高的相对湿度会明显加速侵蚀,但当相对湿度在 30%～70% 的中等范围内时,影响并不大。再如光辐射也会促进二氧化硫对纤维质文物的损害,虽然对纤维素材质文物而言影响其劣化的主要原因是光照,但有二氧化硫存在的情况下,光和二氧化硫的协同作用对纤维素产生的损害会大于它们中的任一因素的单独作用。

其他因素还包括文物材质自身的其他组分,如对于纸张而言,劣质的纸张比优质的棉纸更加容易遭到侵蚀。这是因为,首先劣质的纸张在制作过程中加入了更多的呈酸性的添加剂,如明矾,故而这种纸张会更加脆弱。另外,劣质纸张中的木质素含量相对较高,木质素是由聚合的芳香醇构成的一类物质,该类物质与二氧化硫的亲和力非常好,极易吸附二氧化硫等酸性气体污染物,进而受其影响而分解。这也就是合拢存放的书籍每页页边部分的酸度明显较中间区域高,且会发生更严重破损的原因。

第三,二氧化硫还会对丝织品、毛纺织品、皮革等蛋白类文物产生侵蚀。

动物组织或纤维的主要组分为蛋白质,在光辐射一章中已经介绍过蛋白质是由常见的 18 种氨基酸通过氨基与羧基的缩合反应形成肽键连接而成的。二氧化硫形成的硫酸会导致缩合反应的逆过程,即水解,造成肽键的破坏,使蛋白质类文物的强度明显降低。

如前所述,紫外线会对丝织品造成损害。相关研究表明,光辐射对丝织品的破坏力和丝织品的酸度密切相关,酸度越高的丝织品受光辐射的损害越严重。二氧化硫对丝织品的光老化损害的协同作用主要表现在为其提供了酸性环境。当然毛织品也会受到影响,但光和二氧化硫对丝织品的影响比对毛织品的影响大得多。

另外,二氧化硫还会引发皮革类文物的一种特殊病害——"红腐",使皮革表面逐渐脆化、颜色加深,劣化严重的皮革轻轻一摩擦就会成为碎末。研究表明,植物鞣革(以从木材、树皮等中提取的鞣酸所加工过的皮革)较于其他鞣革技术制成的皮革更容易发生"红腐",这是一种由二氧化硫转化成硫酸造成的皮革劣化形式。

第四,二氧化硫会对金属文物产生明显的侵蚀。

铁是由于二氧化硫存在而遭受侵蚀的主要金属。在湿度一章中已经介绍过,金属的电化学腐蚀速率远高于一般的氧化还原反应速率,电化学反应会使铁快速地腐蚀生锈。但发生电化学反应需要反应物中存在阴极和阳极,此外还需要同时存在水和电解质。在铁质文物中,由于其成分不纯,常常掺杂有冶炼过程中加入的碳及其他杂质。因此,金属铁可以作为电化学反应的阳极,而碳或其他杂质可以作为反应的阴极。各种水溶性的盐、酸或碱都能作为电解质,进而吸收水分,形成可溶性腐蚀产物，即电解液，构成一个完整的电化学反应原电池，使铁质文物快速腐蚀。在各种电解质中，不易挥发的物质具有最强的腐蚀性，因为它们一旦形成电解液就难以从文物表面去除。硫酸和其经常部分转化生成的硫酸铵就完全符合上述条件，因此铁器在含有二氧化硫的潮湿空气中会被快速腐蚀。

对于青铜器而言，遭受二氧化硫损害的可能性比铁器小得多。因为青铜器表面往往会形成若干层稳定而致密的锈蚀层，这些铜锈对青铜器本体具有保护作用。典型的青铜器锈蚀结构为，最内层是红色的氧化亚铜层，最外面是绿色或蓝色的碱式碳酸铜层。存放在室内，环境相对湿度低于60%～70%，表面有稳定铜锈的青铜器一般不会受到二氧化硫的腐蚀。在室外露天放置的青铜器，表面的锈蚀产物往往不同于地下出土的青铜器，其常见的锈蚀产物是绿色的碱式硫酸铜。但因为碱式硫酸铜也是一种稳定的锈蚀产物，故二氧化硫对室外青铜器的影响也不会很严重。真正容易出现问题的是露天存放的高铅青铜，即青铜合金中铅含量较高。大气环境中的二氧化硫会将青铜合金中的铅转化成铅的硫酸盐，进而被雨水冲走，在青铜合金表面留下深深的凹痕。虽然二氧化硫会将金属铅变为硫酸盐而产生侵蚀，但其实对铅金属或含铅合金威胁最大的并不是二氧化硫，而是有机酸，尤其是醋酸。

2. 硫化氢（H_2S）

硫化氢气体是空气污染物中硫化合物的重要组成部分，具有腐败鸡蛋的臭味。空气中硫化氢的自然本底浓度变化很大，一般在 5～30$\mu g/m^3$ 范围内波动。作为一种有机物腐烂的自然产物，硫化氢广泛存在于大气环境中。

硫化氢对文物的影响，除了极易溶于水而形成具有酸性的氢硫酸外，更重要的是其二次污染物。硫化氢是空气中二氧化硫的主要来源之一，由于生物分解和化学转化，环境中的硫化氢会被空气中的氧或臭氧氧化，生成二氧化硫。

$$H_2S+O_2 \longrightarrow HS^- +OH^-$$

$$HS^- +5OH^- \longrightarrow SO_2+3H_2O$$

$$H_2S+\frac{2}{3}O_2 \longrightarrow SO_2+H_2O$$

$$H_2S+O_3 \longrightarrow SO_2+H_2O$$

因此，二氧化硫及其二次污染物对文物的危害，硫化氢都能产生。但除此以外硫化氢还有一些对文物的危害是二氧化硫所不具备的。主要表现在如下几方面。

第一，硫化氢会导致部分矿物颜料的变色。中国古代的矿物颜料大多为重金属盐，如白色的铅白，红色的铅丹、铁红等。这些颜料一般情况下都比较稳定，可一旦接触到了硫化氢气体就会迅速地生成黑色的硫化铅、硫化铁等。

$$2PbCO_3 \cdot Pb(OH)_2 + H_2S \longrightarrow PbS + H_2O + CO_2$$

$$Pb_3O_4 + H_2S \longrightarrow PbS + H_2O$$

在众多古代颜料中最值得一提的是铁红,即三氧化二铁,它是一种很稳定的颜料,高湿度环境和光辐射对它都没有明显的作用。但当硫化氢存在的时候,它会和硫化氢反应生成黑色的硫化铁。

$$Fe_2O_3 + H_2S \longrightarrow FeS + H_2O$$

第二,硫化氢会导致银器表面的晦暗。一般情况下,银器对保存环境的要求并不苛刻,只因银是比较稳定的金属。但在硫化氢存在的环境下,银却会很快遭受到侵蚀,表面从银亮变得暗淡,最终变为黑色。这是因为,硫化氢在氧气存在的环境中与银发生了反应,在银质文物表面形成一层黑色的硫化银薄层而导致的。需要说明的是,硫化银是银器晦暗的主要腐蚀产物,但不是全部。研究者还在腐蚀层中发现了硫酸盐、硝酸盐、氢氧化物和氯化物。也就是说,银器的晦暗更确切地说应该是以硫化氢为主要诱因,其他污染物综合作用的结果。

$$Ag + H_2S + O_2 \longrightarrow Ag_2S + H_2O$$

硫化氢的自然含量就足以使银器慢慢产生晦暗。博物馆中银器晦暗病害的发生主要和参观者聚集、展柜材料选择不当等因素有关。相关研究表明,当银器和羊毛毡类的物品存放在一起时,其表面会快速发生晦暗。另外,相对湿度高于70%时也会进一步加速银器的晦暗(图5-2)。

图5-2 硫化氢导致的银器表面晦暗

最后,因为胶片的成像是依靠银化合物和银的转化,故而硫化氢对胶片的保存也是极为不利的。

5.2.3 氮氧化物

氮氧化物的种类很多,有一氧化二氮、一氧化氮、二氧化氮、三氧化二氮、四氧化二氮和五氧化二氮等。一氧化二氮(N_2O)是空气的基本组分,无毒性。其他几种氮氧化物对人和物都具有危害,其中一氧化氮和二氧化氮的危害尤为严重。

氮氧化物除少量源自于自然过程外,主要来源于燃烧过程和某些工业生产过程,如硝酸制造,氮肥生产,炸药、制药、染料等工业,以及汽车尾气。

在燃料燃烧过程生成的氮氧化物中,一氧化氮占90%左右,其余为二氧化氮。氮氧化物的生成主要有两种情况:一是空气中的氮气在高温下与空气中的氧气氧化而成。燃烧的温度以及燃烧时空气中的氧含量越高,一氧化氮产生量就越多。为了使燃料充分燃烧,往往要吹入较多的氧气,这时一氧化氮的产生量就比较多,而且还可以直接氧化成二氧化氮,如下面的反应式所示:

$$N_2+O_2 \xrightarrow{1500℃以上} 2NO \xrightarrow{O_2} 2NO_2$$

二是燃料中含有氮的有机物,在燃烧时被氧化而生成一氧化氮。

一氧化氮是无色气体,在水中溶解度很小,至今尚未发现一氧化氮会对文物产生直接的损害,但其易被强氧化剂氧化成二氧化氮,进而对文物产生损害。另外,一氧化氮对臭氧的形成过程会起重要作用,因此它也必须受到重视。

二氧化氮是棕红色的气体,具有特殊臭味并有毒,浓度在 0.012~0.22ppm 即可通过人的嗅觉感受到。二氧化氮的自然本底值比较低,约为 $2 \sim 3 \mu g/m^3$。

二氧化氮的危害和二氧化硫类似,它可以溶解在水中生成硝酸,与硝酸同时生成的还有亚硝酸。亚硝酸在空气中会进一步氧化,产物也是硝酸。硝酸除了强酸性外,还是最强的氧化剂之一,因此无论是石质、金属还是纺织品都会受到它的侵蚀。不过硝酸是挥发性的,就污染空气中的浓度水平而言,由二氧化氮转化的自由硝酸不会被夹带于干燥物体的表面,然而一旦接触必然会发生反应。但与硫酸相比,其威胁比较小。

$$3NO_2+H_2O \longrightarrow 2HNO_3+NO$$

有研究表明棉制品和羊毛制品对二氧化氮都非常敏感。二氧化氮还会腐蚀含有胺基的染料,如靛蓝,特别是在纤维素材质和聚酯类材质上的染料。

此外,二氧化氮还是光化学烟雾的引发剂。光化学烟雾是具有更强氧化能力的臭氧(O_3)和过氧酰基硝酸酯(PAN)。产生光化学烟雾的光化学反应过程非常复杂，反应机理还未有定论。虽然至今尚未发现 PAN 会损害文物，但光化学烟雾中的臭氧却具有对文物产生损害的能力。

5.2.4 氯及氯化物

氯气是黄绿色气体，与水作用生成盐酸（HCl）和次氯酸（HClO）。

$$Cl_2 + H_2O \longrightarrow HCl + HClO$$

$$HClO \longrightarrow HCl + [O]$$

次氯酸很不稳定，易分解为盐酸和氧原子，所以氯气既是酸性有害气体，又是氧化性有害气体。

除了氯气外，氯化物对文物也具有严重的威胁。这种污染物在沿海地区很常见，浪花的小液滴被抛向空中，水分蒸发后剩下的氯化钠会被风吹向内陆。在内陆地区也会存在氯化物的污染问题，这些氯化物一部分来自海洋，但大部分则来自工业生产。除了工业生产外，在博物馆中氯化物还有可能来自于聚氯乙烯树脂材料（简称 PVC）的降解。PVC 无论是光照还是受热引起的降解都会释放出氯化氢，氯化氢非常易溶于水，溶于水后会形成盐酸，或和空气中的其他污染物发生反应生成相应的氯化物，进而对文物产生侵蚀。因此，在博物馆中应尽量减少聚氯乙烯材料的使用，尤其是在热源或光源附近。当然，即便如此，除非文物保存环境周边有一些特殊排放氯的工业存在，一般情况下氯化物的浓度还是比硫酸盐的浓度低很多。所有氯化物都易于电离，在有水的情况下，均会产生氯离子，氯离子对金属类文物尤其是铁质和青铜质文物会产生强烈的侵蚀。

众所周知，青铜器"粉状锈"的产生与氯离子就有着密不可分的关系。氯离子首先会导致青铜器表面出现一层灰白色的氯化亚铜蜡质锈蚀层。氯化亚铜是一个不稳定的锈蚀产物，在有水和氧气的情况下它将会进入一种锈蚀的循环运动中，进一步腐蚀青铜本体，生成一种蓬松的、粉状的锈蚀产物——碱式氯化铜，即"粉状锈"。锈蚀产物的颜色由翠绿色变为白绿色、亮绿色。"粉状锈"会对青铜合金产生非常严重的损害，导致深的点状腐蚀和材料的彻底瓦解。

此外，氯化物也会导致铁质文物的迅速腐蚀。其表现为在铁锈蚀层上出现一个纵向的开裂，紧接着沿这个裂痕出现片状的锈蚀层，同时显露出表面布有黑色粉末和小的橙色斑点的金属核心。或者没有出现长的开裂，而是有小块的片状物从文物上剥落下来，在文物表面形成包含有亮橙色或深红色锈蚀产物的锈点。再或者在潮湿的空气环境下，铁质锈蚀表面出现棕色的酸性液滴。这些特点均指示出铁质文物侵蚀进行得非常活跃。这种活跃的侵蚀状况则主要归结于氯化物的影响。

上述几种污染物的共同特性是与水作用会生成酸。这些污染物及酸雾接触到文物表面，就会被文物所吸收。空气中总是含有一定量的水蒸气，许多文物本体材料中也会含有一定量的水，尤其是质地疏松的纸张、木质、纺织品等。因此，这些酸性物质会溶解在水中，从而在文物体内蓄积起来，进而促使文物发生一系列侵蚀，破坏文物材料。

5.2.5 氧及臭氧

氧是大气中的恒定组分之一，和人类及地球上其他生物的生命活动息息相关。因此，在环境科学研究中，它不属于空气污染物。但在文物保存环境中，氧会作为辅助因素促进相关文物病害的发生，如文物的光氧化过程，进而对文物产生由氧化过程而导致的物理变化如脆化、破裂，或者化学变化如褪色等危害。相关研究表明，氧气对纤维类、蛋白类及一些颜料、染料的侵蚀的确具有一定的作用。因此，从一般性的角度而言，将这类材质构成的文物保存在无氧环境下将优于保存在空气环境下。

此外，从对文物有害的微生物而言，氧气也是其生长代谢所必需的环境因素。根据氧与微生物生长的关系可将微生物分为好氧型、微好氧型、耐氧型、兼性厌氧型和专性厌氧型五种类型（表5-2）。氧对于好氧微生物生长虽然可以通过好氧呼吸产生更多的能量，满足机体的生长需要；但另一方面，氧对一切生物都会使其产生有毒害作用的代谢产物，如超氧基化合物与 H_2O_2，这两种代谢产物互相作用还会产生毒性很强的自由基。自由基是一种强氧化剂，它与生物大分子互相作用，可导致产生生物分子自由基，从而对机体产生损伤或突变作用，直至使其死亡。氧之所以对专性厌氧微生物以外的其他四种类型微生物不产生致死作用，是因为它们具有超氧物歧化酶，可催化使超氧基化合物分解。

表 5-2　微生物与氧的关系

微生物类型	最适合生长的环境中 O_2 体积分数
好氧型	大于或等于 20%
微好氧型	2%～10%
耐氧型	小于 2%
兼性厌氧型	有氧或无氧
专性厌氧型	不需要氧、有氧时死亡

而对文物有害的微生物基本属于好氧型，因此氧气的存在有利于该类微生物在文物表面的生长，进而侵蚀文物材料。如果能够合理控制文物保存微环境中的氧气，则对文物微生物病害的防治具有明显的作用。

另外，空气中的氧气也是昆虫生命活动的基础。一些昆虫会通过啃食对文物造成损害。保持一定时间的缺氧环境就可以对昆虫起到抑制或致死的作用。这就是缺氧治虫的基本原理。

由此可见，缺氧环境对文物的安全保存，尤其是脆弱有机质文物的安全保存具有积极的作用。

臭氧是氧气的同素异形体，分子结构呈三角形。常温常压下，低浓度的臭氧为无色气体，但当浓度提高到15%时，便会呈现出淡蓝色。臭氧主要存在于距地球表面20～30km高的平流层中，含量约为50ppm。臭氧能吸收短波紫外线，防止其到达地球表面，从而保护地球上的生物。

在大气层中，氧分子因高能量的辐射而分解为活泼氧原子，而氧原子与另一氧分子结合，即生成臭氧。臭氧又会与氧原子、氯或其他游离性物质反应而分解消失，由于这种反复不断的生成和消失，臭氧含量可维持在一定的均衡状态。臭氧不稳定，在常温下就会慢慢分解，200℃时会迅速分解。臭氧比氧的氧化性更强，能将金属银氧化为过氧化银，将硫化铅氧化为硫酸铅。此外，它还能氧化有机化合物，如靛蓝遇臭氧会脱色等。

在文物保存及展陈空间中，臭氧主要有以下三种来源：首先是高层大气的自然产物，其次是光化学烟雾的组成部分，最后室内使用的某些灯具或电器设备也会产生臭氧。

将高层和低层大气综合考虑，得到的地面臭氧浓度的自然本底值是$20～60\mu g/m^3$。但即使是这个浓度的臭氧，对文物尤其是有机材质的文物也会造成损害。

汽车、工厂等污染源排入大气的碳氢化合物和氮氧化物等一次污染物，在阳光的作用下发生化学反应，生成臭氧（O_3）、醛、酮、酸、过氧乙酰硝酸酯（PAN）等二次污染物，参与光化学反应过程的一次污染物和二次污染物混合物所形成的浅蓝色有刺激性的烟雾污染现象叫做光化学烟雾。光化学烟雾的成分非常复杂，但是对动物、植物和材料有害的是臭氧、PAN和丙烯醛、甲醛等二次污染物。相对于酸性污染，这种类型的污染被称为氧化型污染。严重的光化学烟雾中的臭氧浓度可能会超过$1000\mu g/m^3$。

这个反应被描述为起源于汽车排放的氮氧化物。其中最主要的成分为一氧化氮，其次是二氧化氮。二氧化氮在受到强日光照射后分裂成一氧化氮和活泼氧原子。生成的活泼氧原子会和空气中的氧气分子发生反应产生臭氧，这一点和大气层上界的臭氧生成机理相同。但在这里并不是所有的活泼氧原子都和氧气反应生成了臭氧，有一部分活泼氧原子和汽车尾气中未燃烧的碳氢化合物反应生成活性有机自由基。此外，产生的臭氧会进一步氧化空气中的一氧化氮，使其变为二氧化氮。这样由二氧化氮、一氧化氮、活性有机自由基共同参与的一系列反应最终生成了 PAN。同时，随着空气中一氧化氮被氧化成二氧化氮，二氧化氮将成为空气中主要的氮氧化物。随着空气的扩散，一氧化氮的供给量减少，相应臭氧的消耗量就会减少。由于二氧化氮部分参与了臭氧和 PAN 的形成，其浓度也会逐渐下降。因为和臭氧反应的一氧化氮减少了，所以臭氧的浓度便升高了。由此可见，最后的主要污染物是臭氧和 PAN。

产生臭氧的另一个原因是电器设备。电器设备主要通过两种方式产生臭氧和氮氧化物。第一是形成强电场，第二是发射出波长小于 300nm 的紫外辐射。静电除尘器就是第一种方式的典型例子，因此它无法应用于博物馆；带有石英灯泡的汞灯是第二种方式的例子，目前被应用于一些类型的复印机。因此，它们也应该远离文物。

臭氧可以和不饱和有机化合物发生臭氧化反应。有机化合物臭氧化反应是指臭氧与不饱和化合物中的不饱和双键起加成反应生成过氧化物的过程，过氧化物不稳定，会进一步裂解生成小分子，从而造成有机化合物的降解。

但臭氧的危害并不仅限于臭氧化反应，它还是一种强氧化剂，几乎会对所有有机物造成破坏。臭氧对某些材质的影响，可能是由于其与水反应而部分转化为过氧化氢进而发生的氧化。另外，臭氧还能加速铁的氧化以及银和铜的硫化。

在无通风设施的屋子里，臭氧的寿命非常短，可以很快地被有机物质消耗掉，这些有机物包括人、有机质文物等。在无人居住的房间里，臭氧消耗一半的时间大约是 6 分钟。由此可见，如果臭氧大量接触到相应的文物，其破坏速率将是惊人的。

5.2.6　其他污染物

除了以上大气中常见的污染物外，文物展陈及存放过程中还可能会由于不恰当的储存材料及保护方式引入其他污染物，主要包括甲醛、甲酸、醋酸等。在博物馆及文物储存空间中，这些污染物多来源于文物展藏材料或文物加固、黏结材料本身。如用于文物展柜或支架的木材，相关研究表明多数木材都会释放出甲酸、醋酸等有机酸，且随着温度的升高，其释放速率会进一步加快。有机酸对植物纤维质地的文物会造成明显的侵蚀,此外有机酸还会对金属铅或铅合金造成侵蚀,最终将其转化为碳酸铅。锌和青铜也都会受到有机酸的侵蚀,但程度不如铅严重。除了木材以外,有些文物保护用加固或黏结材料,如酚醛树脂、脲醛树脂、三聚氰胺甲醛树脂、聚乙烯醇缩丁醛树脂、聚醋酸乙烯酯等也会释放出如甲醛、甲酸、醋酸等污染物,甲醛在高相对湿度环境下或有臭氧等氧化剂存在的环境下会被氧化成甲酸。这些由文物保护材料释放出的污染物会进一步加剧侵蚀的发生。

5.3 空气污染物的检测分析

空气污染物的检测分析可以通过两种方式进行:一种是空气中污染物的实时检测。这种检测对设备的灵敏度要求较高,因为一般情况下空气中某种污染物的实时浓度都是比较低的,因此对空气污染物的实时检测费用较高。另一种是空气污染物的累积检测。这种方法是通过对一段时间内污染物的累积量或一定体积空气内污染物的浓缩量进行测定,之后根据时间或空气体积进行平均计算,就可以获得一定时间段内空气污染物的相关数据。博物馆及文物储存空间中更常采用累积检测方法进行污染物的分析。

在文物保存科学中最常使用的污染物累积采样设备是大气采样器(图 5-3)。大气采样器一般由收集器、流量计和抽气动力系统三部分构成。

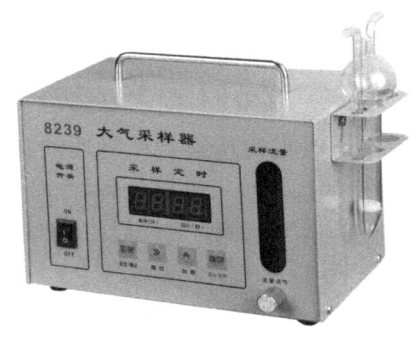

图 5-3 大气采样器

其中,收集器是大气采样器的核心部件,主要起分离、富集空气污染物的作用。常用的累积检测收集器包括吸收管、滤料采样夹、固体颗粒采样管三种。

吸收管是利用溶液吸收法采集大气中污染物的一种常用收集器。吸收管内装有吸收液,后面接有抽气装置。采样时,抽气装置以一定的气体流量,通过吸收管抽入空气样品。当空气通过吸收液时,被测组分的分子被吸收在溶液中。取样结束后倒出吸收液,分析吸收液中被测物的含量。根据采样体积和含量,计算大气中污染物的浓度。这是大气污染物分析中最常用的气体样品浓缩方法,主要用于采集气态和蒸汽态污染物。

吸收管根据结构及功能的不同,又有三种形式,分别是气泡吸收管、冲击式吸收管以及多孔筛板吸收管（图5-4）。气泡吸收管适用于采集气态和蒸气态物质。当空气通过吸收液时，在气泡和液体的界面上，被测组分的分子由于溶解作用或化学反应很快进入吸收液中。同时气泡中间的气体分子因存在浓度梯度和运动速率极快，能迅速地扩散到气液界面上。因此，整个气泡中被测气体分子很快被溶液吸收。各种气泡吸收管都是利

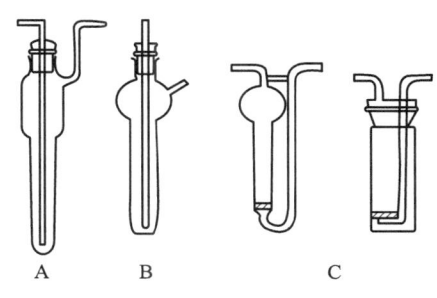

图 5-4 大气采样器常用的三种吸收管
（A. 气泡吸收管；B. 冲击式吸收管；C. 多孔筛板吸收管）

用这个原理而设计的。当伴有化学反应时（一般选用不可逆反应），扩散到气液界面上的被测气体分子立即与溶液反应变为反应产物，扩散到溶液中。此时吸收速率可不考虑在液相的扩散，而只受在气泡内气相扩散速率的影响。因此，伴有化学反应的吸收速率将大于只有溶解作用的吸收速率。在使用溶液吸收法时，除采样对象为溶解度非常大的气体外，一般都选用伴有化学反应的吸收液。此外，要提高吸收效率，还必须增大接触面积，因此在采气量一定时，为了使气液接触面积增大，应尽量使气泡直径缩小，液体高度增加，尖嘴部的气泡速率减慢。多孔筛板吸收管就是根据这个原理而设计的。气体通过多孔筛板后，大气泡分散成许多小气泡，增大了气液接触面积并减小了气泡运动速率。所以这样的吸收管采样效率比较高。对于气溶胶而言，单靠气泡通过液体吸收是不完全的。因为某些气溶胶的小颗粒表面附有一层蒸汽，当气泡通过液体时，小颗粒不易被吸收完全，同时气泡中的气溶胶颗粒也不像气体分子那样能很快地扩散到气液界面上。所以，用气泡吸收管吸收气溶胶效率较差。为了增加其吸收效率，目前有两种方法。第一是使空气以很快速度冲击到盛有吸收液的瓶底部，从而使空气中携带的气溶胶颗粒也因惯性作用被冲撞到瓶底，再被瓶中吸收液吸取。冲击式吸收管就是根据该原理制成的。冲击式吸收管不适用采集气态物质，因为气体分子的惯性很小，在快速抽气情况下，容易随空气一起跑掉。只有在吸收液中溶解度很大或与吸收液反应速度很快的气体分子，才能被吸收完全。第二种方法是使空气通过多孔筛板，使其分散成极细的小气泡进入吸收液中，气溶胶（主要指雾状）一部分在通过多孔筛板时，被弯曲的孔道所阻留，然后被洗入吸收液中。另一部分在通过多孔筛板后，形成很细小的气泡，被吸收液吸收。所以多孔筛板吸收管不仅对气态或蒸汽态物质吸收效率较高，而且对与其共存的气溶胶也有很高的采样效率。也正是因为这个原因，多孔筛板吸收管是溶液吸收法中最常采用的一种吸

收管。

　　溶液吸收法中常用的吸收剂有水、各种水溶液、有机溶剂等。吸收管中的吸收液选择一般应遵从以下原则：首先，吸收液应与被采集的物质所发生的化学反应速率高或对其溶解度大；其次，污染物质被吸收液吸收后，要有足够的稳定时间，以满足分析测定所需的时间要求；再次，污染物质被吸收后，应有利于下一步分析测定，最好能直接用于测定；最后，吸收液应毒性小、价格低、易于购买，且尽可能回收利用。

　　滤料采样夹是大气采样器常用的另一类收集器。它将过滤材料（滤纸、滤膜等）放在采样夹上（图5-5），用抽气装置抽气，则空气中的颗粒物被阻留在过滤材料上，称量过滤材料上富集的颗粒物质量，根据采样体积，即可计算出空气中颗粒物的浓度（图5-6）。滤料采样夹主要用于采集烟尘和颗粒物。用滤料采集空气中的颗粒物质，不仅靠直接阻挡作用，还有惯性沉降、扩散沉降和静电吸引等作用。其中，直接阻挡是利用当颗粒物质随着气流到达滤料过滤面时，大于滤料孔隙的颗粒物质就被阻挡在过滤面上而被采集。而惯性沉降是指由于颗粒物质比空气分子惯性大得多，当空气流过滤料改变方向时，颗粒物在惯性作用下，撞击到滤料的多孔而弯曲的孔隙中而被采集。在高速采样时，惯性沉降起着重要作用。扩散沉降是指当样品气流通过滤料时，颗粒物从气流中扩散到浓度为零的滤料上被采集。由于扩散速度与浓度梯度和气流经过路径有关，所以扩散沉降只在低气流速度下才有意义。如果滤料或气溶胶带有静电荷，则静电吸引力对采样效率影响很大，而且空气的流动可以感应滤料上的电荷，使这种作用增加。在用滤料采集颗粒物质过程中，由于这些作用的综合，使得直径远小于滤料孔隙的颗粒物，也能有效地采集上。因此，滤料采样效率不仅取决于滤料孔隙结构和颗粒大小，而且也受到采样流速和滤料上的电荷等因素影响。在采集气溶胶的各种技术中，滤料采样夹是一种比较方便、有效的方法。其关键是选择合适的滤料及采样条件。常用的滤料可分为无机滤料和有机滤料两种。其中归属于无机滤料的有定量滤纸、玻璃纤维滤纸、石英滤纸等，归属于有机滤料的有醋酸或硝酸纤维微孔膜、聚碳酸酯核孔滤膜、聚乙烯或聚苯乙烯合成纤维滤料、氟树脂膜、聚四氟乙烯膜等。如果在滤料采样夹的接尘圈，即气流入口处加一粒径分离切割器就构成了分级采样器。当这个分级采样器工作时，粗的颗粒被粒径分离切割器所截留，细的颗粒通过切割器后，被后面的滤料所收集。采样后用称重法或其他方法分别测定各级切割器后滤料上所采集的颗粒物含量和成分，就可以对不同粒径范围的颗粒物进行分别评价与研究。

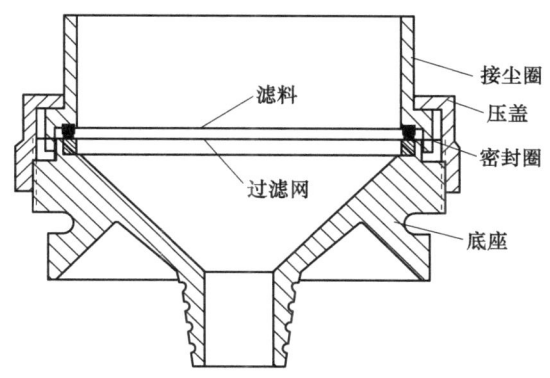

图 5-5　滤料采样夹结构图

大气采样器的第三类常用收集器是固体颗粒采样管，又名固体颗粒填充柱（简称填充柱）。它一般多用于采集气态或雾态污染物。填充柱是一根长 5～10cm、内径 3～5mm 的玻璃管或塑料管，内装颗粒状或纤维状的固体填充剂。采样时，当气体以一定流速通过填充柱，被测组分因吸附、溶解或化学反应等作用被阻留在填充剂上，

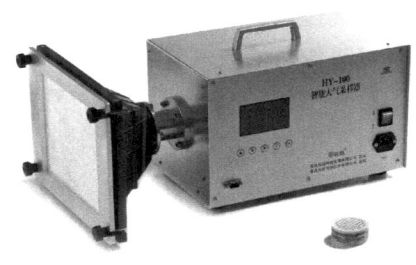

图 5-6　连接滤料采样夹的大气采样器

达到浓缩采样的目的。用填充柱采样后，通常采用两种方式将样品洗脱下来，进行分析。一种是将采样管插入加热器中，迅速加热解吸，用载气将解吸后的被测组分吹出填充柱，通入测定仪器中分离测试。另一种方法是选用合适的溶剂和条件，将被测物定量洗脱下来进行分析。根据填充剂阻留作用的原理，可分为吸附型、分配型和反应型三种类型。其中，吸附型填充柱的填充剂是颗粒状固体吸附剂，如活性炭、硅胶、分子筛、高分子多孔微球等。分配型填充柱的填充剂是表面涂覆高沸点有机溶剂（如异十三烷）的惰性多孔颗粒物（如硅藻土），类似于气液色谱柱中的固定相，只是有机溶剂的用量比色谱固定相大。反应型填充柱的填充剂是由惰性多孔颗粒物（如石英砂、玻璃微球等）或纤维状物（如滤纸、玻璃棉等）表面涂渍能与被测组分发生化学反应的试剂制成。固体颗粒采样管具有以下特点：首先，可以长时间采样，测定大气中日平均或一段时间内的平均浓度值，而溶液吸收法因溶液在采气过程中有液体蒸发问题，不适宜进行长时间采样；其次，当固体填充剂选择合适时，对蒸汽和气溶胶都有较好的采样效率，而溶液吸收法对气溶胶往往采样效率不高；再次，污染物浓缩在填充剂上比在溶液

中稳定时间要长得多,有时可存放数天甚至几周时间;最后,在现场采样时,填充柱比溶液吸收管易于操作、使用方便,样品发生再污染、洒漏的机会也少得多。

流量计是大气采样器最终核算污染物浓度的重要依据,一般用孔口或转子流量计测定空气流量。还可装配流量自动控制部件,以保证在采样期间空气流量的稳定。

抽气动力系统是大气采样器的动力源,通常采用电动真空泵、刮板泵、薄膜泵、电磁泵或其他抽气泵制成。电动真空泵抽气量大,可配置在大流量采样器上。刮板泵、薄膜泵、电磁泵抽气量较小,但重量较轻,携带方便,可配置在小流量采样器上。

无论使用何种大气采样器,在对室内大气样品进行浓缩采样时,采样的收集器均应设置在距地面150cm的高度进行采集。在对室外大气样品进行采集时,必须在周围没有树木、高大建筑的平坦地带,在距离地面50~180cm高度采集没有沉降作用的大气样品。

对于浓缩富集后的样品,可以采用气相色谱、原子吸收光谱、高效液相色谱、离子色谱、电化学分析等方法进行污染物成分及含量的测定。具体的分析方法已超出了本书的内容范围,在此就不赘述了。

另外,对于气溶胶的采集还可以采用沉降法进行。沉降法包括自然沉降法和静电沉降法两种,在文物保存环境的相关研究中一般采用自然沉降法。自然沉降法是一种无动力采样方法,它是利用颗粒物受重力场作用,长时间累积沉降在一个敞开的容器中,通过测定容器中单位时间内的沉降量来评价空气降尘水平的方法。自然沉降法只能采集较大粒径的颗粒物,因为粒径小于$15\mu m$的颗粒物会长期悬浮在空气中,沉降概率较小。一般的方法是用内径约15cm,高度约为30cm的圆筒形平底玻璃降尘缸,内装60~80mL乙二醇和40~100mL水(具体比例视当地最低气温而定),静置在离地面500~800cm的高度或在四周开阔的建筑物顶部采样。采样点不可靠近污染源、建筑工地,同时应避免风沙和地面灰尘等的影响。加乙二醇水溶液的主要目的是防冰冻和保持缸底润湿以免样品再飞扬损失。有时为了防止缸内微生物滋生还会向其中加入一定量0.01mol/L的硫酸铜溶液。另一种更简便的自然沉降采样法是铝箔板采样法,即用一定大小的铝箔板,表面涂抹一层凡士林,放在烘箱中加热使凡士林均匀分布。冷却称重后,将其放置在指定位置进行采样。采样后,用重量法测定降尘量,用化学分析法测定降尘中的组分含量。结果以单位面积、单位时间内从大气中自然沉降的颗粒物质量如"吨/平方千米·月"表示。自然沉降法虽然比较简便,但其结果易受风速等环境气象条件影响,误差较大。

除了从环境科学的角度对文物保存空间中的污染物进行检测分析外,还常常采用一种简易的试验方法评价和文物接触的相关材料是否会释放出对文物有害的物质。这种评价方法由大英博物馆的保护科学家 Andrew Oddy 于 1973 年提出,因此被命名为 Oddy 试验。Oddy 试验是为了测定文物展陈或保存空间中使用的材料是否会释放出对文物有害的气态污染物而设计的。具体的试验方法是将受测材料样品(如用于制作文物展柜的木料、文物黏结剂试样等)放入一个可密封的容积约为 50mL 的容器中,同时在容器内悬挂三种金属试样,分别是银、铜和铅。三种金属试样用于测定不同的污染物。其中银主要用于测定硫化物和羰基硫化物,铅主要用于测定醛、有机酸和其他酸性气体,而铜主要用于测定氯化物、氧和硫化物。用于 Oddy 试验的金属样片应选用厚度为 0.1mm,纯度超过 99.5% 的箔片。厚度过厚的金属片极易掺杂过多杂质且不均匀,从而导致试验结果的重现性降低。试验时将这三种金属箔剪成 10mm×15mm 的长方形,金属箔的两面分别用玻璃纤维刷轻轻地刮擦,以去除可能存在的氧化层。需要注意的是为了避免金属箔间的相互污染,不同材质金属箔刮擦用的玻璃纤维刷不可交叉混用。此外,还应保证金属箔的平展。在每片金属箔靠近一边边缘的地方扎一个小孔,分别用直径不大于 0.053mm 的尼龙单丝穿过小孔,将金属箔固定。而后使用纯度级别为光谱纯的丙酮溶液浸洗金属箔,以去除其表面可能附着的油脂。浸洗结束后用无酸棉纸吸干金属箔表面的溶液。连有金属箔的尼龙丝的另一端系于玻璃试样架上,但需要注意在自然下垂的状态下,三种金属箔片不可相互接触。将受测材料样品切削成 10mm×10mm×5mm 的小块,并放置在试样架的底部,保证放置的受测材料样品的总质量约为 2g,且不可与金属样片接触。在容器底部倒入少量的蒸馏水以营造并维持容器内部的高湿度环境(图 5-7)。为了便于结果的对比,试验应设有一个空白组,即所有的步骤都与之前相同,唯一的差别就是瓶中不放入任何受测材料样品。密封容器后放入 60℃ 的环境下 28 天。一般情况下,为了评价试验的重现性,每一个受测材料样品往往在一次试验中进行两组平行试验。28 天后将金属箔从瓶中取出,与空白组的金属片进行比较。用长期适用(标记为 P)、短期适用(标记为 T)和不适用(标记为 U)三个等级评价受测样品的适用性。对银箔而言,试验结束后如果测试银箔和空白银箔的表面状况无明显差别或未出现变色,则标记为 P;而当测试银箔只有略微的变色,变色区域常常位于其下部边缘,或者在局域部位出现了一些小的晦暗斑点时,标记为 T;当测试银箔出现了明显的晦暗时,标记为 U。对铜箔而言,试验结束后,即使是空白铜箔表面也常常会呈现出橘色或红色,这是由于铜表面的氧化造成的。当测试铜箔表面未出现和空白铜箔明显的差别,其表面的金属光泽并未丧失时,标记为 P;

和空白铜箔相比,当测试铜箔表面有略微的变色(主要是变黑),或其表面出现了一些小锈点时,标记为 T;当测试铜箔表面出现了明显的锈蚀,常常为黑色或绿色,或者由于表面形成一层锈蚀产物而失去了铜的金属光泽时,标记为 U。对铅箔而言,试验结束后空白铅箔表面也常常会发生变色,主要是变为紫色,这是因为铅表面的氧化造成的。另外,水对铅的侵蚀也会发生在空白铅箔的表面。当测试铅箔表面和空白铅箔比较没有差别时,标记为 P;测试铅箔表面发生略微的改变,无论是整体的略微变化还是局部点状的变化,均标记为 T;当测试铅箔出现严重侵蚀,表面常常表现为灰色、黄色、红色或白色时,标记为 U。需要说明的是,如果空白金属箔表现出超出正常氧化范围的腐蚀状态,则整个试验需要重新进行。产生这个问题的主要原因可能是操作过程中的器具或容器上黏附有某些污染物,因此在重新进行试验前,需要对这些器具及容器进行彻底的清洗。

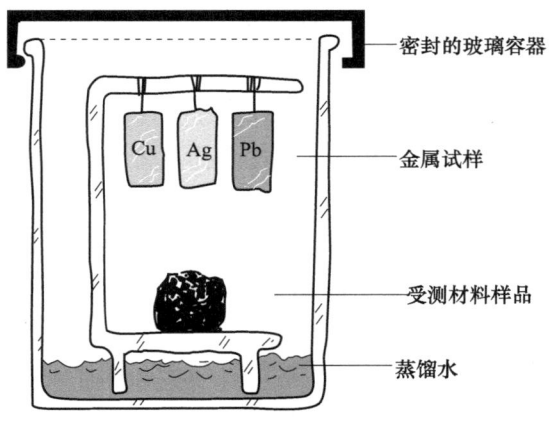

图 5-7 Oddy 试验

值得说明的是,Oddy 试验从提出至今经过了保护科学家们的不断完善已经与 Andrew Oddy 的最初模型有了一些差别。最明显的变化是,Oddy 试验最初将每一种金属箔与受测材料样品单独放置在一个容器中,Joseph Bamberger 等人将其发展为以上所述的"三合一"Oddy 试验法,即将三种金属箔放置在同一个容器中。这样做大大简化了原本的试验,提高了试验的效率。

5.4 对文物有害污染物的防治

对文物储存和展陈空间中有害污染物的防治主要可分为主动性防治和被动性

防治两种。

主动性防治主要包括博物馆或文物储存空间的选址以及对游客数量的限制等方式。博物馆及文物储存空间建造的地理位置在很大程度上可以决定其内部环境的空气质量。为了减少进入博物馆及文物储存空间中环境污染物的数量,该类建筑应选择在距城市中心一定距离的开阔地段进行建设,且应处于城市常年风向的上风位置。同时应远离工业区等污染源。博物馆周边应预留一定空间的绿化区即环境缓冲区,利用植物降低进入博物馆空气中的污染物浓度。此外,对博物馆而言,游客数量是把双刃剑。一方面,从博物馆的基本功能而言,希望更多游客前来参观,从而可以更好地实现其服务及教育属性。但另一方面,游客的增多又会对文物尤其是环境敏感型文物的保存带来不利影响。从有害污染物的角度而言,游客最常带来的问题就是大气尘和硫化物的污染。因此,在一些博物馆中,为了保证文物的安全,采取了限制游客数量甚至拒绝游客参观的方法。最著名的例子就是法国的 Lascaux 洞穴岩画。Lascaux 洞穴岩画绘制于距今 $1.8 \sim 1.7$ 万年前,被誉为"20 世纪最伟大的考古发现之一"。该洞穴 1940 年被意外发现,1948 年对公众开放,但过多的游客给岩画的保存环境带来了极大的负面作用,主要表现为霉菌的大量滋生。为了保护岩画,从 1963 年开始,该洞穴被保护性关闭。

被动性防治则主要是通过过滤、吸附或化学反应的方式减少进入博物馆或文物储存空间内部的有害污染物。鉴于本书的目的,将对其进行较为详细的介绍。

5.4.1 大气尘的去除

空气中的大气尘按照其颗粒粒径范围可分为三类。

第一类称为粗粒径大气尘,其颗粒物粒径介于 $1\mu m$ 左右到 $20\mu m$ 以上。该类大气尘的粒径尺寸上限是一个可变量,直接和空气的流动速率相关。如当沙尘暴来临时,直径超过 1mm 的颗粒物都能在空气中悬浮并被带到很远的地方。故在沙尘暴天气下,粗粒径大气尘的粒径上限甚至会超过 1mm。而在静止的空气中,粒径超过约 $15\mu m$ 的颗粒物就会沉降。因此,在这种情况下,该类大气尘的粒径上限不会超过 $15\mu m$。但即使是在静止的空气环境下,小于 $15\mu m$ 的粗粒径大气尘在碰到并黏附在其他物体上之前,仍会一直保持不稳定的悬浮。粗粒径大气尘多是由直接机械作用(如物理风化、摩擦过程、扬沙等)或是以粒子形式(如灰烬、花粉、来自海水的氯化钠)直接释放到空气中形成的。降雨能迅速清除粗粒径大气尘中的大部分,但对粒径小于 $2\mu m$ 的颗粒物影响甚微。

第二类称为超小粒径大气尘。这些超小粒子的粒径尺寸介于 0.01～0.1μm 之间。超小粒子的一个典型来源是汽车尾气，但自然界也能产生超小粒子，它们从芳香植物蒸发，并在干燥晴朗时的空气中聚集，形成超小粒子烟雾。对超小粒子而言，无论其颗粒源是什么，超小粒子都不稳定，并转瞬即变，其半衰期不超过 12 小时。通过相互聚集，超小粒子的粒径可以增加到中间范围。

第三类称为中间粒径大气尘，它包含粒径在 0.1～2μm 之间的颗粒物。中间粒径的颗粒物是博物馆及文物储存空间大气尘中需要解决的最主要问题。之所以这样说是因为：首先，虽然光化学反应产生的颗粒物属于超小粒径大气尘，但这些颗粒物很快会聚集，从而粒径尺寸增长到中间范围。其次，这个范围内包括了空气中常见的对文物有害的盐类物质的颗粒尺寸，如硫酸盐、硝酸盐及铵盐等。再次，从文物表面附着的颗粒物分析结果来看，其粒径尺寸大都在中间范围。因此，中间粒径大气尘是文物存储及展陈空间中大气尘防治的重点。

在博物馆及文物储存空间中，减少空气中颗粒物接触到文物，即减少落到文物表面灰尘质量的最便捷方法，就是在博物馆及文物储存空间的通风管道上安装过滤设备，将引入室内空气中的灰尘过滤掉。空气过滤器的除尘效率越高，使空气通过装置所需要的压力就越大，运行时需要的维修、保养费用也就越高。一般所说的空气过滤器的除尘效率是指通过空气过滤器阻止进入室内的颗粒物占进入室内空气中所有颗粒物的质量百分比。高效率的空气过滤器一般只用于无菌室等对空气质量要求极高的场所。从博物馆的实际需要出发，这种过滤器并不适用。博物馆毕竟是一个公共场所，人员聚集且门窗也常常会保持打开状态，故而高级别的过滤器对博物馆而言其实是一种浪费。一般中等效率的空气过滤器就可以满足博物馆的日常需求了。文物储存空间也同样如此。对博物馆及文物储存空间而言，使用适当的空气过滤器同时提高其过滤效率的一个常用方法是使进入室内的空气再循环，通常在空气调节系统中 80%～90% 的空气会再循环，因此室内的大多数空气会不止一次地通过过滤器，这样便可有效提高过滤器的过滤效率。这种再循环多次过滤的方式目的在于将到达文物的颗粒物减少到室外水平的 5% 以下。和除尘效率密切相关的另一个过滤设备的参数值，是能过滤微尘颗粒尺寸的下限值。对于粒径尺寸低于过滤器下限值的颗粒，过滤器则无能为力。从大气尘粒径范围的分类可知，用于博物馆及文物储存空间的空气过滤器的颗粒尺寸下限必须远低于 1μm，否则中间范围粒径的颗粒物就会大量进入室内。这种过滤器的滤芯一般由无规则排布的化学纤维（如聚丙烯纤维或聚酯纤维的无纺布）或玻璃纤维制成（图 5-8）。

图 5-8 大气尘过滤器的无纺布滤芯

从空气中去除颗粒物的另一个有效方法是静电除尘，即让气流通过高压正电电极，从而使颗粒物粒子带上正电荷。当气流流经带有负电的集尘板时，在引力的作用下颗粒物被吸附阻留在集尘板上，从而对空气中的大气尘进行去除。但静电除尘器需要约 10kV 高压电，该电压足以使空气发生电离，进而引发一小部分空气分子的化学反应，尤其是容易产生臭氧。如前所述，臭氧是一类棘手的空气污染物，同时它还会加速二氧化硫向硫酸的转化，因此静电除尘器一般不用于文物储存或展陈环境的除尘。

5.4.2 气态污染物的去除

对文物而言，去除气态污染物的装置首先要能够去除二氧化硫、硫化氢、二氧化氮、臭氧和氯化氢等，当然如果能去除城市中存在的其他污染物更好。

当前应用较广泛的两种去除气态污染物的方法是喷淋溶解法和活性炭吸附法。

喷淋溶解法是使用喷水室对空气进行净化的一种方法。喷水室在湿度一章中已经介绍过，它不仅具有调节空气温湿度的作用，同时还具有对易与水反应的空气污染物的净化作用（图 5-9）。它利用将空气通过喷水室中水的喷淋，反应或溶解掉其中的污染物，从而起到净化空气的作用。喷淋的方法对于包括二氧化硫和溶解度更大的二氧化氮都非常有效。喷水室中使用普通的水就可以满足一般性要求了。当然，出于去除酸性气体污染物的目的，如果喷水室中使用的水呈碱性，其吸收效果会更好。但这样做喷淋装置会被侵蚀且喷淋口会更容易堵塞。虽然理论上臭氧在水中的溶解度比氧大 10 倍，但喷水室对该污染物的去除却没有明显效果。这是因为根据亨利定律，在等温等压下，某种气体在溶液中的溶解度与液面上该气体的平衡压力成正比。也就是说臭氧在水中的溶解度与体系中的臭氧分压和总压力成比例。但是臭氧在空气中的含量极低，故分压也极低。因此在实际的大气环境中，很难通过喷水室将空气中的气态臭氧溶解在水中。

图 5-9　喷水室外观

活性炭吸附法是使用特殊处理的活性炭作为有效成分制作过滤器，像颗粒物过滤器一样安装在气流流通的地方，利用活性炭的吸附作用去除气态污染物的方法（图 5-10）。活性炭是由含炭为主的物质作原料，经高温炭化和活化制得的疏水性吸附剂。在活化过程中，巨大的表面积和复杂的孔隙结构逐渐形成，而所谓的吸附过程正是在这些孔隙中和表面上进行的。在元素组成方面，活性炭 80% 甚至 90% 以上由碳组成，这也是活性炭为疏水性吸附剂的原因。活性炭中除碳元素外，还包含两类掺和物。一类是化学结合的元素，主要是氧和氢，这些元素由于未完全炭化而残留在炭中，或者在活化过程中，外来的非碳元素与活性炭表面化学结合，如用水蒸气活化时，活性炭表面被氧化；另一类掺和物是灰分，它是活性炭的无机部分。

图 5-10 活性炭滤芯

根据吸附过程中活性炭分子和污染物分子之间作用力的不同，可将吸附分为两大类，即物理吸附和化学吸附（又称活性吸附）。在吸附过程中，当活性炭分子和污染物分子之间的作用力是范德华力（或静电引力）时称为物理吸附，当活性炭分子和污染物分子之间的作用力是化学键时称为化学吸附。物理吸附的吸附强度主要与活性炭的物理性质有关，与活性炭的化学性质基本无关。由于范德华力较弱，对污染物分子的结构影响不大，这种力与分子间内聚力一样，故可把物理吸附类比为凝聚现象。物理吸附时污染物的化学性质仍然保持不变。由于化学键强，对污染物分子的结构影响较大，故可把化学吸附看做化学反应，这是污染物与活性炭间化学作用的结果。化学吸附一般包含电子对共享或电子转移，而不是简单的微扰或弱极化作用，是不可逆的化学反应过程。物理吸附和化学吸附的根本区别在于产生吸附键的作用力不同。吸附过程是污染物分子被吸附到固体表面的过程，分子的自由能会降低，因此，吸附过程是放热过程，所放出的热称为该污染物在此固体表面上的吸附热。由于物理吸附和化学吸附的作用力不同，它们在吸附热、吸附速率、吸附活化能、吸附温度、选择性、吸附层数和吸附光谱等方面表现出一定的差异。影响活性炭吸附的因素很多，主要包括活性炭的特性、被吸附物的特性和浓度、悬浮固体含量、接触系统及运行方式等。

二氧化硫、二氧化氮等在活性炭上的吸附就属于物理吸附。从理论上说，容易液化的气体会被活性炭优先吸附。二氧化硫和二氧化氮分别在 $-10℃$ 和 $21℃$ 时液化，所以理论上活性炭对它们的吸附效果都会非常好。但实验表明，活性炭对二氧化硫具有很好的吸附效果，但对二氧化氮的去除效率却远不及二氧化硫。活性炭对臭氧的去除效率很高，其吸附属于化学吸附，本质是臭氧与活性炭本身或活性炭孔隙中吸附的微量有机物发生了化学反应。

和所有吸附性物质一样，活性炭过滤器需要经常更换，但现在还没有明显的指示剂可以显示何时需要更换，一般都是生产厂家在实际使用的周期中通过一定的测试确定定期处理的方案。当前使用的活性炭基本都是颗粒状的，质量好的活性炭每克可具有 700m² ～ 1100m² 的表面积。但活性炭颗粒的内聚力过小，处理或使用不当有可能会碎裂成粉末。活性炭过滤器的再生成本较高，且只能做到部分再生，因此活性炭过滤器一般不再生使用。

当然，除了管道通风装置上的过滤器外，室内空气过滤器在处理颗粒物和空气污染物时也具有一定的效果。这种室内装置一般由一个或一组安装在盒子里的空气过滤器和一个可以使室内空气通过过滤器的风扇组成（图 5-11）。室内空气过滤器在很多博物馆及文物储存空间中，常常作为空气的二次过滤设备使用。

图 5-11　室内空气过滤器

5.4.3　部分文物的脱氧保存

氧气作为文物保存环境因素中一类特殊的污染物，一般的空气过滤装置及设备对其无能为力。通常情况下，博物馆及文物储存环境中的氧气没有必要也不能脱除。因为这些空间都会有人进入，没有氧气的环境，人无法生存。但对于一些特殊文物，如极度脆弱的珍贵纸质文物、纺织品文物等，无氧或低氧的保存环境的确对其安全保存具有一定的作用。收藏于美国国家档案馆的《独立宣言》就采用了无氧保存的技术方法。对该类文物的无氧保存一般均采取文物储存局域微环境的调控结合展柜或匣盒密封技术来实现。也就是说，一般会将该类文物保存在一个独立的密封展柜或匣盒中，而后采取某种手段将该空间中的氧气脱除，从而实现文物的脱氧保存。常用的脱氧保存方法有真空法、脱氧剂脱氧法、脱氧充氮法等。真空法是最早应用的脱氧保存方法，这种方法对氧气的脱除率高、速率快。但真空法会导致文物微环境中的气压过度降低，进而导致文物的过分干燥，虽然避免了氧气对文物的影响，但会带来更严重的后果，因此该方法现在已很少应用于文物保存中。脱氧剂法是一种较温和的脱氧方法，该方法是将脱氧剂与文物一起置于密闭体系中，利用脱氧剂与氧气的化学反应将其从体系中脱除。但该方法同样也会造成刚性容器中压力的减小，虽然幅度远不及真空法大，但依然存在对文物产生损害的威胁。另外，由于容器内外存在压差，故外界空气极易通过容器微裂隙渗入内部，造成内部环境中脱氧效果的丧失。为了保持脱氧前后容器内外压差的平衡，使无氧环境真正对文物起到保护作用，人们采用了脱氧充氮技术对文物进行保存。即使用化学性质稳定的氮气替换容器中的氧气，从而实现在脱除局域空间中氧气的同时保持容器内部的气压不变。这种保存方法是当前最佳的在刚性容器中的文物脱氧保存方法。

另外，值得一提的是，脱氧保存技术不仅在脆弱质有机类文物的保存中非常有效，在文物霉害及虫害的防治方面也都具有不可替代的优势。

5.5 文物保存环境中的空气污染物标准

如前所述，文物保存环境中的空气污染物标准与环境科学中的大不相同，其要求一般较环境科学更加苛刻。但不同材质的文物对不同环境污染物的浓度要求也不相同，甚至同一材质不同保存状态的文物对污染物浓度的承受能力也不相同。因此，很难给出一个全面的统一标准。这里仅根据《博物馆建筑设计规范》列出博物馆中几种常见污染物的浓度限制标准以供参考（表5-3）。

表5-3 博物馆中大气尘及有害气体浓度限值

污染物类别	浓度限值（mg/m^3）
大气尘	0.15
二氧化硫（SO_2）	0.01
二氧化氮（NO_2）	0.01
臭氧（O_3）	0.01
一氧化氮（NO）	0.05

博物馆及文物储存环境中的大气尘或有害气体的日平均浓度若超过表5-3中的限制值，则应立即在建筑的通风系统中增加过滤净化措施，或者更换已有过滤净化装置的吸附剂。

此外，文物保护实验室、锅炉房、熏蒸室等用房应与文物储存空间及博物馆展厅间隔一定距离，废气排放应作净化处理。

参 考 文 献

1. Salvador Muñoz Viñas. Contemporary Theory of Conservation. Oxford: Elsevier Butterworth-Heinemann, 2005.
2. 加瑞·汤姆森等. 博物馆环境. 国家文物局博物馆司, 甘肃省文物局译. 北京: 科学出版社, 2007.
3. 郭宏. 文物保存环境概论. 北京: 科学出版社, 2001.
4. 张志军. 秦始皇陵兵马俑文物保护研究. 西安: 陕西人民教育出版社, 1998.
5. 冯乐耕, 李鸿健. 档案保护技术学. 北京: 中国人民大学出版社, 1991.
6. 马淑琴. 文物霉害的防治. 北京: 科学出版社, 1997.
7. 金波, 周耀林. 档案保护技术学. 北京: 高等教育出版社, 2000.
8. 杨璐, 黄建华. 考古发掘现场文物保护技术. 北京: 科学出版社, 2012.
9. 姜忠良, 陈秀云. 温度的测量与控制. 北京: 清华大学出版社, 2005.
10. Stolow N 著. 博物馆藏品保护与展览——包装、运输、存储及环境考量. 宋燕, 卢燕玲, 黄晓宏, 等译. 北京: 科学出版社, 2010.
11. 王魁汉. 温度测量实用技术. 北京: 机械工业出版社, 2007.
12. 华东建筑设计院. 博物馆建筑设计规范. 北京: 建筑工业出版社, 1991.
13. Iacocca R G. The Causes and Implications of Glass Delamination. Pharmaceutical Technology, 2011, 11: s6-s9.
14. Eubini-Paglia E, Beltrame P L, Seves A, et al. The Influence of A Polymer Substrate on the Light Fastness and Isomerisation of Some Azo Dyes. Journal of the Society of Dyers and Colourists. 1989, 105: 107-111.
15. 李英干, 范金鹏. 湿度测量. 北京: 万象出版社, 1990.
16. 崔九思, 王钦源, 王汉平. 大气污染监测方法（第二版）. 北京: 化学工业出版社, 1997.
17. Maekawa S. Oxygen-Free Museum Cases. Los Angeles: The Getty Conservation Institute, 1998.
18. Thickett D, Lee L R. Selection of Materials for the Storage or Display of Museum Objects. London: British Museum Press, 2004.

附表一 焓湿图

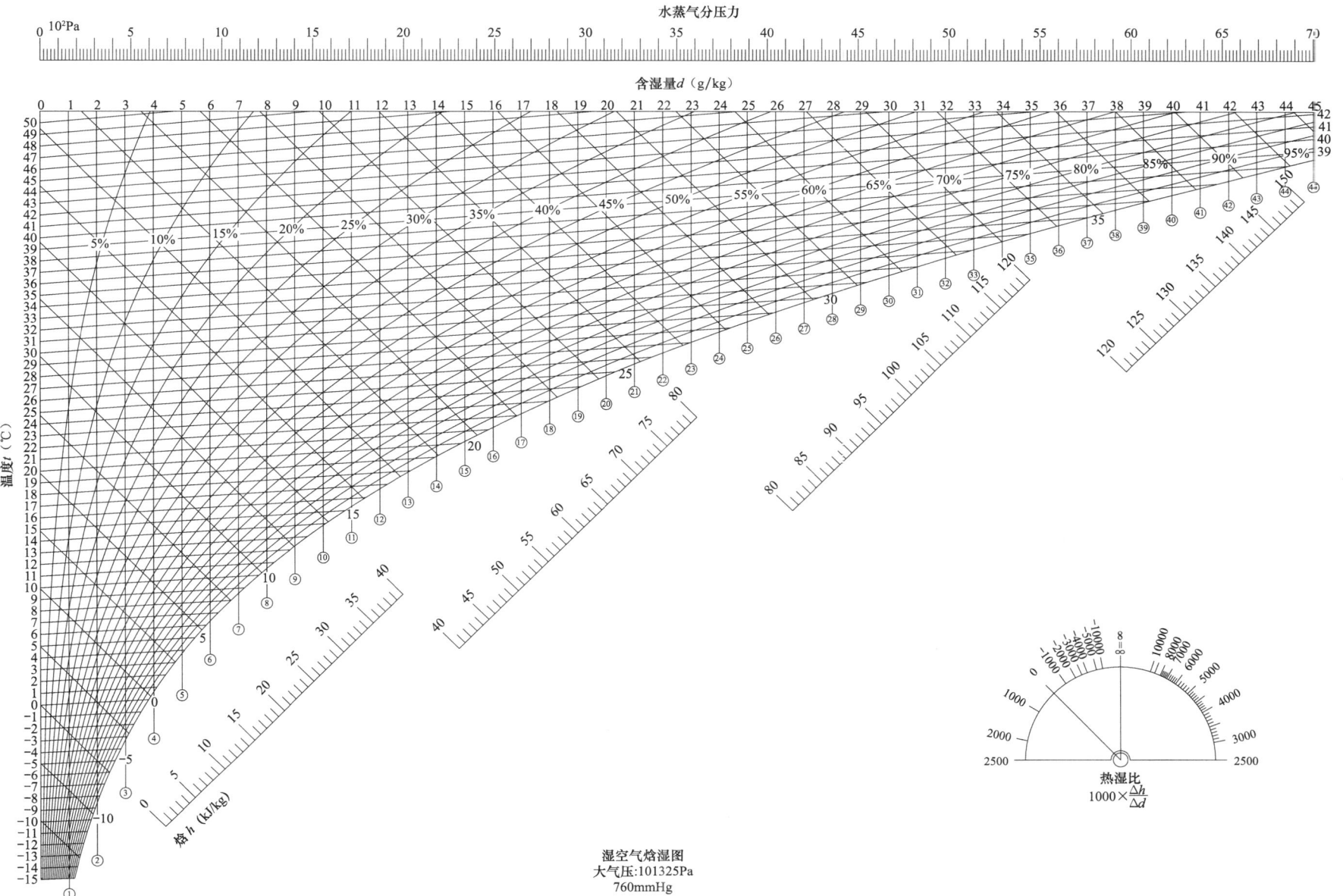

湿空气焓湿图
大气压:101325Pa
760mmHg

附表二 常见饱和盐溶液的相对湿度固定点

T (℃)	氟化铯	溴化锂	溴化锌	氢氧化钾	氢氧化钠	氯化锂	溴化钙	碘化锂	醋酸钾	氟化钾	氯化镁	碘化钠	碳酸钾	硝酸镁
0		7.75±0.83				11.23±0.54					33.66±0.33			
5	5.52±1.9	7.43±0.76	8.86±0.89	14.34±1.7		11.26±0.47		21.68±0.30			33.60±0.28	42.42±0.99	43.13±0.66	60.35±0.55
10	4.89±1.6	7.14±0.69	8.49±0.74	12.34±1.4		11.29±0.41	21.62±0.50	20.61±0.25	23.38±0.53		33.47±0.24	41.83±0.83	43.13±0.50	58.86±0.43
15	4.33±1.4	6.86±0.63	8.19±0.61	10.68±1.1	9.57±2.8	11.30±0.35	20.20±0.50	19.57±0.20	23.40±0.32		33.30±0.21	40.88±0.70	43.14±0.39	57.36±0.33
20	3.83±1.1	6.61±0.58	7.94±0.49	9.32±0.90	8.91±2.4	11.31±0.31	18.50±0.50	18.56±0.16	23.11±0.25		33.07±0.18	39.65±0.59	43.15±0.33	55.87±0.27
25	3.39±0.94	6.37±0.52	7.75±0.39	8.23±0.72	8.24±2.1	11.30±0.27	16.50±0.20	17.56±0.13	22.51±0.32		32.78±0.16	38.17±0.50	43.16±0.33	54.38±0.23
30	3.01±0.77	6.16±0.47	7.62±0.31	7.38±0.56	7.58±1.7	11.28±0.24		16.57±0.10	21.61±0.53	30.85±1.3	32.44±0.14	36.15±0.43	43.16±0.39	52.89±0.22
35	2.69±0.63	5.97±0.43	7.55±0.25	6.73±0.44	6.92±1.5	11.25±0.22		15.57±0.08		27.27±1.1	32.05±0.13	34.73±0.39	43.17±0.50	51.40±0.24
40	2.44±0.52	5.80±0.39	7.54±0.20	6.26±0.35	6.26±1.2	11.21±0.21		14.55±0.06		24.59±0.94	31.60±0.13	32.88±0.37		49.91±0.29
45	2.24±0.44	5.65±0.35	7.59±0.17	5.94±0.29	5.60±1.0	11.16±0.21		13.49±0.05		22.68±0.81	31.10±0.13	31.02±0.37		48.42±0.37
50	2.11±0.40	5.53±0.31	7.70±0.16	5.72±0.27	4.94±0.85	11.10±0.22		12.38±0.05		21.46±0.70	30.54±0.14	29.21±0.40		46.93±0.47
55	2.04±0.38	5.42±0.28	7.87±0.17	5.58±0.28	4.27±0.73	11.03±0.23		11.22±0.05		20.80±0.62	29.93±0.16	27.50±0.45		45.44±0.60
60	2.03±0.40	5.33±0.25	8.09±0.19	5.49±0.32	3.61±0.65	10.95±0.26		9.98±0.06		20.60±0.56	29.26±0.18	25.95±0.52		
65	2.08±0.44	5.27±0.23	8.38±0.24	5.41±0.39	2.95±0.60	10.86±0.29		8.65±0.07		20.77±0.53	28.54±0.21	24.62±0.62		
70	2.20±0.52	5.23±0.21	8.72±0.30	5.32±0.50	2.29±0.60	10.75±0.33		7.23±0.09		21.18±0.53	27.77±0.25	23.57±0.74		
75	2.37±0.62	5.20±0.19			1.63±0.64	10.64±0.38				21.74±0.56	26.94±0.29	22.85±0.88		
80	2.61±0.76	5.20±0.18				10.51±0.44				22.33±0.61	26.05±0.34	22.52±1.0		
85		5.22±0.17				10.38±0.51				22.85±0.69	25.11±0.39	22.63±1.2		
90		5.26±0.17				10.23±0.59				23.20±0.80	24.12±0.46	23.25±1.4		
95		5.32±0.16				10.07±0.67				23.27±0.93	23.07±0.52			
100		5.41±0.17				9.90±0.77					21.97±0.60			

相对湿度（%RH）

续表

相对湿度（%RH）

T (°C)	溴化钠	氯化钴	碘化钾	氯化锶	硝酸钠	氯化钠	氯化铵	溴化钾	硫酸铵	氯化钾	硝酸锶	硝酸钾	硫酸钾	铬酸钾
0	63.51±0.72					75.51±0.34								
5	62.15±0.60		73.30±0.34	77.13±0.12	78.57±0.52	75.65±0.27		85.09±0.26	82.27±0.90	88.61±0.53		96.33±2.9	98.77±1.1	
10	60.68±0.51		72.11±0.31	75.66±0.09	77.53±0.45	75.67±0.22	80.55±0.96	83.75±0.24	82.42±0.68	87.67±0.45	92.38±0.56	96.27±2.1	98.48±0.91	
15	59.14±0.44		70.98±0.28	74.13±0.06	76.46±0.39	75.61±0.18	79.89±0.59	82.62±0.22	82.03±0.51	86.77±0.39	90.55±0.38	95.96±1.4	98.18±0.76	
20			69.90±0.26	72.52±0.05	75.36±0.35	75.47±0.14	79.23±0.44	81.67±0.21	81.70±0.38	85.92±0.33	88.72±0.28	95.41±0.96	97.89±0.63	
25	57.57±0.40	64.92±3.5	68.86±0.24	70.85±0.04	74.25±0.32	75.29±0.12	78.57±0.40	80.89±0.21	81.34±0.31	85.11±0.29	86.89±0.29	94.62±0.66	97.59±0.53	
30	56.03±0.38	61.83±2.8	67.89±0.23	69.12±0.03	73.14±0.31	75.09±0.11	77.90±0.57	80.27±0.21	80.99±0.28	84.34±0.26	85.06±0.38	93.58±0.55	97.30±0.45	97.88±0.49
35	54.55±0.38	58.63±2.2	66.96±0.23		72.06±0.32	74.87±0.12		79.78±0.22	80.63±0.30	83.62±0.25		92.31±0.60	97.00±0.40	97.08±0.41
40	53.17±0.41	55.48±1.8	66.09±0.23		71.00±0.34	74.68±0.13		79.43±0.24	80.27±0.37	82.95±0.25		90.79±0.83	96.71±0.38	96.42±0.37
45	51.95±0.47	52.56±1.5	65.26±0.24		69.99±0.37	74.52±0.16		79.18±0.26	79.91±0.49	82.32±0.25		89.03±1.2	96.12±0.40	95.89±0.37
50	50.93±0.55	50.01±1.4	64.49±0.26		69.04±0.42	74.43±0.19		79.02±0.28	79.56±0.65	81.74±0.28		87.03±1.8	95.82±0.45	95.50±0.40
55	50.15±0.65	48.02±1.4	63.78±0.28		68.15±0.49	74.41±0.24		78.95±0.32	79.20±0.87	81.20±0.31		84.78±2.5		95.25±0.48
60	49.66±0.78	46.74±1.5	63.11±0.31		67.35±0.57	74.50±0.30		78.94±0.35		80.70±0.35				
65	49.49±0.94	46.33±1.9	62.50±0.34		66.64±0.67	74.71±0.37		78.99±0.40		80.25±0.41				
70	49.70±1.1	46.97±2.3	61.93±0.38		66.04±0.78	75.06±0.45		79.07±0.45		79.85±0.48				
75	50.33±1.3	48.80±2.9	61.43±0.43		65.56±0.91	75.58±0.55		79.16±0.50		79.49±0.57				
80	51.43±1.5	52.01±3.7	60.97±0.48		65.22±1.1	76.29±0.65		79.27±0.57		79.17±0.66				
85			60.56±0.54		65.03±1.2					78.90±0.77				
90			60.21±0.61		65.00±1.4					78.68±0.89				
95										79.50±1.0				
100														

后　　记

　　经过了许多个日夜的反复修改，本书终于完成了。在敲完最后一个字后，一种莫名的激动涌上心头。细细品味，这种激动五味杂陈，有满足、有欣喜、还有慰藉。因此，在淋浴头下冲洗掉一身疲惫的同时，我决定再写些什么作为本书的后记。

　　这本书最早的写作冲动来自2005年，那是我第一次接手"文物与环境"的本科生课程教学。在备课的过程中就感觉到了这门课程的重要，但同时又碍于资料的缺乏。虽然当时国内已经有若干部相关的著作出版，但很多自己在文物保存环境方面的疑惑仍无法在这些资料中找到答案。上课时面对学生我虽然能够滔滔不绝地讲述课程内容，但实际内心深处则惴惴不安。为了解决心中的疑惑，从那时起我便开始注意收集该领域的相关资料，深入学习保存环境的相关内容，并将自己的硕士论文也联系到了光辐射这一重要的环境因素上。在课程进行的过程中，由于身体原因我住院治疗了几周。就在那几周里，别无他事打扰的我全身心地投入到资料的整理工作中，写作本书的冲动就源自那时。

　　出院后，虽然仍努力坚持不放弃这个念头，但各种事务的干扰还是大大拖慢了我原本的计划。唯有借每年课程进行时的备课机会，学习相关知识、补充相关资料。这样一眨眼，几年时间就从指缝中溜走了。直到2010年，为了完成我的另一本书——《考古发掘现场文物保护技术》的前半部分，才又开始腾出时间，整理这些年来积攒的资料。两年后，《考古发掘现场文物保护技术》一书终于得以出版。因为那是我和妻子合著的第一本书，故我们戏称他为儿子。没想到当时7岁的女儿竟真的把编辑部寄来的样书当作她的弟弟，连睡觉时都要给他盖上被子拥入怀中。作为父亲，一种满足感顿时充满心头，但却无论如何也难以分辨是女儿还是那本书给予我的这种感觉，可能二者兼而有之吧。在本书完成之际，两年多前的那一幕再次浮现眼前，一想到女儿那稚嫩的小手轻轻触碰书籍封面的场景，满足感又一次充满了我的心胸。

　　2014年，我受国家留学基金委的选派赴意大利比萨大学访学一年。虽然我来意大利的访学内容不是文物保存环境，但来到意大利却给了我足够的时间来完成本书的写作。在这里除了科学研究和日常生活外，几乎不会有其他任何杂事的干扰，有大量的时间供我思考和写作。这可能就是那五味杂陈心情中的欣喜之由来吧。这些日子里，我像充足电的机器，每日在电脑前奋笔疾书，将这些年积累的资料遴选删减，终于完成了本书。虽然，错过了现场体验巴塞罗那对皇家马德里的精彩比赛、错过了佩鲁贾风味诱人的巧克力节、错过了 Marina di Pisa 海滩夏日最后的阳光，但我却抓住了让这本书完成的时机，欣喜之情油然而生。

前两天收听了高晓松先生谈民国时期学者们的留学及生活经历，这使在写作过程中的我颇感慰藉。那一代学者虽身在海外，却担心着祖国的安危，心系着民族的复兴。这是一种情怀，但同时也是一种不幸。相比而言，我们这代人则幸运得多。国家已远离了灭亡之灾，民族已走上了复兴之路，家人的生活也越来越富足。我们再也无需背负着民族大义在海外卧薪尝胆，也无需将自己所学限定在能够复兴祖国的条框内。我们只要按照自己的兴趣所在，从事自己认为有意义的事情即可。这种轻松感让我深感欣慰。

最后，我要借这个机会感谢远在祖国的亲人们，尤其是我的父母、妻子和女儿。是他们的支持使我能够有时间来到欧洲访学，他们予以我的亲情、爱情是我一生最宝贵的财富。我还要感谢那些帮助过我和正在帮助我的朋友们，他们的给予哪怕仅仅是一句轻轻的问候都曾经带给我无限的温暖。我还要感谢近三个月结交的这些新朋友，正是他们使我只身海外的生活非但不再孤单，反而多姿多彩。愿上天保佑你们！

作　　者

2014 年 12 月 6 日于比萨家中